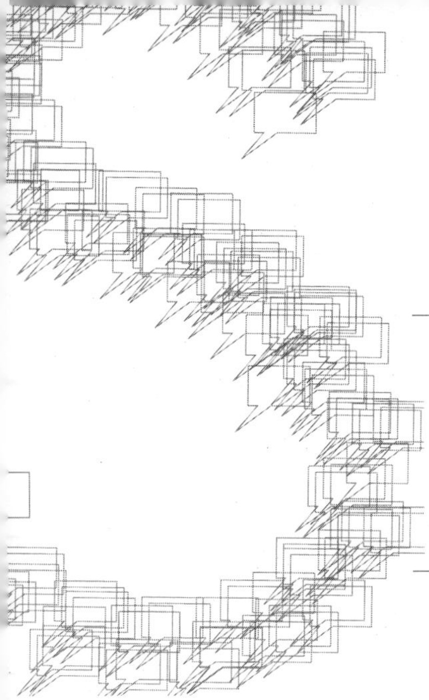

社会学译丛·学术经典系列

现代社会冲突

［英］拉尔夫·达伦多夫 著
Ralf Dahrendorf
林荣远 译

Der Moderne Soziale Konflikt

中国人民大学出版社
·北京·

译者的话

本书作者拉尔夫·达伦多夫（Ralf Dahrendorf，1929—2009）勋爵出生于德国汉堡的一个工人家庭。其父古斯塔夫·达伦多夫（Gustav Dahrendorf，1901—1954）是德国有名的工人运动活动家和德国社会民主党领袖。不过，拉尔夫与他父亲的社会思想倾向不同，他自青年时代起就参加了德国自由民主党，在汉堡和伦敦求学并获得哲学博士学位。在萨尔布吕肯通过教授资格论文答辩后，他先后在汉堡、图宾根和康斯坦茨等大学担任社会学教授。

达伦多夫也积极从事政治活动。1968年，任原联邦德国巴登-符腾堡州自由民主党副主席。1969年，当选原联邦德国议会议员，任外交部议会国务秘书。1970—1974年，在布鲁塞尔担任欧洲共同体委员会委员。

1974年，达伦多夫移居英国。1974—1984年，出任著名的伦敦经济学院（London School of Economics）院长。1987年开始担任牛津圣安东尼学院（St. Antony's College）院长。达伦多夫被英国女王授予贵族头衔，曾为英国上议院议员。

拉尔夫·达伦多夫是当代西方著名的社会学家，他的社会学著作甚多。其中最主要的有：《工业和企业社会学》（1956年）、《工业社会的阶级和阶级冲突》（1957年）、《社会学的人》（1958年）、《德国的社会和民主》（1965年）、《走出乌托邦的崎岖小道》(1968年)、《冲突与自由》(1971年)、《生存机会》(1979年)、《论不列颠》(1982年)、《内外之旅》(1984年)、《法律与秩序》(1985年)、《欧洲革命之观察》(1990年)、《现代社会冲突》,等等。

达伦多夫与美国社会学家查尔斯·赖特·米尔斯(Charles Wright Mills)和刘易斯·A·科塞(Lewis A. Coser),是西方社会冲突论的主要代表人物。在20世纪60年代后期,社会冲突论风靡美国,并波及某些欧洲国家。它主要研究社会冲突的起因、形式、制约因素及影响。社会冲突论持激进的社会观点,主张社会变革,强调社会冲突对社会的巩固和发展具有积极作用,代表社会的激进派。

第二次世界大战及战后世界政治格局的巨大变化,极大地冲击和震撼了资本主义各国的社会,在这个背景下,结构功能主义学派应运而生。二战后,它首先在美国崛起,一直持续至60年代。它着重从功能上分析研究社会系统的制度性结构。结构功能主义的代表人物是美国社会学家塔尔科特·帕森斯(Talcott Parsons)和罗伯特·金·默顿(Robert King Merton)。与社会冲突论相反,结构功能主义持保守的社会观点,它注重研究社会运行和社会发展中的平衡,主张社会的稳定和整合,代表社会的保守派。

可以说,社会冲突论是对结构功能主义的反思和对立。① 不过,二者都是维护型的社会学,即一个企图通过保持社会稳定,更多主张社会改革,巩固和保持社会制度,首先是巩固和维护资本主义的社会制度。如果回忆一下20世纪60年代欧美各国的社会运动,尤其是风起云涌、锐不可当的学生运动,那么对社会冲突论在欧美的出现就不会觉得偶然了。同样,如果人们看一看达伦多夫在60年代积极主张的大学改革、社会改革,那么就会发现,他成为社会冲突论在欧洲的代表也是在情理之中的。

达伦多夫的社会冲突论初期的著作主要是《工业社会的阶级和阶级冲突》和《冲突与自由》。前者经作者亲自由德文译成英文,

---

① 有关当代西方社会学的几个主要学派,请参见郑杭生主编:《社会学概论新修》,第552~556页,北京,中国人民大学出版社,1994。

并作了修改和增补。它被美国社会学家 S. M. 李普塞（Seymour Martin Lipset）评价为"改变现代社会学领域方向的最重要的尝试之一……是对社会理论的一个重大贡献"。《政治科学季刊》（Political Science Quarterly）称它是"马克思以来关于阶级这个论题的丰富多彩、错综复杂的探索中的最富于独创性的尝试之一"。《美国社会学学报》（The American Journal of Sociology）强调，"本书是几年来发表的社会理论的最富有挑战性的贡献之一……任何从事社会理论研究的社会学家都不能无视这部著作"。

《现代社会冲突》则是20世纪80年代末和90年代初的一部综合性的冲突论代表作。

达伦多夫认为："社会现象本身充满着辩证关系，往往同时呈现出相互矛盾的二重层面，即稳定与变迁、整合与冲突、功能与反功能、价值共享与利益对立，等等。因此，既要从社会均衡角度研究社会现象，又要从社会压制角度研究社会现象，尤其要加强发展社会压制模式理论。"①

达伦多夫的社会冲突论的主要论点是："冲突是由于权力分配引起的，而不是由于经济因素引起的，因此，最好的办法是各利益集团各司其事，这样虽时常会有一些小冲突，但却限制了严重冲突的集中爆发。"②

《现代社会冲突》英文版（The Modern Social Conflict）初版于1988年。德文版（Der Moderne Soziale Konflikt）系作者本人自己翻译，于1991年出版。同英文版比较，作者根据对英文版出版之后与德文版出版之前世界上尤其是在欧洲发生的重大社会变革之观察，在德文版里作了很多补充和修订。1990年，达伦多夫发表了他的论著《欧洲革命之观察》，这是他对东欧原社会主义国家1989年巨大社会演变观察之结晶。他认为，《现代社会冲突》和《欧洲革命之观察》可以天衣无缝地融为一体。作者本人把《现代社会冲突》德文版确定为权威版本，因此，中文版也根据德文版翻译。

正如前面已经指出，《现代社会冲突》是《工业社会的阶级和

---

① 转引自郑杭生主编：《社会学概论新修》，第554～555页。
② 同上书，第555页。

阶级冲突》的姐妹篇。作者称，本书是他的社会科学研究之总和①。《工业社会的阶级和阶级冲突》主要是从理论上剖析自从马克思的阶级和阶级斗争学说发表以来整个工业社会的阶级状况和阶级冲突。该书同马克思的阶级论和其他很多以阶级为主题的论著展开了辩论，然后作者提出自己的理论，并应用他自己的理论来观察和分析后资本主义社会的阶级和阶级冲突。《现代社会冲突》的主题则是研究20世纪工业社会的社会冲突，尤其是经济合作与发展组织各国的社会冲突。革命和生存机会，公民权利和社会阶级，工业社会的政治，极权政治，第二次世界大战后的发展和经济增长的极限，失业问题，下层阶级和多数派阶级，对世界公民社会的展望，等等，都是书中的论题。本书重点在于社会冲突的描述，而不是阶级状况的分析。

  本书的基本命题是："现代的社会冲突是一种应得权利和供给、政治和经济、公民权利和经济增长的对抗"②。围绕着这几对矛盾，作者展开了深入的论述，表明了自己的见解。同时作品也介绍和分析了很多西方著名社会学家的社会冲突理论。

  当然，社会冲突与社会不平等是息息相关的，或者更确切地说，后者是前者的基本渊源。社会冲突理论与社会分层理论是密不可分的。社会学对社会不平等的研究有两大理论渊源：一个是马克思主义的阶级理论，另一个主要是德国著名社会学家、现代社会学的奠基者之一马克斯·韦伯的社会分层理论（当然，意大利经济学家和社会学家帕累托的精英理论也颇有影响）。达伦多夫在其《工业社会的阶级和阶级冲突》里对马克思的阶级论作了深入研究，但是，他作为自由党人是站在自由主义③的立场和观点来看待马克思的阶级理论的，他的观点往往与马克思的理论针锋相对，水火不容。或者毋宁说，达伦多夫是遵循马克斯·韦伯的社会分层理论传

---

  ① 见本书前言。
  ② 同上。
  ③ 关于自由主义的起源、发展和演变，请参见韩光明为其译著《自由与繁荣的国度》（[奥]路德维希·冯·米瑟斯著，韩光明等译）所写的译者前言，北京，中国社会科学出版社，1994。

统，提出他自己的社会冲突论的。他对马克思的阶级论观点的抨击，在《现代社会冲突》一书里也处处可见。

与一切自由主义的理论家一样，达伦多夫的《现代社会冲突》也处处反映着自由主义的共同特点："1. 坚决维护私有制，主张个人的自由发展，这种发展不应受到来自社会、国家在思想上、政治上和经济上的强制和约束。主张在所有的生活领域内实现个人的独立、自我负责、自我决定。2. 主张在法律上、政治上人人平等，人人都有参与经济生活和社会生活的权利。"① 在达伦多夫看来，这种理想只能在他的"世界公民社会"里才能得以彻底实现。② 按照他的观点，通往世界公民社会的道路，必须走三条重要的途径：第一，建立法治国家；第二，经由国际组织；第三，在民族的总框架里首先建立公民社会，尤其是私人组织。世界公民社会能否建立，何时能建立，达伦多夫也不是信心十足，而是仅仅将其作为理想中的理想来描绘。不过，他认为，自由党人值得为之去奋斗。③

关于自由主义的政治主张，人们往往用一个口号来概括："不干涉主义"，或者叫做"自由放任主义"（Laissez-faire），即国家尽量不干涉公民的事务。具体包括三个方面：第一，建立法治的国家政治制度，限制国家权力，法律面前人人平等，国家不得干预公民的基本权利；第二，建立自由的市场经济秩序，个人而不是国家决定经济的过程，个人在这种秩序下追求自己的经济利益不受国家和社会的干涉，主张建立自由的世界贸易制度；第三，人人都可按照自己所选择的世界观来塑造个人的生活，在世界观问题上，国家持中立和宽容的态度，并保障个人的自由发展。④

达伦多夫在本书中也继承了自由主义的不干涉主义的传统，反对权力过分集中，主张自由经济，反对社会民主党人的"从摇篮到棺架"的"社会福利国家"、"社会救济主国家"，等等，这些都是

---

① [奥] 路德维希·冯·米瑟斯：《自由与繁荣的国度》，第128页。
② 见本书第八章第四节"世界公民社会"。
③ 同上。
④ 参见 [奥] 路德维希·冯·米瑟斯：《自由与繁荣的国度》，第2~3页。

自由主义的不干涉主义的具体表现。

应该强调指出，自由主义者总是攻击马克思主义关于社会主义和共产主义的革命理论，并把社会主义各国的国家制度也划入极权主义的范围。达伦多夫当然也不例外。① 为保持原书完整性，译本保留了此部分内容，相信读者能作出自己正确的判断。其实关于自由和自由发展，马克思在《共产党宣言》中早就表明了自己的明确观点。"代替那存在着阶级和阶级对立的资产阶级旧社会的，将是这样一个联合体，在那里，每个人的自由发展是一切人的自由发展的条件。"②

中国需要了解发展变化中的世界，世界也同样需要了解改革开放、蒸蒸日上的中国。西方各国的社会矛盾和冲突也是我们需要了解的一个侧面。《现代社会冲突》提供了不少西方社会冲突，尤其是经济合作与发展组织各国社会冲突的有关资料，可供我们研究参考。同时，本书对了解和研究现代西方社会学理论尤其是社会冲突论，也会有所裨益。

为了便于读者理解本书和了解有关人物和背景，除了作者原有的注释外，译者在自己力所能及的范围内，也加进了一些注释（标明"译者注"）。同时，对于一些我国读者不太熟悉的外国人名，在文中第一次出现时，尽可能用括号加上原文，便于一些想作更深入研究的读者能够寻找有关的著作。原书注释放在全书正文之后，为方便阅读，译本改为页下注，不过加上译者注后，序号重新编写。原书后附有重要概念和术语索引、人名索引，译本从略。

魏玉玲、冯兴元两位先生应出版社之约，对本书译稿进行了仔细校阅，作了不少宝贵的修正，译者深表谢忱！

社会学并非译者所学专业，译文（包括这篇短文）在概念、术语和表达方面，恐难免有不当乃至错误之处，望读者指正，本人将不胜感激！

---

① 见本书第四章第二节"极权主义"。
② 《马克思恩格斯选集》，中文2版，第1卷，第294页，北京，人民出版社，1995。

前　言

行将结束的这个世纪，给幸存的人们留下深思，它令人迷惘、不知所措，令人精疲力竭，然而也留下一星半点儿希望。这个杀气腾腾的，同时给予人们很多机会的时代具有什么意义？因为历史的意义只能是我们所赋予的：这个世纪始于欧洲的明灯开始熄灭之际①，结束于1989年的革命给人带来新希望之时，我们应该如何清楚地理解这样一个世纪呢？也许人们只应该讲一讲历史。这样的话，第一次世界大战之前那个时代的美好希望和共产主义之后那个时代的错误和迷惘才有它的道理。于是，一些学识渊博的社会科学家企图找到某些解释，而且还要找到一些适合于构想理想价值蓝图的解释，这种意图使他们自己焦虑万分，不得安宁。本书里谈的就是这个问题。

20世纪被深刻地打上了这些国家的烙印，它们今天属于经济合作与发展组织（OECD），即第一世界。在这个世纪行将结束之际，第三世界越来越深地陷入贫困、疾病和战争，丧失了自己的道路。因此，这里的出发点是，集中探讨经济合作与发展组织国家是剖析本世纪发展之关键，这既不是盛气凌人，也不是扬扬得意之举。

---

① 这里指欧洲在20世纪初开始酝酿世界大战。——译者注

拙作的基本命题十分简单。现代的社会冲突是一种应得权利和供给、政治和经济、公民权利和经济增长的对抗。这也总是提出要求的群体和得到了满足的群体之间的一种冲突，尽管近来一个广大的多数派阶级的产生使局面变得错综复杂，纷繁异常。同样，政治纷争的基础变得不明朗了，犹如冲突将在其中得到解决的政党结构变得不明朗一样。本书也会谈到这个问题。

应得权利和供给是两回事。要求扩大它们一般会导致矛盾与不和。然而在它们之间，并不存在着**替换**（trade off）的关系，因此，公民权利的拥有似乎只能牺牲经济的增长，反之亦然。倘若这种情况实际上发生——它往往已经发生过——那么，这正好显示出当代人缺乏推动两者同时向前发展的战略变化能力。自由党人的政治理论与生存的机会息息相关，这些生存机会同时为所有的人保障基本的权利要求，在供给方面广泛的选择可能性，和发挥一种不带有原教旨主义的权益要求深层文化的凝聚力。

于是，这听起来就不那么简单了。我曾经深思过，如何向读者阐明本书的特点。是的，很久以来，由于竞选的要求和对各种机构负有责任，我的社会科学研究已经作了调整。我是想说，对我来说，仅仅对本专业同仁说话是不够的。托马斯·库恩（Thomas Kuhn）称之为"scientific community"即**科学共同体**、科学的社区的那种工会，肯定是有益的，但是，它不许自满。博洛尼亚大学在一种庄严的仪式中给学业新成的博士们两次呈上一部属于他们本专业的伟大著作（例如亚里士多德的《政治学》）：一次书是合着的，表示要记载（秘密的）知识；一次书是打开的，强调（公开的）任务是把这种知识传播给人们。公开的科学也是这本随笔可能的写照。

我必须对"随感"（Essay）作解释吗？这本书不是一幅大型油画，本来这种题材是适合于制作巨幅油画的，但它更像是一张素描。它比一般情况下随笔这种文体所允许的长一些；但是，我想到过18世纪的一些作者，某些方面也把我与他们联系在一起。他们全然无拘无束地写了长达数百页的书，并名之曰：《关于宽容的随笔》，或者《资产阶级历史随感录》。这本书是在相同意义上的一种尝试和一份草稿。书的起初的正文我写于1986—1987年，那是颇有成果的一年，我当时作为设在纽约的罗素·塞奇基金会的访问学者生活在那里的朋友们之中。1988年出版的美国版和英国版受到很客气的欢迎；它被译成多种语言，首先在意大利，最近也在东欧、中欧的民主国家里引起了辩论。从那时以来，时代变化了——我在这些时代里也在变化。现在放在眼前的这本书，肯定并非简单地是作者本人完成的翻译版；说它是"新版"，从根本上讲是不够的，在很多方面，它更是一本新写的书。同时，1989年和1990年的事件起着某种作用，虽然我在1990年所写的《**欧洲革命之观察**》①和英文版《**现代社会冲突**》（*The Modern Social Conflict*）第一版可以天衣无缝地相互协调，属于一个整体。就这个版本而言，更为重要的是我把我的概念和分析写得更明确了，更加精确了，而且在若干点上也作了补充。

  作者感到他的书是重要的，这几乎无须强调。如果不重要，他为什么要写？是因为不得不写？在这种情况下，这有其特殊的意义。在某种方式上，这篇随感是我的社会科学研究的总和。现在要搞纯理论研究，对我来说，年纪太大了，力不从心；不过无论如何，这里又重新捡起我在1959年写的关于阶级论的德文版本《**工业社会的阶级和阶级冲突**》（*Class and Class Conflict in Industrial Society*）②中的题材，这本德文版书是成熟版本，已经绝版。论文集《**走出乌托邦的崎岖小道**》（*Pfade aus Utopia*，1967年）也属于这个范围。从那时以来，我曾开始作种种尝试，搞些政治理论，例如《**生存机会**》（*Lebenschancen*，1979年）和演讲集《**法律与秩序**》（*Law and Order*，1985年），不过也在对自由党人的政策的具体建议中作过一些尝试，例如1988年比萨国际自由党人全体大会所通过的纲领性文件，可惜我的建议几乎没有反对票（之所以可惜，是因为没有不同意见的东西往往是不值一提的）。现在，社会科学之女王是社会分析，严密的理论、规范的意图和历史的贯

---

  ① 这本书香港商务印书馆已出中文版，书名为《新欧洲四论》。——译者注

  ② 该书德文版发表于1957年，英文版（1959年）系作者自译，作者做了大量修改与补充，故曰"成熟的版本"。——译者注

穿，统统都编织到社会分析里。10年前，我就开始尝试从事社会分析，写出了一部很长的文稿，书名为：《**黯然失色的现代精神**》(*Modernity in Eclipse*)。写到几乎500页之后，我中断了这项工作，而这样做是对的；那本书再写下去，会发展成为荒唐之物，不合时尚，从错误的观察角度出发，会令现代精神变得昏暗无光。我希望，这一切将不再适用于这部随感。

除了罗素·塞奇基金会外，还有一些与我有联系的机构也给了我某些机会，让我拓展和检验我的思想。我怀着感激之情，首先想起了1984年以来在康斯坦茨大学的小型讲习班学习的岁月，想起1986年在巴塞尔的志愿学术协会的客座教授职位和自1987年以来在牛津我所在的学院即圣安东尼学院的高级论坛和其他地方的无数的谈话。

写作这本书，有三个人对我特别有帮助。在罗素·塞奇基金会，我再次幸会罗伯特·默顿，他是我的良师益友，他现在也是国际社会学界的泰斗。他确定标准。因此对我来说十分重要的是，他不仅读了本书初版的全部文稿，而且还做了无数的眉批，形式上往往采取有趣的印章，指点迷津和打上问号，这类东西，他似乎是取之不尽、用之不竭的。最后盖上一个光芒四射的带有天使图案的大印章，表示他的善意，多么令人欢欣鼓舞！默顿对这部随感的论题发表了很多见解，尤其是也对萨里的圣公会执事乔治·哈克威尔(Georg Hakewill)发表了意见。我也借用了哈克威尔的一句话作为本书的座右铭。它对表现我的意图的基调再适合不过了。默顿在他出色的著作《**在巨人的肩膀上**》(*On the Shoulders of Giants*)里，高度颂扬了哈克威尔对现代精神的贡献（《**在世俗政府等等面前为上帝的权力和天意的辩护词或声明**》①，首次发表于1627年，第3版于1635年）。

我的朋友弗里茨·施特恩(Fritz Stern)一直关怀着我的文章。他的痕迹处处都明显可见，这篇前言提到第二次30年战争(1914—1945年)的最初几段里可找到他的踪迹，他一直在研究第

---

① 简称《辩护词》。——译者注

二次30年战争①。弗里茨·施特恩是历史学家,因此对主要是感兴趣于结构和过程的朋友,他有时会失去耐心;不过,我们的友谊已经存在了35年,因为我们总是重新相互学习。

我很感激我的妻子艾琳(Ellen),除了这里没有提及的事情外,应归功于她孜孜不倦地探询对事件的解释,孜孜不倦地催促要改善有关的状况。这一切都是什么意思呢?我们如何才能把坏事变为好事,如何弃恶从善?这是艾琳提出的一些问题,也是在这部随感里论述的问题。

         拉尔夫·达伦多夫　1991年8月
         于霍尔茨施拉克/黑林山

---

  ① 第一次30年战争指1618—1648年德国和欧洲的宗教战争。第一次世界大战(1914—1918年)和第二次世界大战(1939—1945年)前后加在一起也约30年(1914—1945年),故称第二次30年战争。——译者注

目　　录

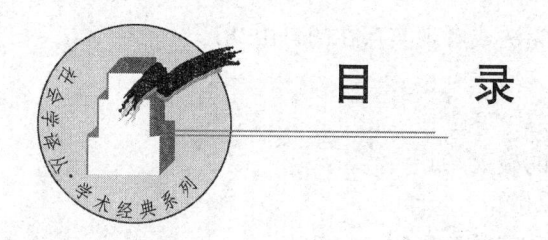

第一章　革命和生存机会 / 1
　　第一节　现代的两面性/1
　　第二节　应得权利和供给/10
　　第三节　政治与经济/18
　　第四节　生存机会 / 26

第二章　公民权利和社会阶级 / 34
　　第一节　不平等、统治、阶级斗争/34
　　第二节　公民权利的崛起/41
　　第三节　T. H. 马歇尔的论点/48
　　第四节　公民社会/55
　　第五节　一切可能的世界中最好的世界？/61

第三章　工业社会的政治 / 66
　　第一节　变革的因素和动机/66
　　第二节　马克斯·韦伯和现代政治的问题/74

第三节 关于混合宪法或者现实存在的自由/81

第四章 极权主义的诱惑 / 94
第一节 一种幻想的破灭/94
第二节 极权主义/104
第三节 各种专政和简单的尺度/114

第五章 30年光辉的岁月 / 121
第一节 雷蒙·阿隆的世界/121
第二节 趋同、社会主义和现实的多样性/131
第三节 民主的阶级斗争/138
第四节 1968年/145

第六章 增长的极限 / 152
第一节 一种世界秩序在支离破碎/152
第二节 关于经济增长的争论/159
第三节 新的漫无头绪/167
第四节 后工业社会？/175

第七章 阶级斗争之后 / 181
第一节 失业/181
第二节 关于定义（1）：下层阶级/192
第三节 关于定义（2）：公民和分离主义者/199
第四节 社会失范的风险/205

第八章 一种新的社会契约 / 213
第一节 90年代初期的欧洲/213
第二节 自由党人的议程/225
第三节 一次向年轻人演讲的提纲/237
第四节 世界公民社会/245
第五节 关于战略性的变化/251

后记 / 259

第一章

革命和生存机会

第一节 现代的两面性

革命是又苦又甜的历史瞬间。希望一闪而过，旋即在失望和新的弊端中窒息，这一点既适用于大革命，如1789年法国大革命和1917年俄国的革命，也适用于较小的政治变革。在革命之前，已有经年累月的压迫、傲慢狂妄的权力、对人们需求的恶意藐视。僵化的、陈旧的政府制度沉湎于它的特权，而当它试图更新图变之时，再也没有人相信它了，因此它也无法实施其迟到的计划。人们对它已经忍无可忍了。冲突能量的聚集与日俱增，形成日益紧张的对峙。形势犹如一个火药桶。只需要一点儿火星——一点儿希望的星星之火，诸如勉强的政治改革激起的希望之火星，或者一点儿动荡不安的星星之火，在错误的时间的枪声激起的动荡不安之火星——随即就会轰隆爆炸，于是，陈旧的大厦开始摇晃。再也没有任何东西能支撑住。昨日的叛逆罪变成今日的适用的法，而旧的法则成为叛逆。对于进一步被激奋起来的人们来说，闻所未闻的前景向他们敞开着：人民的政权将会建立，一切坚不可摧的东西将付诸东流，让人想入非非，浑身充溢着理想。很多人情绪高涨，慷慨激昂。不仅是旧的政治制度的种种弊端，而且包括社会的种种困境，仿佛都自行消除了。这是在一个什么样的时代的生活啊！

只是这个时代偏偏好景不长；蜜月总会结束。人们又恢复正常的生活。人们终究不能无休止地、日复一日地示威游行，或者无休止地打内战。个人的生活状况反映着社会的境况。喧嚣混乱对于经济的发展并无补益，而政治的不稳定则唤起恐惧。希望防止泪流成河的善意的尝试受挫失败。起初是大众的情绪出现动摇，然后它就发生转变。有时是一个外部的政权进行干涉，这样一来，虽然不能使革命完好无损，但是至少能使乌托邦完好无损。有时是某一个雅各宾派从内部、从分崩离析的多数派手中接手统治。难道"人民政权"本身不是一种矛盾吗？于是，关于更加美好的世界的种种漂亮的高论，就变成一种替新的恐怖政权所作的辩解。这可能是一种"暂时的"专政，面临外部的威胁，是一种紧急状态，或者是在失范中的一种魅力（Charisma）统治；无论如何，它导致新的不自由。光阴荏苒，岁月不居，只有晚出生的人们后来才觉察到，尽管有这种种情况，还是发生了很深刻的变化。革命的第一天被宣布为公众的节日。然而，参加革命的一代已失去了他们的幻想；他们试图在麻木顺从、筑造个人的幸福安乐窝和偶尔的、徒劳的抗议之间苟且生活。

哪怕这种描述只有一半是正确的，人们都会问，究竟为什么有人还要革命。现在是否有很多人想要革命，这不好说；对于大多数人来说，如果乐意打破日常的生活常套，那是由于恐惧和忧郁的预感占据了上风。如果说，狂风骤雨能结束长期的高温酷热和干旱，那么，人们虽然喜欢下雨，但是，他们更喜欢每天都有一点儿雨，而不是狂风暴雨中的电闪雷鸣和冰雹。当然，并非人人如此。总有一些想入非非的人，他们在社会的暂时动荡中，比在稳固安定的社会里能找到更多的乐趣。有时连无政府主义者也会自行组织起来。此外，对于很多人来说，令人不寒而栗的革命是一种被禁绝的刺激。是的，在某种方式上，革命甚至是希望的另一种代名词，是生活的那种不可或缺的原则。谁知道呢，真正的革命有朝一日也许会再次到来！难道美国革命总的来说不是一项成就吗？在欧洲共产主义国家里，1989年的情况又如何呢？

现在，这类问题和考虑基本上是无谓的。不会有人问人们是否想要革命。倘若没有别的出路，革命就会发生。实际上，革命就像风暴或者地震。诚然，革命是人为的，但是，人们总是在某些他们只能极其有限地加以控制的情况下采取行动的。"人类始终只提出自己能够解决的任务。"

写出这句话的人就是那位对革命作出了一种既超凡卓绝又是错误的解释的作者：卡尔·马克思。幸运的是他的错误令人感兴趣，值得作批评性的探讨。马克思的理论有两个部分：社会政治部分和社会经济部分。这两部分都是了解现代社会冲突的关键，虽然马克思衔接这两部分的方式和方法十分令人怀疑。这些变革理论因素与现代的两面性有关；这无异于公民的两面性，一方面是作为**市民**（burgher）或者资产阶级，另一方面是作为**城邦公民**（citoyen）或者国家公民。这两个概念将陪同我们，贯穿全书，因为一个是经济增长的先行者，另一个则是平等参与机会的先行者。德语词"bürgerliche gesellschaft"① 把两者不可分解地混合在一起，因而产生了混乱，这是很糟糕的，尽管它原先无非是古代的"societas civilis"② 的翻译，而古代这个词在盎格鲁—萨克逊语言中继续以"civil society"存在着。

因此，让我们现在来看一看马克思的革命理论。③ 它的第一部分与社会的阶级相关。在每一个历史时代都有两个阶级相对立。统治阶级从一开始就已准备好进行斗争；它作为一个现成的阶级——"自在的和自为的"阶级——是从前一个时代产生的。而被压迫阶级在其能够接受挑战进行斗争之前，必然要首先经历一个不同的形

---

① 意为"市民社会"或"公民社会"。——译者注
② 拉丁文，意为"平民社会"或"市民社会"。——译者注
③ 马克思并未在任何地方系统地论述这个理论。正如在他的很多关于社会的理论里那样，在后来发表的著作中，对此也很少道出新的东西。因此首先仍然要指出较早的文章，如《哲学的贫困》（1846年）和《共产党宣言》（1848年），尤其是应该加上著名的1859年的《政治经济学批判》的导言。

成阶段。间或发生的暴力，加速着被压迫阶级的组织进程；潜在的利益变得日益明显；"自在的"阶级变为"自为的"阶级。这种情况在多大的程度上发生，统治阶级和被压迫阶级之间的冲突就在多大的程度上激化。在一段时间内，冲突依旧在势均力敌，旗鼓相当，但是，随后成功的天平就开始倾斜。被压迫阶级进一步强大；统治阶级的个别分子甚至开始怀疑他们自己的地位，最后归附于对手的阵营（马克思和恩格斯在《**共产党宣言**》里说，"特别是已经提高到从理论上认识整个历史运动这一水平的一部分资产阶级思想家，转到无产阶级方面来了"①：一切社会科学家在他们的理论里，对于如何确定他们的作用都感到为难；马克思和恩格斯也不例外）。于是，最终的战斗开始了，革命性的变革使前面那个时代结束。过去的统治阶级消失在历史的垃圾堆里，过去的被压迫阶级作为新的统治阶级站稳了阵脚。

然而，阶级冲突并非是虚无缥渺的；阶级冲突的士兵在某种意义上是傀儡，他们受到看不见的社会力量的驱动。这就是马克思理论的第二部分。统治阶级代表着对于一个时代来说典型的"生产关系"。这意味着，统治阶级对于让事物保持原封不动感兴趣，所谓"事物"，首先必须理解为创造富裕、福祉的现存的方法，赋予这些方法以稳定性的法律，以及处于这些法律之后的权力关系。同时，被压迫的阶级可以从新的"生产力"中吸取它们的力量，壮大自己。一切有前途的和促进变革的东西都属于生产力，即新的技术，新的组织形式，新的游戏规则和新的游戏主持人。有一段时间，生产力在占统治地位的法律的和社会的关系中得到适当的表现；但是，潜力不再听任现实摆布的时刻很快就要到来。这不是一个无害的、自动的进程。应该承认，现实的财产关系和权力关系遏制着满足人们需求的潜力。本来，很多人可能感到会过得更好一些，然而，情况并非如此。现实和潜力的协调一致程度减少多少，阶级冲突的强度就增加多少。革命不仅是对无法忍受的生活条件表示抗议的极端形式，而且是许诺推行新的社会组织的方式。革命会打开被

---

① 参见《共产党宣言》中译本，《马克思恩格斯选集》，中文2版，第1卷，第282页，北京，人民出版社，1995。——译者注

旧制度压制了的各种机会的大门。

在科学方法的美学的范畴里，这是一种很漂亮的理论。人们可以称它是少数理论的一种，社会科学的古老的梦，在这些少数的理论里，正在成真，这种社会科学在解释方面可与自然科学相提并论。然而，可惜，十分可惜，理论应该解释的各种事件都违背了它的要求，由它所预言的发展并未出现。

一根小小的松散的线头就足以拆散这幅精美的织物。马克思的理论包括下述观点：革命的爆发总是在被压迫者的生活条件达到其最低点时发生。为达此目的，马克思指出：（穷人）最"贫困"（die Not）的时刻就是（改变）的"必要性"（die Notwendigheit）① 最大的时刻②。事实上，情况并非如此。遭遇最大贫困的人与其说是积极主动的，不如说是冷漠昏庸的，毫无希望的压迫制造着对暴政的大沉默。当出现小小的变化时——也就是出现一种希望之火星、激情之火星时，并且大多数也是在权势者一方显示出软弱迹象的时候，在发出政治改革信号的时候，革命才会爆发。

出现这种错误并非偶然。它与一种理论的弱点息息相关，这种理论永远不能脱离假设"时代"或假设"制度"的窠臼。无疑，马克思知道，社会的相互关系在持续发生变化。他甚至描写了资本主义的统治者们，即资产阶级作为一个阶级，如果不能不断变革生产关系，它就可能不存在。然而，这对他和他的信仰者来说，仅仅意味着实际的、功能的适应不可分割地属于资本主义制度的一部分。只有这样，这个制度本身才能得到证实；它在革命的时刻才会消失。在这一时刻来到之前，"早期资本主义"可能变为"高度发达的资本主义"，甚至是"后期资本主义"，或者变为"国家资本主

---

① 德语里的"die Not"既有"贫困"的含义，也有"必要性"的含义，后者与下文的"die Notwendigheit"近义，故曰文字游戏。——译音注

② "他……直接由于不可避免的、无法掩饰的、绝对不可抗拒的贫困——必然性的这种实际表现——的逼迫，不得不愤怒地反对这种违反人性的现象",《神圣家族》里这样写道。在拙作《透视马克思》(1953年版，第2版书名为《卡尔·马克思思想中的正义理念》, Verlag fuer Literatur und Zeitgeschehen 出版社，汉诺威，1971年）里，在第88页我曾研究了马克思这段话和类似的段落。

义",甚至变为"国家垄断资本主义",但是,它还是资本主义。用一种变魔术的手法,这种理论就变为人所共知的真理,即变为定义。只要没有革命,资本主义就不会消失。"真正的"改变必然是革命性的改变,直至发生这种改变之前,**根据定义**,各种旧的概念还保持着它们的效用。

卡尔·波普尔(Karl R. Popper)① 把这叫做历史主义。人们假定出一些分析性概念。它们并没有用来以理论的探照灯去照亮现实社会的方方面面和各种要素;相反,它们与现实相互混淆,本末倒置。实际上,从来未曾有过诸如资本主义这类东西,总是存在的只是经济和社会,它们或多或少具有一些可以界定为"资本主义"的特征。历史主义的贫困在于,它使它的追随者们变为瞎子,从而对现实世界缺少想象力。在理论上,历史主义没完没了地替各种不能自力更生使自己保持浮在水面上而不沉沦的解释寻找救生圈。实际上,历史主义导致僵化,把决裂和革命作为"现实变革"的唯一的方法,同时,无论是一般人的生活现实里的经常性的变化,还是整个社会结构的潜移默化,都没有被看到,都在其视野之外。马克思的理论是一种思维模式,与历史的经验很少有瓜葛。

这位作者②是从哪里得出他的理论的?部分当然是从他的祖师爷黑格尔那里获取的。在1848年之前的进步岁月里也好,在此之后的年代里也好,黑格尔辩证法的阴影都笼罩着德国人的思维。黑格尔成为教条主义思维的心胸褊狭的典范,那些企图把他从头到脚颠倒过来的人,也没有摆脱他的紧箍咒。马克思至少也部分处于其间接经验的影响下。马克思生于1818年,成长于动荡不安的时代。那时远处传来的法国革命的隆隆雷声尚未销声匿迹;且马克思从哲学转向政治经济学时,很快就发现了18世纪的另一个戏剧性的变革,即工业革命。人们几乎可以看出,这两个事件如何开始在他的

---

① 卡尔·波普尔(1902—1994),奥地利裔英国哲学家,"批判理性主义"的理论家,主要著作有《开放社会及其敌人》、《历史主义的贫困》、《客观的认识》。——译者注

② 指卡尔·马克思。——译者注

头脑里叠加在一起。在巴黎，或多或少组织起来的人民群众创造了历史，第三等级要求在国民议会有更合适的代表，只要想，人们就可以搞阶级斗争。同时，在兰开夏郡和约克郡，新的生产方法促使一种新的社会经济的发展动力取得突破。面对一种新的劳动分工、新的契约形式、商品和劳动服务交换的新的需求，面对一个新的举足轻重的阶层，封建纽带的束缚，当然也包括行会和社团规则的束缚，以及重商主义传统的束缚，都破裂了，爆炸了。于是不管人们是否想谈论革命，一种演变理论的两种要素都聚合在这里。

很久以来，"革命"这个词早就被用于戏剧性演变的两种迥异的形式。第一种叫做深入的变迁，即一个社会的核心结构的变化，这种变化需要时间；第二种是迅速的演变，尤其是在数日或数周之内，通过显而易见的、经常是暴力的行动，实现领导岗位上的领导人物们的循环替换。第一种形式可以称为社会的革命，第二种形式可以称为政治的革命。在这个意义上，工业革命是社会性的，法国的革命则是政治性的。但是，二者并没有在同一个时间和同一个地点发生。显然，工业革命在英国和其他地方也带来了政治的演变。其中包括新的生产形式的代表①要求不再被排除在法律的制定和立法的过程之外，这一过程要确立对所有的人都有约束力的准则。相应地，法国革命的某些主题也是社会和经济性质的。其中包括为公共开支筹措资金，筹措资金又提出国王的作用问题（关系到国王的财政预算）以及教会和贵族的财产的作用问题。在所有这些方面，都不能排除戏剧性的变化。然而，英国的工业革命是在1688年政治革命之后很久才发生的，而法国的政治革命却没有在任何意义上解放强大的经济的力量。相反，它在长达数十年之久的时间里阻止了法国经济发展的现代化进程。

市民阶层，或者用马克思的话，资产阶级，难道不是这两次革命背后的推动力吗？也就是说，难道未曾有过一个阶级，同时代表新的生产力和要求政治的权力吗？在这一点上，让我们首先撇开下述的事实：18 世纪自我觉醒的资产阶级很难被描绘为一个像后来

---

① 指新兴的资产阶级。——译者注

的无产阶级那样的被压迫阶级，因此，市民或者资产阶级的社会形象是值得注意的，而且也恰恰是从现代的两面性角度来看值得注意。

为了充分利用技术和劳动分工的新的可能性，从前的企业家需要一种基本上有别于一切传统的依附的劳动关系的形式。他们需要在各方之间的合同基础之上的雇佣劳动，各方至少在形式上被视为是平等的。就此而言，新的劳动合同是以人人都拥有基本的公民权利为前提的。同时，这些企业家及其附和者还要求自己能在阳光之下有一席之地，或者说得通俗些，要求社会的承认和政治的参与。他们既不再让人幽禁在他们的"城堡"里了，即不再让人幽禁在封建依附关系的汪洋大海的那个自由的岛屿上，而且对第三等级的地位再也不满意了。因此，从前的市民阶层的经济和政治利益就积聚到一项要求上：他们要成为**城邦公民**，成为**公民**（citizens），即成为拥有这个地位所对应的一切权利和自由的公民。

从一种与这种分析保持相当距离的角度来观察，工业革命也好，法国革命也好，都可以称为资产阶级的革命。18世纪后果累累的变化具有两面性，它们既是经济的，也是政治的；这种两面性也是公民——即**资产阶级—城邦公民**——新的社会形象的两面性。这种分析的跨度太大了，不能作出任何令人满意的解释。倘若人们更详细地了解在英国和法国发生的事件，那么可以发现，推动力量的两面性并非一种形象的两面性，而是两种形象的两面性。英国的有发明精神的企业家和法国的第三等级不是同一类社会群体。不能说是两面神（yanus），充其量只能说是孪生子女，而且是异卵双胞胎。

显然，对于马克思来说，至关重要的是未来的一次而且是唯一的一次革命，犹如过去的变革一样。资产阶级和无产阶级都是资本主义社会的斗士。这作为对在19世纪和20世纪初期的某些特定时期的（少数）几个国家的令人信服的描绘，人们可能会接受。组织起来的工人向权势者要求更多的权利和更多的贡献。马克思本来是不会应用这么简单的语言的，但是，这种论点对他的理论并不是完全陌生的。随着他提出下一步的论据，问题就开始出现了，按照他的论据，工会和社会主义的各种政党以新的生产力的名义提出它们的要求。依我之见，这是毫无意义的空洞说词。尽管马克思和马克思的继承者做了无数的尝试，试图以"联合生产者"、"公有财产"或者甚至还用"没有统治的交际"等概念来描绘这些新的生产力（逐渐绝望地寻找新的生产力本身就已经露出马脚）。社会中存在着一些政治的力量，而且也存在着社会和经济结构的一些结构性变化。无疑，两者之间存在关系。但是，这些关系的存在不是一成不变的，它们因时因地而变化，只有在极罕见的时刻，它们才会导致马克思所普遍要求的完全一致。某些人醉眼蒙眬，因此他们感到同一个事物同时呈现两种影像；马克思患了与此相反的弱视症。他戴着黑格尔眼镜，这就使得他把两个不同的东西看做一个模模糊糊的东西。现实停滞不前，不能继续发展了。

第二节　应得权利和供给

　　比喻的语言总是糟糕的,现在不再是用形象和暗喻来刻画现代的两种形态的时候了。最迟从18世纪以来,这两种形态决定着现代的道路。有一段故事对理解这一点可能会有所帮助。1986年3月我访问尼加拉瓜。桑地诺革命政权正处于巅峰状态。作为访问者,人们很快就能发现,超市的货架上只有很少东西可供购买,供应的生活用品和服装给人留下的印象与其说异常深刻,毋宁说是悲惨。在同外贸部长阿莱杭德罗·马蒂内斯(Alejandro Martinez)谈话时,我谈到对所看到的景象的印象,这招致了强硬的回答:"您似乎是在批评我们商店的货架上没有多少东西可买。这可能是对的,不过,请让我告诉您一些情况。在革命前,我们的超市货物十分充足。凡是在迈阿密有的一切东西,在马那瓜的货架上都能找到。但是大多数人买不起这些东西。人们在橱窗玻璃上贴扁了鼻子,想看看那些五光十色的东西,但是,没有任何东西是为他们准备的。我们把这种情况彻底地改变了。今天,凡是有的东西,在国内的人都有能力购买。借着运气和美国人的善意的许可,很快就会有更多的物资供给给大家。"

　　很多人听到这个故事都会捧腹大笑。人们可以说,这是马蒂内斯谬论:革命使一个对少数人过分富足的世界,变成为一个对所有的人都匮乏的世界。当然,进一步审视,这个故事并不那么滑稽可笑。让我们首先看一看事实。1950年至1976年之间,尼加拉瓜的人均国民生产总值翻了一番。发展并非是直线型的;50年代后期以及1972年地震的时候,发展被中断。1976年之后,又开始出现下滑势头。1979年革命之时,下滑势头又把这个国家抛回到50年代初期的水平。革命之后,到1981年略有改善,不过,这一改善很快又让位给另一场滑坡。1985年,尼加拉瓜人均国民生产总值又处于1951年的水平。这种情况部分归因于革命,任何一次革命都如此;部分归因于战争和美国的压制。收入分配的数字不容易得到。然而似乎很明显，实际收入同样也下降了，哪怕并不像国民生产总值下降得那么快；1984 年，实际收入大约比 60 年代末的最高数值减少了三分之一。同时，城市的收入比农村的收入保持得好一些，在农村，较贫穷的人生活有了相当大的改善。国家作为经济因素的作用大大地增长了。转移支付类收入有所增长。扫除文盲，防范瘟疫，对付失业，这些方面取得了若干成效。有一位经济学家用一种方式总结了这种结果，这种方式使我们又回到马蒂内斯谬论上："从没有再分配的增长到没有增长的再分配。"①

还有另一个理论上的原因使得我们不能对马蒂内斯谬论仅仅一笑了之。这位部长引出了一种重要的区分，这种区分与现代的两面性息息相关。这就是对人们可以获得物品的途径和存在着的、能满足他们的愿望的物品之间的区分。在这样的意义上，完全可能有很多形形色色的东西可供使用，即确实有很多东西，而且甚至在人们期待能有这类东西的地方即公众可以企及的商店里，确实应有尽有，然而很多人却不能通过合法的方式得到它们。这不仅适用于索莫查（Somoza）的尼加拉瓜，而且也适用于其他一些社会主义国家，在那里有一些特别的商店（"内部商店"、"外汇商店"），去这些商店购物，必须要么有特别批准，要么有硬通货。同样完全有可能的是，没有任何障碍会阻止人们进入他们想得到的产品和劳务的市场，但是，那里根本没有足够的产品和劳务供应给可能的购买

---

① 尼加拉瓜的经济发展情况在革命前后相对而言是比较好的。我这里依据的主要是两项研究：比尔·吉普森（Bill Gibson）的《尼加拉瓜的政治稳定》（世界发展与经济研究所的稳定和调节计划工程，联合国大学，1986 年 7 月）；弗朗西斯科·J·马约卡（Francisco J. Mayorga）的《1980—1984 年尼加拉瓜的经济轨迹——一种看法》（临时性文件 14 号，拉丁美洲和加勒比海研究中心，佛罗里达国际大学，1986 年）。马约卡就是正文中所援引的经济学家。也许这种论述低估了美国和内战的影响。吉普森对内外因素的比较重要的意义做了可信的评价："尼加拉瓜的稳定政策现在归结为这样的问题，即在复兴过程中，如何才能利用更多的资源，复兴过程受到越来越差的贸易条件和围绕着革命带来的结构重组所发生的真正的内部冲突的妨碍。"现在，这一切都已成为历史，但是，历史并未使人减少兴趣。

者。在这类情况下,定量配给是一种人们喜欢采用的办法。每人每天获得2 000卡路里热量的食品,加上每周60支香烟,因此,虽然在进入市场方面没有特别的限制,但是在供应方面却有严格的限制(实际上非常可能的是,定量供应与少数人享有特权并存,与很多人的黑市并存,在黑市上,不抽烟者有权出售他们的配给香烟,换取别的商品)。在极端的情况下,可能还会出现更为可怕的情况。任何人都允许到那些场所去,不过那里空空如也,什么也没有。人们排起长队,然而,队伍最前面一无所有。火车站是敞开的,但是没有火车。柏林就是一个例子,在1945年4月底和5月初的日子里,纳粹已经从很多城区中消失,但是,苏联尚未控制各城区,当时就出现了上述情况。不过也有相反的现象。一个家庭几乎垄断着所有的一切,而且只分配给直接仆从,让他们能足以勉强糊口,维持生活。这种极端的情况也许不会出现,但是,索莫查家族、海地的杜瓦利埃一家、罗马尼亚的齐奥塞斯库一家,实际上已经非常接近这种极端的情况。

马蒂内斯谬论里所蕴藏的区分令人回想起阿马蒂亚·森(Amartya Sen)在其关于贫困和饥荒的著作中提出来的很有说服力的理论①。在研究历史上的饥荒时,森发现了下述很清楚的证明:用缺乏可支配的食品来解释饥荒,虽然依旧可以接受,而且也许一目了然,但是,实际上这种看法是错误的。饥荒地区的食品,包括在1943年的孟加拉邦,虽然不是十分富足,但是事实证明,在大规模死亡的严重时期,食品几乎没有比此前和此后的几年里少。狭义上的可支配性,即运输和分配,也不是问题;有时一些地区还输出

---

① 阿马蒂亚·森的书起初叫做《贫困与饥荒》(Clarendon出版社,牛津,1981年)。下面谈到的"后来的一篇论文"题为《粮食、经济和应得权利》,它在很多地方被发表,最容易找到的也许是《劳埃德银行评论》(Lloyds Bank Review,1986年4月)。自从那时以来,森一直坚持一个与我们的论述有关的、更为令人激动的论点。按照这种论点,有新闻自由的国家就几乎不可能有饥荒。如果这能够得到证明,即意味着,具有巨大的实际影响完全是非经济的应得权利——公民权利。1986年,联合国大学赫尔辛基世界发展与经济研究所举行过一次关于森的理论的研讨会,这个研究所后来发表了研讨会的论文。

粮食，而那些地区的人却被饿死或因饥饿引起的疾病而死亡。那么，问题在哪里呢？在这里，森采用了他的概念**应得权利**（entitlement），我想把它用于目前分析的目的进行阐发。对于森来说，应得权利描写出个人和物品之间的一种关系，通过这种关系，个人进入产品市场和控制产品就"被合法化"。应得权利给人们一种合法的对物品的要求。因此，能够解释亚洲和非洲的大灾难的并不是生活用品可资利用的情况，而是社会群体对进入产品市场的机会的占有情况（森谈的是"大量的应得权利"要求），或者毋宁说，是这种机会的减少和最终消失。

阿马蒂亚·森是一位客观的政治经济学家，他喜欢把他的感觉用理性的论据加以包装，然而，他的理论很难再戏剧化了。他也许并不想这样表述，但是他的理论却意味着：至少在某些特定的情况下，不是物品的极度匮乏，而是社会藩篱的存在，解释了成千上万甚至数十万人死亡的原因。甚至在需求迫不及待之时，即在生死存亡之际，人们也不会违反社会的准则，而是会屈服于情势，仿佛这是他们的命运。"权利处于生活物质的可支配性和对获得生活资料的应得权利之间。"这并非令人十分放心的想法。森本人也曾担心，他这样说可能会使人们丧失提供粮食援助的勇气。因此，在后来的一篇论文里，他赞成采取实用主义的援助措施（他本来应该指出，紧急援助虽然会在提供的短期内打乱现存的应得权利结构，但是不会长期威胁这种结构，因为按其构想，紧急援助是暂时的，甚至是一次性的）。对于那些关心保持现存的应得权利的人来说，这种理论最不能令人放心。倘若人们需要的不再是多一些生活资料，而是少一些特权，那么唯一的补救办法就是剧烈的社会变革。这只不过是提醒一下一种理论的后果，这种理论初看起来则是技术性的。

诚然，森的关于应得权利的概念是技术性的。在其核心，"这个概念集中于在一个社会里人们用可资利用的法律手段去控制（物品）的能力"。这不纯粹是个人的能力，它本身是由社会结构决定的；因此，森后来更喜欢用**可获得性**（acquirement，也许用马克斯·韦伯的"获得的机会"这个概念会更好些）。"个人的应得权利（das Anrecht）是指一大堆不同的、可供选择的商品，个人可以借助不同的、合法的、对某些个人总是敞开的获得方法去占有这些商品。"在这两个定义内,谈到"合法的"方法必须加以强调;应得权利的核心总是一些权利。因此,这种合法的要求可能是建立在特性("设施")或活动("交换行为")的多数之上的。撇开继承的财产名目不讲,森列举了下述的应得权利:"建立在商业之上的应得权利","建立在生产之上的应得权利","建立在自己的劳动之上的应得权利","转移支付的应得权利"。它们构成森所称的"个人的一大堆的应得权利"。森继而问道:何时以及为什么会有诸如"应得权利失灵"这类事情?所谓应得权利失灵也就是通往控制商品的道路会受到限制或中断的时候和地方。他所举的例子使他首先找到诸如价格上涨和工资下降这类因素,不过,也发现了其他一些封锁通往控制商品的道路的较直接的形式。无论如何,他得出结论:"饥荒可以作为一种应得权利关系失灵的情况来分析,这将非常有意义。"

应得权利是较新的社会科学如社会理论常用的概念。有些人曾试图以此来把握私有财产的固有性质;另外许多人将这个词的复数(die Anrechte)用于指现代的社会国家的善举。显然,这个概念容易引起价值判断。罗伯特·诺齐克(Robert Nozick)的"应得权利理论"主要是在说明个人权利的最细微处,就此而言,它所反映的就是"最小国家"的个人的方面。劳伦斯·米德(Lawrence Mead)主张建立一个"应得权利的彼岸"的世界,在这个世界里更加强调各种义务。① 与此相反,正如森自己说的,他用这个概念是出于"描述"意图,而并非"规范"意图。在这一点上,我将附和他的见解。应得权利本身既非善,亦非恶;它们是从社会的角度界定的进入手段。人们也可以称它们为入场券。

森的界说的另一个方面也是重要的,应得权利具有规范性质。犹如社会规范一样,它们也具有一定程度的固定性,这种固定程度意味着,要取消它们就不能不付出代价。规范的概念比法

---

① 参见罗伯特·诺齐克:《无政府主义、国家和乌托邦》(Basic Books 出版社,纽约,1974 年);劳伦斯·M·米德:《应得权利的彼岸:公民的社会责任》(Free 出版社,纽约,1986 年)。

的概念更为普遍些，实际上，应得权利的固定性也可能发生变化。在标度的一端，基本权利就是应得权利。其中包括一个社会的全体成员得到宪法保证的权利。公民权利在这里有其立足之处。其他的进入手段没有这么强硬，虽然如果存在这类手段，它们往往可以被视为是相当可靠的。市场进入就属于这个范畴。然而，市场进入绝不是不言而喻的。在固定性标度的另一端，实际工资创造着应得权利（顺便说一句，正如一般而言，金钱具有应得权利的性质一样）。不过，收入可能会有变化，而且是在两个方向上变化。森在观察贫困和饥荒时发现的应得权利的重要变化之一恰恰是正在下降的收入。这不仅仅适用于发展中国家。在某些国家里，实际工资（在凯恩斯的意义上）"刚性大一些"，也就是说，比在其他国家的抗下滑力强一些。人们也许可以说，在出现这种情况的地方，实际工资的应得权利性质，就表现得还要更明显一些。

在这里，必须强调一下应得权利的另一个方面。入场券能让大门打开，然而对于那些没有入场券的人来说，大门仍然紧闭着。在这个意义上，应得权利也为人划出界线，设置藩篱。这就意味着，原则上不能分等级来理解应得权利；半张入场券不是入场券。进入权利对很多人可以或多或少是敞开的，但是它们本身是有明确规定的。应得权利按阶段增长或萎缩，而不是持续增长或萎缩。事实上，更正确地说，它们既不能"增长"，也不能"萎缩"，而是只能被创造或取消，被赋予或剥夺。

正是这一点把应得权利同马蒂内斯谬论的另一方面区别开来，即同那些人们对之拥有应得权利的东西区别开来。给这些"东西"取个名称是不容易的，尤其是如果既把基本权利又把实际收入算进我们称之为应得权利的入场券里去。经济学家阿马蒂亚·森很聪明，仅仅把它们限定在产品或"商品组合"上。他也许能够发现，只要福利供给能够从经济上理解，即可以计算，就不难把这种想法扩大到福利供给这一更广泛的概念上。但是，像这里所理解的应得权利，也能打开通往非经济"物品"的大门。例如，选举权就是一种应得权利，它可能具有某种意义，甚至可能具有压倒一切的意义，不管它是在一党专政的国家里所保障的（在这种国家里，人们不得不对事先确定的正式候选人的名单表示认可），还是在一个多党制的民主国家里提供的。其他的一些例子还要复杂些，如受教育的应得权利。这是不是意味着，为了赋予这种应得权利以实质，就必须提供可选择的学校或各种培训班？无论如何，倘若所涉及的是要描述由各种应得权利所提供的整个物质的和非物质的所有选择可能性，那么，像"产品"或者甚至"福利"这些概念显然是不够的。为了表示这些选择可能性，我将使用**供给**（Angebot）这个概念①。

口语中的"选择"（Auswahl）既可能表示选择行动（"我进行选择"），也可能表示供选择的东西（"有大量的选择"）。供给仅仅是后一种意义上的选择。换言之，它是在既定的行动领域里，现有的选择可能性。这些可替代选择本身也是结构化的：是通过市场的丰富发明，通过人的各种愿望，通过经济学家们称之为口味的东西，以及通过形形色色的偏好，来进行结构化的。我将间或零星讨论某些特定的供给的结构。供给无一例外被定义为可能持续上升和下降的东西。原则上讲，这个概念与其说应该从质的角度，不如说应该从量的角度去理解，与其说应当从法律或政治角度，不如说应该从经济角度去理解。供给至少在两个方面可能发生变化，即一方面在数量上，另一方面在多样性上。这两方面是相互联系的，必要的时候，我们还将探讨联系的方式。例如，报纸销售发行量从1 000万份上升到1 200万份，如果所指的纯粹是官方的、代表着同一方针的党派报纸，或者是内容同样空洞的群众性报刊，那么这一事实并无多少意义；与此相反，如果独立报纸数量从10家上升为12家，即使这些报社总发行量不变，却也意味着增长。

词汇并非理论。在人们能够开始应用概念进行论述之前，也必须学会概念如何运作。这也适用于这里沿用的一对概念：**应得权利**

---

① 在本书初版英文版里，我谈到了"应得权利"（entitlements）和"供应"（provisions）。对此（在德文里）没有令人满意的翻译。因此，我选择"Angebot"这个词，尽管这个词具有技术的内涵（当然，这种含义在英文里用"supply"这个词更明确），尽管这个词构成复数有困难。

和**供给**。在本文的分析过程中，这对概念有充分的机会可以运作。在各章节里，应用这两个概念是理解多变的20世纪社会历史的关键。在此首先利用例子和理论说明来丰富这些概念自身（在本章的下面各节里），以及（在下章里）把它们置于一种与马克思和18世纪革命有关联的理论联系。无论如何，借助这些概念，就可以阐述现代社会冲突问题。

工业革命首先是一场供给革命，它最终导致国民财富的巨大增长。法国革命是一种应得权利的革命，它最终确立了人权和公民权取得进步的一个新的阶段。在18世纪，为了资产阶级的利益，这两种革命相互靠近了。但同时从那时以来，应该说，它们又分道扬镳了。供给派和应得权利派——对应着经济增长政策和一种公民权利政策——处于相互斗争之中，而且今天亦如此。这就是产生于前面所提出的各种考虑的思维模式。

第三节 政治与经济

区分应得权利和供给的想法并不新鲜。指出类似的概念可能有助于我们的理解。在阿马蒂亚·森做饥荒研究前几年,弗雷德·希尔斯(Fred Hirsch)就发表了一本题为《**增长的社会极限**》[①]的书。书的中心论点是建立在"物质经济"或者"物质财富"和"地位经济"或者"地位财富"之间的区分之上的。前者是传统意义上的经济增长的客体,后者从本质上讲仍然是短缺的。因此,不管在物质财富方面的平等取得多大的进展,它都不能消除地位的不平等。如果说(几乎)所有的人都有汽车,那么,富人们就会转而乘坐私人飞机;物质的财富在增长着,但是地位的不平等依然如故。希尔斯自己也联系到罗伊·哈罗德(Roy Harrod)的"民主政治的富裕"(它可能扩大到所有的人)和"寡头政治的富裕"(它仍旧在少数人的手中)两个概念。在这些情况下也好,在其他类似情况下也好,问题的核心都是在于区分一方面是经济因素,另一方面是社会因素或政治因素。

在这里,政治和经济是按广义的、非技术性的意义来理解的。区别在于,政治的进程是建立在人的干预之上的,而经济的进程则是按自然生长过程进行的。政治发生在机构里,经济发生在市场中。这既不排除无计划的政治冲突,也不排除经济发展的有意识支

---

① 参见弗雷德·希尔斯:《增长的社会极限》(Routledge & Kegan Paul 出版社,伦敦,1977年)。对希尔斯论点的详细讨论参见阿德里安·艾利斯(Adrian Ellis)和克里山·库马(Krishan Kumar)(出版人)编写的《自由党人的窘境:对弗雷德·希尔斯的"增长局限"之研究》(Tavistock 出版社,伦敦/纽约,1983年)。希尔斯透露了他的经济学上的渊源,他把"地位的财富"看成要么根据其概念,要么根据现实情况是不可改变的:从数量经济学分析得出的东西是数据,是既定的。在这里,涉及应得权利变化和供给的变化关系问题。对于我们的分析来说,令人感兴趣的是希尔斯指出的经济增长无法做到的事情。

持。实际上，这种区别的要害之处在于重新把政治和经济放到一起，即确定它们的关系。然而，这里涉及的是社会进程的两种形式，也是观察社会的两种角度。

亚当·斯密（Adam Smith）认为，应当存在一种"财富的自然进步"①。他认为，市场包含着扩展自身的力量，因此，最终一切不平等都会被铲除，"而且，一种普遍富裕正在贯穿种种不同的社会等级"。其中的悖论是显而易见的：有"普遍富裕"，但是，也有"不同的社会等级"。人们应该认为，发生的事情正好相反，以至于按其等级，人人是平等的，然而他们有不同的收入。但是，供给的不平等作为应得权利的不平等是可容忍的。事实上，我们在亚当·斯密这里，可以发现经济分析的一个罕见弱点的早期形式。按照这个学科的本质，经济分析几乎只集中在供给上。经济学成为关于供给的科学。一切可能的东西都从供给、收入、生活水平和福利的增长去推导。谁也不会否认，自从工业革命以来，持续的经济奇迹已经改变了人类社会的面貌。然而，经济学家们几乎是胆战心惊地认为，基本的社会结构应是恒久不变的，仿佛如果社会结构改变了，经济学的整套方法与思路就会崩溃坍塌。

而且，这种事情的发生完全不取决于经济学家们的政治偏好。弗里德利希·冯·哈耶克（Friedrich von Hayek）②赞扬开路先锋者们，不过，他设想，其他人会落在他们的后面。他认为，这是可以容忍的，因为"今天的最穷困的人还把别人比他富裕归于过去的不平等在发挥作用"。在经济学家群体中的另一端，罗伯特·海尔布伦纳（Robert Heilbroner）却为那些有能力"阻止其他人取得作为构成富裕之基础产品"的人感到不安。但是，他认为，这一事实是一种自然规律，因为对他来说，富裕是"一种社会范畴，它不能同统治分开"。不会发生公民权利使人们的地位与其经济状况脱离开来的事情。希尔斯的区分的弱点也表现在这里，他设想出一种

---

① 《论财富的自然进步》是亚当·斯密的《国富论》第一章的标题，文中引用的语录摘自这一章。

② 弗里德利希·奥古斯特·冯·哈耶克（1899—1992），奥地利裔美籍国民经济学家。——译者注

"地位的财富"作为一种基本恒量,即认为应得权利的不平等是不可避免的和不能改变的①。

实际上,它们并非如此。人们不应把经济分析的弱点和现实的弱点相互混淆。资本主义——供给的增长——既没有解决也没有制造一切问题。亚当·斯密过分奢望"财富的自然增长",他错了;卡尔·马克思期望资本主义的矛盾将会导致戏剧性地解开供给和应得权利的戈尔迪之结,他也错了。一般而言,现代精神的这两种革命并不熔化为一条事件链,也没有一种理论能用来解释这两种革命。阶级冲突的理论以及有关新生力量和旧关系不可调和的理论是不同的理论。如果涉及应得权利的改变,市场就会失灵,而如果涉及供给的人为变化,则政府就会失灵。倘若让市场和国家对按其本质无法承担的事情承担责任,那就错了。

毋庸置疑,这适用于市场和国家两者。不仅有一种经济的帝国主义,它把一切都寄希望于供给的扩大,而且也有一种政治的帝国主义,它企图把一切经济的问题作为应得权利的问题来界定。后者②在那些联系马克思主义、相信应得权利革命会对富裕有作用的人当中传播着,也在那些把贫困理解为违反人权的人当中传播着。人们津津乐道的,不仅有由于酷刑和随意逮捕而引起的违反基本权利的行为,而且也有由于饥饿和无辜的穷困而引起的违反基本权利的行为。阿马蒂亚·森指出,这里存在着一种相互联系,但是他谈到一种要求富裕的权利,这就把相互联系的特性弄混了。没有任何一个法官能保障这种权利,各种权利总是要求有可能(对违反它们的行为)提出起诉。因此,这种相互联系要复杂一些,间接一些。

政治和经济的相互联系也是区分应得权利和供给的最富有成果的方面。这首先适用于那些研究这种联系的学科。**《经济与社会》**

---

① 参见弗里德利希·冯·哈耶克:《自由宪章》(University of Chicago 出版社,芝加哥,1960 年),第 46 页;罗伯特·L·海尔布伦纳:《资本主义的本质和逻辑》(W. W. Norton 出版社,纽约/伦敦,1985 年),第 45 页;弗雷德·希尔斯:《增长的社会极限》,前面所引用的各节。

② "后者"指"政治的帝国主义"。——译者注

是马克斯·韦伯①的主要理论著作的标题；18世纪苏格兰的社会科学家自称是"政治经济学家"（尽管他们有一部分也拥有道德哲学教席）。卡尔·马克思无疑属于这个传统。约翰·梅纳德·凯恩斯（John Maynard Keynes，1883—1946）也许是他们在20世纪时的最重要的代表。最近，"宪法经济学"学派产生，最先在美国出现，在本书中，我们将多次提及这个学派。

这种相互联系有着许多重要的方面。其中的一个问题是：政治和经济在多大程度上互为前提条件？政治自由要有什么样的经济上的前提条件？经济进步要有什么样的政治上的前提条件？凡是在寻找从专制制度或者极权制度向开放社会过渡的地方，这些问题都是焦点。第二次世界大战之后的德国，还有20世纪80年代的西班牙，它们都是幸运的。它们在一个经济迅速增长的时期里经历了民主的发展。不过，这两者②的相互关系在人们的头脑中容易变成一种因果关系，然而，对这种因果关系人们还存在着怀疑。最后，很多人相信，民主能使人们富裕起来。倘若经济情况转而恶化，他们又将对政治制度说些什么呢？③

戈尔巴乔夫对于这个问题应该曾经有他自己的看法。人们可以用他的语言表述：**公开性**（glasnost）即政治自由还不能对**改革**（perestroika）即经济改造提供保证。尼加拉瓜的例子从另一个方面讲述着同一个故事。索莫查的尼加拉瓜有一段时间曾经是经济增长相当快的国家。至少宏观经济数据向我们说明的是这种情况。然而，只有少数人能从这种增长中获益。参与获益的门槛不仅存在于政治进程中，而且也存在于经济领域里；这些门槛构筑成僵化的进入障碍。增长没有向下渗透，因为在尼加拉瓜的社会里，应得权利的界线简直无法渗透。这同样适用于很多发展中

---

① 马克斯·韦伯（1864—1920），德国国民经济学家和社会学家。《经济与社会》已由本人译成中文，商务印书馆1997年出版。——译者注

② 指"民主的发展"和"经济的增长"。——译者注

③ 这个问题是哈罗德·詹姆斯（Harold James）的一篇关于德国的分析文章的题目：《1770—1980年德国的同一性》（Weidenfeld & Nicolson出版社，伦敦，1989年）。作者得出的结论是，对于很多人来说，德国的民主与经济成就的联系太过密切，不能达到真正的稳定。

国家。原来认为，转移到第三世界的金钱虽然也许会让富人变得更富，但是随着时间的推移，金钱是会渗漏的，会造就一个中产阶层，这种旧信念纯粹是一种经济的计算，没有政治的和社会的价值计算。富人们的财富是没有限度的，而且对待穷人，他们的为富不仁、厚颜无耻也是没有限度的。即便是世界银行的慈善项目，一般也是有产者获益，部分是通过贿赂，部分则是因为项目受益对象只有他们，而无财产者的情况却依旧如故，没有改变。倘若没有打破传统的应得权利的结构并创造公民社会的要素，宏观经济的增长对于很多人来说都是无关宏旨的，无论国际货币基金组织多么乐于做全球统计。

然而，倘若这些结构被砸碎，也还绝不是就万事大吉了。政治变迁的过程有其自身的问题，首先是有可能出现这样的危险：旧制度的统治者阶层被一个新的干部阶层所取代，即被一个占据最重要领导职位的上层（Nomenklatura）所取代。因此，即使在有利的情况下，也可能搞不清楚，政治改革是否会释放经济成就的推动力。经济的进步要求形形色色的推动和刺激，而它们都涉及那种人们可以称之为人的动机的神秘力量。供给派经济学家们的甜面包和劳动纪律管教人员的鞭子，不一定会带来奇迹。人们必然会想要得到更多东西，同时必须准备放弃一些当前直接的享受，以利于在遥远的未来可能获得更大的满足。这就是在通往经济富裕道路上的两大障碍，要克服它们，单靠政治，其作用只能是微乎其微的。人们想起了新教伦理和资本主义精神，想到把人们从习惯于贫穷循环的状态中解放出来的必要性，想到发明精神和企业家的进取心①。

这类见解也是一种对关于资本主义和民主的关系这个有过很多

---

① 这里暗示了现代经济发展的三种重要的理论，即马克斯·韦伯的《新教伦理与资本主义精神》、约翰·K·加尔布赖思（John K. Galbraith）的《普遍贫困的本质》和约瑟夫·熊彼特（Joseph Schumpeter）的《经济发展理论》。也有一些其他的理论，虽然它们没有留下更为令人深刻的印象。这里的提示应该表明，在本书里集中论述应得权利问题也是一种局限；还有大量关于供应问题的文献。

探讨的主题的评论①。在以下几章里,我们将常常遇到这个主题。在这里,事关如何根据政治和经济在多大程度上互为前提这一问题,来阐述政治和经济的错综复杂的相互关系。某些应得权利结构显然是供给增长的一种必要的前提,然而也仅如此而已,不得多求。相反,供给的扩大和增长有助于政治结构的确立,但是,政治结构的建立要求有自己的行动。还有政治和经济关系的第二个问题,它更微妙一些,在分析高度发达的社会时,我们将会重新遇到它:应得权利的问题在多大程度上能被很高的供给压倒?相反,应得权利能补偿供给的短缺吗?也就是说,尽管有种种差异,两者能够在某种程度上相互替换吗?在美国(正如还将详细论述的那样),用欧洲的楷模来衡量,美国公民的应得权利仍然是欠发育的,但是,"开放边界"的"无限的可能性",给生存机会打上了深深的烙印。然而,至少自从第一次世界大战以来,英国的供给尚有很多不尽如人意之处,但是在应得权利领域里的发展却是令人满意的。在理论上,这样提出问题是饶有兴味的,尤其是根据以下可能性:由于冲突,包括阶级斗争,有可能变为个人的流动,反过来,限制流动有可能导致群体的冲突。这导致人们提出其他问题。例如,人们是否可以说,统治阶级总是对借助经济来避开问题感兴趣,而提出要求的阶级却偏爱采用政治的语言?

也就是说,针对政治和经济,即应得权利和供给之间的联系提出了一些理论上和经验上十分令人感兴趣的问题。因此,它总是两种不同的进程和前景的相互关系。诚然,人们乐意把二者结合起来。在同马蒂内斯部长的谈话中,这个问题是一目了然的:为什么人们不能既让大家都能进入市场,又得到十分充裕的货物?然而,回答并不像他所认为的那么简单,当时他声明,货物供应仅仅是一

---

① 关于对这种关系的"乐观的"分析,参见彼得·贝格尔(Peter Berger):《资本主义的革命:50个关于繁荣、平等和自由的前提》(Basic Books出版社,纽约,1986年)。与此相反,塞缪尔·鲍尔斯(Samuel Bowles)和赫伯特·金提斯(Herbert Gintis)持较为怀疑的态度,参见《资本主义和民主:现代社会思想的产权、社区和矛盾》。罗伯特·海尔布伦纳的分析是深思熟虑的,参见《资本主义的本质和逻辑》(W. W. Norton出版社,纽约/伦敦,1985年)。

个时间的问题和美国取消封锁禁运的问题。只要有一些战略上的改变,应得权利和供给仿佛就能一下子增加;然而,那是历史上罕见的和伟大的时刻。一般规律则是另外的样子,一般规律存在于不同的思想流派间的冲突之中。

于是就有供给派,它相信,关键是经济的增长,关键是增加产品和劳务,提高产品和劳务的质量与多样性。这一派的成员喜欢把人类的任务看做正数和加法游戏。对于他们来说,进步可能是毫无痛苦的。人们当然必须稍做努力;但是如果人们这样做,就会获得应得的报酬。无论如何,在这样的意义上——我们必须把短缺的界线向外推得更远,以至于大家都能有更多的东西,所有重要的问题都是经济性质的。应得权利派则另有看法。它坚持必须作出更加强硬的决定,有时必须玩零和博弈游戏①,玩这种游戏时,一方必须支付另一方的赢数。进步并非建立在共同努力向外推移短缺的界线之上,而是建立在群体为争夺阳光之下的一席之地而斗争之上。进步是用普遍找到进入市场以及利用积极的公众舆论和获得社会机会的通道的人数来衡量的。因此,主要的问题是政治性质的,即在这样的意义上:它们要求采取自觉的行动,以确立权利和对财富的再分配。

这两个派别处处都存在着,有时甚至在同一个政治派别里。在18世纪和1848年的各次革命之间,很多自由党人属于应得权利派。当伯克(Edmund Burke)② 和托克维尔(A. C. Tocqueville)③ 提醒他们注意革命的代价之时,并未使他们感到特别不安。"我们把旧制度所能提供给我们的一切好东西都放弃了,然而从目前的状况提供给我们的东西中,我们所得甚少。"这又是一个尼加拉瓜吗?无论如何,美国是再次经历过的,正如托克维尔19世纪30年代所

---

① 零和博弈(德文为"Nullsummenspiel",英文为"zero sum game"),或零和对策,零和游戏,是斯卡特牌游戏的一种。二人对赛在零点时,一方的赢数相当于另一方的输数。社会科学应用这个概念是以一种完全对抗的冲突情势为前提的。——译者注

② 埃特蒙德·伯克(1729—1797),英国政治家和政论家。——译者注

③ 阿列克西斯·克列雷尔·德·托克维尔(1805—1859),法国历史学家和政治家。——译者注

看到的一样。当时，为争取更多应得权利的斗士们很快就投向供给派这边。自由党人得出结论，现在应得权利够了，不用再为大家争取应得权利了，或者毋宁说，他们分裂了。有些人甚至看不到，人们必须通过政治的参与即通过普遍的选举权来补充法律面前人人平等，更不用说看到半个世纪之后有必要建设福利国家了。其他人继续为这类应得权利进行斗争，但是，他们的斗争热情日益减弱。一种新的应得权利派以社会主义的形式登上舞台。论争以很多形态继续进行着，直至今天，尤其是社会民主党人和新自由党人之间的论争，或者凯恩斯派和弗里德曼①的门徒之间的论争。

---

① 米尔顿·弗里德曼（1912—2006），美国国民经济学家。——译者注

第四节 生存机会

波普尔说，历史没有意义，但是我们能够甚至必须赋予它一种意义。这种意义可能存在于应得权利派和供给派的纯粹的、持久的反反复复之中吗？不管冲突对参加者意味着什么，排除冲突就是自由吗？在边缘状况下可以回答：是的。可规则调节的冲突就是自由，因为这种冲突意味着，谁也不能把他的立场定为教条。有一些制度安排允许说"不！"，甚至允许撤换执政者。从为所欲为和专制中摆脱而获得的自由不容低估。很多优秀分子在历史上为它牺牲，在20世纪也如此。

然而，这种形式上的自由只不过是在人类发展时所涉及事物的可能性的条件。对负面的和正面的自由作重要的区分太过于简单了①，倘若自由总是停留在对相同东西的不断重复上，那么不管谁当政，最后都是无所谓的。马克斯·韦伯喜欢用一个概念，它能很好描绘为建立自由的即开放的社会而在行为的纯粹形式的条件之外所必要的东西，这就是机会的概念。机会的含义比行为的前提条件要广，但比实际的行为方式要窄。说历史意义可能过高了，现代社会中的冲突涉及的是人类的生存机会（Lebenschancen）。让更多的人有更多的生存机会，这就是自由政治的意图。

因此，不管是对于我们理解现代也好，还是对于任何的自由主义的理论也好，生存机会的概念都是至关重要的。同时，它并不简单。在拙著《**生存机会**》（1979）中，我第一次试图对这个概念作

---

① 伊赛亚·伯林（Isaiah Berlin）区分了"负面的自由"和"正面的自由"（《自由的两种构想》，见《自由四论》，Oxford University 出版社，伦敦/牛津，1969年），而他采用了限制性的、负面的自由概念，自然受到称赞，引起了热烈的讨论。但是，这种区分太简单。在这里，机会的概念有助于作进一步的阐述。

界定①。"生存机会就是选择（Optionen）和根系联结（Ligaturen）的函数。"关于"根系联结"马上还要谈到。"选择就是在社会结构里既定的选择可能性，是可替代的行为选择。"这种界定可能太过普遍而宽泛。现在可以讲得更明确一些：选择就是应得权利和供给的特定结合。

要是能够测度各种选择，那就太好了，而且把它们理解为应得权利和供给的产物的诱惑是很大的。然而思想实验表明，这行不通。让我们假定，应得权利和供给的水平可以在一个1～10的标度上数量化。因此，10意味着最高的可能的应得权利以及最大的可能的供给。让我们进一步略带随意地接着假定，把在索莫查的尼加拉瓜的应得权利水平描写为1到10当中的2，与之相反，供给水平可以描写为1到10当中的6。人们可以说，桑蒂诺派的尼加拉瓜把这种情况给颠倒了过来，也就是说，此时应得权利在6上，而供给却在2上。如果人们把二者相乘，那么在二者当中富裕水平总体上似乎是一致的：$2\times6=6\times2$。也就是说，什么东西都没有赢得——或者什么东西都没有输掉？

这种论断在某种程度上是不合情理的。然而这种社会算术的思想游戏却有其意义。其意义就在于，如果我们想推动增进人的福利的话，就需要二者，既需要应得权利，又需要供给。人们需要进入市场、参与政治决策过程和获得文化的表达可能性，但是，这些领域也必须提供很多丰富多彩的选择机会。没有任何一种不拥有这两者的社会能够被严格地称作文明社会。因此，选择作为生存机会的组成部分是应得权利和供给的函数，尽管这种函数比一个总数或一

---

① 《生存机会——社会和政治理论刍议》（Suhrkamp 出版社，美因河畔法兰克福，1979年）。这本书先出的是英文版，书名为 Life Chances（Weidenfeld & Nicalson 出版社，伦敦，1979年）。那些定义可见德文版第50页。这本书也进一步论述了机会的概念，尤其是马克斯·韦伯关于这个概念的论述。

件产品要复杂一些。①

本书中所涉及的完全是一些在这种程度上作了界说的选择。人们可能会想出其他的概念来取代它们。有人会想起**福利**这个术语。它完全是表示经济和政治上的受益因素的结合。然而，它仍然会引起双重的误解。作为经济学的专业概念，它被假定是可以测度的，正如我们已经看到的那样，这种假定恰恰是不正确的。作为日常口语中的单词则正好相反，福利近乎于有关福利国家的政治概念。因此，选择是一个较少引起误解的概念。我们偶尔也会干脆谈到生存机会，如果所谈的是有关增加和扩大人的选择的目标的话。

因此，这是一种简略的说法。生存机会仅仅部分是选择；其另一部分与坐标有关系，在坐标之内选择才有意义。这是一种很难理解的思想，即使它也有指望得到理解，即在这样一个世界里它似乎给好些人——首先是年轻人——提供越来越多的选择可能性，但在选择这个而不是那个到底具有什么样的意义这一问题上，又没有在他们作出决定时给他们帮助。在这种状态下，什么东西会有所补益？人们会想起很多概念。道德的准则会有所补益；大卫·里斯曼（David Riesman）从"内心引导"来描绘的"内心的罗盘"会有所补益；属于家庭、社区、传统的群体和教会，也会有所补益。也许人们可以谈到一种能把握和指导人的深层文化。所有这类考虑都回溯到"联系"上，联系具有某种"约束力"：**宗教**（religion）、**义务**（obligation），拉丁文单词**"束缚"**（ligare）又回来了，因此我曾经建议用**根系联结**（Ligaturen）这个词。也就是说，根系联结是深层的文化联系，这种联系会使人们找到通向选择世界的道路。

----

① 巴沙·达斯古塔（Partha Dasgupta）曾经做过更为严肃的测算应得权利和供给的尝试：《美好生活及其在穷国中的实现程度》（载《经济杂志》增刊，1990年，第1～32页）。然而，由于应得权利的分级性质被化解为一种持续性标度，并使应得权利丧失其固有的特性，这项尝试有所受挫。

第一章 革命和生存机会

难道这不是一个过时的概念吗？这一概念已随现代的革命消逝而去。实际上：

> 资产阶级在历史上曾经起过非常革命的作用。这本书是由于受到观察这种不可抗拒的革命的启迪而写的，革命正在克服任何障碍，并且通过它自己所制造的废墟而不断前进。当国王们的政权由于得到贵族的支持而统治欧洲各国之时，社会尽管有种种弊端却仍然享受着各种幸福，这种幸福今天是难以理解和仿效的。资产阶级在它已经取得了统治的地方把一切封建的、宗法的和田园诗般的关系都破坏了。它无情地斩断了把人们束缚于天然尊长的形形色色的封建羁绊，它使人和人之间除了赤裸裸的利害关系，除了冷酷无情的"现金交易"，就再也没有任何别的联系了。它把宗教虔诚、骑士热忱、小市民伤感这些情感的神圣发作，淹没在利己主义打算的冰水之中。然而，在我们放弃我们祖先的社会的状况之后，尤其是在我们把他们的各种机构、理念和习俗统统都抛弃之后，我们用什么东西来取而代之呢？一切固定的僵化的关系以及与之相适应的素被尊崇的观念和见解都被消除了，一切新形成的关系等不到固定下来就陈旧了。一切等级的和固定的东西都烟消云散了，一切神圣的东西都被亵渎了。宗教人士反对自由，自由之友攻击宗教；崇高和宽容的英才颂扬奴役，低微的卑躬屈膝者进行独立的说教；诚实的和开明的市民成为一切进步的敌人，没有爱国心或没有道德的男子扮演着文明和启蒙的使徒。

因此，现代首先干着破坏的事业。但是，是谁如此生动地描写着这种事业呢？我冒昧耍个小手腕——对大多数读者来说，这种手腕肯定是不成功的——用两位18世纪的作者的言词拼凑一段文章，同时删掉了一些累赘的句子。这两位作者就是《**论美国的民主**》和

《共产党宣言》的作者，也就是托克维尔和马克思。① 一般情况下，人们是不会把他们搞混、张冠李戴的。一个是法国贵族，曾短期出任共和国外交部长②，他勉强算是一个现代人，他一方面为美国所吸引，但是，另一方面却为来自新世界③的传染危险而忧心忡忡；另一个是德国的学究和革命团体偶尔的组织者④，他是一位愤世嫉

---

① 这些语录全部引自卡尔·马克思和弗里德里希·恩格斯的《共产党宣言》第一章《资产者和无产者》和阿列克西斯·德·托克维尔的《论美国的民主》，出版人J.M.迈尔（J.M. Mayer）（Doubleday出版社，加登城，1969年），第12、15和17页。这里是拼凑文章的全部引文：

"资产阶级在历史上曾经起过非常革命的作用。"（马克思/恩格斯）

"这整本书是在怀着某种宗教畏惧的冲动下写成的，是由于受到观察这种不可抗拒的革命的启迪而写的，革命正在克服任何障碍，并且通过它自己所制造的废墟而不断前进。"（托克维尔）

"当国王们的政权由于得到贵族的支持而统治欧洲各国之时，社会尽管有种种弊端却仍然享受着各种幸福。这种幸福今天是难以理解和仿效的。"（托克维尔）

"资产阶级在它已经取得了统治的地方把一切封建的、宗法的和田园诗般的关系都破坏了。它无情地斩断了把人们束缚于天然尊长的形形色色的封建羁绊，它使人和人之间除了赤裸裸的利害关系，除了冷酷无情的'现金交易'，就再也没有任何别的联系了。它把宗教虔诚、骑士热忱、小市民伤感这些情感的神圣发作，淹没在利己主义打算的冰水之中。"（马克思/恩格斯）

"然而，在我们放弃我们祖先的社会的状况之后，尤其是在我们把他们的各种机构、理念和习俗统统都抛弃之后，我们用什么东西来取而代之呢？"（托克维尔）

"一切固定的僵化的关系以及与之相适应的素被尊崇的观念和见解都被消除了，一切新形成的关系等不到固定下来就陈旧了。一切等级的和固定的东西都烟消云散了，一切神圣的东西都被亵渎了。人们终于不得不用冷静的眼光来看他们的生活地位、他们的相互关系。"（马克思/恩格斯）

"宗教人士反对自由，自由之友攻击宗教；崇高和宽容的英才颂扬奴役，低微的卑躬屈膝者进行独立的说教；诚实的和开明的市民成为一切进步的敌人，没有爱国心或没有道德的男子扮演着文明和启蒙的使徒。"（托克维尔）

② 指托克维尔。——译者注
③ "新世界"一般指哥伦布发现后的美洲，这里指美国。——译者注
④ 指卡尔·马克思。——译者注

俗的现代人，他不太为他周围的现实欢欣鼓舞，而是对一个谁也未曾见到过的世界满怀希望。但是，在描绘现代时，这两人并非相去甚远。

对于他们来说，现代精神的核心是与从前时代的根系联结彻底决裂的。包括田园牧歌式的过去及神圣的敬畏。人们走出其咎由自取的不成熟，同时也走出在固定的社会等级的结构中的稳定的人际关系之安乐窝。"一切固定的东西都烟消云散了。""一切固定的僵化的关系都被消除了。"什么东西来取代它们呢？这类东西不多。对于托克维尔来说，充其量是这样一种人的英雄的现实主义，即准备正视毫无依据的现实的人的英雄的现实主义。对于马克思来说，则是"**现金交易**"（cash nexus），是纯粹的供给世界，在这个世界里，（受操纵的）唯一的刺激是一些指示方向的信号。其他人继续维护这个传统，甚至把它上升为理论。尼采（Nietzsche）① 是一个伟大的榜样（他说："上帝死了。"）。存在主义的传统的一部分把任何行动都看作一种 acte gratuit，即一种通往虚无的、轻率的构思。于是在这个毫无根系联结的世界的尽头，虚假的神明离它就相去不远了。它们曾经把很多人引入歧途，有些人一直跟随它们到了琼斯敦。也许，琼斯牧师的 916 名美国信徒在圭亚那的谋杀性集体自杀，是一个没有根系联结的世界的象征和征兆。②

然而，也有另外一种理解现代世界的传统，一种没有思乡怀旧，没有乌托邦，也没有愤世嫉俗的传统。例如，伊曼努埃尔·康德充满骄傲地自觉和看待新世界。"要敢于认识！要有勇气利用你**自己的理智**！这就是启蒙运动的口号。"康德早于托克维尔半个世纪就写下了这些话（所引用的告诫写于法兰西革命的前几年）。马克斯·韦伯颂扬理性则是在**《共产党宣言》**发表半个多世纪之后才写下的。如果传统的形式在粉碎，不仅科学和技术欣欣向荣，而且

---

① 弗里德里希·威廉·尼采（1844—1900），德国哲学家。——译者注
② 让·贝希勒（Jean Baehler）在他的文章《琼斯敦的谋杀》（载《欧洲社会学文献》，第 20 卷，第 2 期，1979 年）里，研究了领袖的极端的自杀欲望及其信徒们的不正常的生活情况，他有意暗示希特勒和二战最后一年的情况。

产生了"完全在政治的**行政机构**意义上的'国家',它拥有理性制定的'宪法',理性制定的法和一个以理性制定为章程的规则即'法律'为取向的行政管理机构",最后产生了现代的资本主义。① 也就是说,产生应得权利和供给;现代开拓了此前未曾感觉到的空前的生存机会……抑或这又仅仅是一些结合康德提出的不要丧失自己的勇气的要求的选择?

马克斯·韦伯正如他自己所言,在宗教问题上他"缺乏音乐天才"。也许这也适用于他所描写的社会。不过,大多数人都需要一点儿音乐,也许甚至我们大家都需要。因此,问题在于是否存在专门属于现代的根系联结,也就是一些深层的联系,这些联系并不因为"一切固定的东西都烟消云散"而丧失它们的力量。在这里,"civil society"即公民社会概念有其立足之处。应得权利和供给的世界,即政治和经济的世界,自身是不可能存在的;两者必须扎根于一个社会的世界。生存机会是一种双重的函数,即一方面是作为应得权利和供给结合的选择的函数,另一方面是社会所提供的选择和根系联结的函数。自由建立在三大支柱之上,亦即立宪国家(民主政治)、市场经济和公民社会。

公民社会的概念将伴随我们贯穿这整本书。下面的一章将会对它作比较确切的界说;然后列举一些例子,对它作更详细的阐述;直到最后一章,主张建立世界公民社会来结束论证。在公民社会里,至关重要的是,用一些赋予人的共同生活以意义的结构来填补国家的组织和被分裂开的、孤立的个人之间的真空。因此,公民社会并不简单地是由一些个人所组成的社会,而是在充分意义上的公民的社会。因此,它是一种文明结果,而不是自然结果(英文的概念"civil society"和法文的概念"société civile"说明了这种相互关系)。当大卫·休谟(David Hume)②强调平民的("civil")这个词时,他可能回溯了一种开始于约翰·洛克(John Locke)③的

---

① 这些语录引自康德的短文《什么是启蒙?》和马克斯·韦伯的《新教伦理与资本主义精神》的提要。
② 大卫·休谟(1711—1776),英国哲学家。——译者注
③ 约翰·洛克(1632—1704),英国哲学家。——译者注

《**政府论**》的传统；同时，他也启发了亚当·弗格森（Adam Ferguson）① 写作《**平民社会史**》。美国宪法制定者们清楚地知道（正如我们还将详细谈到的那样），没有公民社会，民主和法治国家将顶不上多少用处。公民社会毫无例外地是现代的。它们在供给结构上并非必然是资本主义的，尽管它们按其本质为首创精神和增长的可能性敞开了大门。它们在应得权利结构上甚至还不一定必然是民主的，尽管它们以人人都拥有公民的基本权利为前提，而且，它们一旦存在，就体现着业已成形的对专制的和极权的诱惑的反抗。已经实现了的生存机会要求有公民社会的根系联结。倘若没有公民社会的结构，自由就只是一根摇晃不定的风中芦苇。托克维尔鼓足他的全部勇气，去描写一个现代公民社会的可能性，却未能成功地使这种公民社会十分具有吸引力，而马克思把公民社会的兴起推至遥遥无期。二者都没能对我们有所补益。至于法与自由之间的结合要求些什么，伊曼努埃尔·康德了解得更好，他称之为公民社会。

---

① 亚当·弗格森（1723—1816），苏格兰历史学家和哲学家。——译者注

第二章

公民权利和社会阶级

第一节 不平等、统治、阶级斗争

在18世纪，欧洲人和北美人的生存机会经历了三重的推进。人们为此前处于不利地位的群体争得了新的应得权利，而且由于英国革命，随后由于美国革命和法国革命，它们得到传播。首先在英国，工业革命开创了前所未有的供给的机会。同时，公民社会起初是缓慢地、继而在有些地方——尤其是在英国和美国——明显地取代旧的、僵化的根系联结。这个推动首先是一次启动。随之而来的是历时两个世纪之久的关于为更多的人争取更多的生存机会的政治大辩论。这场辩论是由一些社会群体发动的，它们组织起来，在一些内部结构越来越明确的制度安排里展开它们的冲突。也许在20世纪结束之际，会宣告一些冲突的新形式；现代的阶级冲突肯定不会总是占有优势地位；然而，阶级冲突的历史仍然值得讲一讲。

关于这些考虑赖以为基础的变革的理论，我已经经常而且在很多方面作了阐述，因此在这里可以简要对它加以概括。① 生存机会的分配从来就不是均衡的。我们没有看见过所有的男人、妇女和儿童都能享有同样的应得权利和同样的供给的社会。其原因就在于每种社会都必须协调人的不同的任务，不过也必须协调人的利益和能力。于是，在概念的领域里，一方面肯定有种类的区别，另一方面又会有等级的区别。抽象地看，社会地位可能是不同的，相互间又没有上下级之分。实际上，社会契约理论很久以来就在联合与统治之间、合作社（contract of association，即有关联合的契约）和社会（contract of domination，即有关统治的契约）之间进行区分②。劳动分工和社会分层的区分也属于这种情况，其意图往往是希望不同的任务和利益原则上是可以在等级完全相同的基础之上协调的。在"没有统治的交际"的观念里，于尔根·哈贝马斯（Jürgen Habermas）③ 的思想重新被提升为值得争取的目标，在此，哈贝马斯处于一种可经由马克思的"自由人的联合体"追溯到中世纪合作社概念的传统之中④。然而，所有这一切希望都是幻想。实际上，所有的社会的联合都要求存在统治，而且这样并不坏。

---

① 这里所指的是我从前发表的著作，其中两部著作特别与此有关：《工业社会的阶级与阶级冲突》（修订版，Stanford University/Routledge & Kegan Paul 出版社，斯坦福/伦敦，1959年）、《走出乌托邦的崎岖小道——社会学的理论与方法》（Piper 出版社，慕尼黑，1967/1986年）。

② 这里的合作社是指中世纪一些人为完成某些任务和实现某些目的而结合成的联合体。参加者的权利是平等的，与现代的合作社的含义不完全吻合。"contract of association"意为"联合的契约"，"contract of domination"意为"统治的契约"。——译者注

③ 于尔根·哈贝马斯（1929— ），德国社会学家。——译者注

④ 本书的一个反复出现的主题是同于尔根·哈贝马斯对话，首先是同他的著作《交际行为理论》（Suhrkamp 出版社，美因河畔的法兰克福，1985年）对话。这是一种复杂的对话，因为我与哈贝马斯在一些基本的价值观念上是一致的，首先在对法治国家和"宪法爱国主义"的必要性的估计上是一致的。在大多数的德国问题上，我们站在同一边。但同时，我既不同意哈贝马斯思想的黑格尔的根基，也不同意他的思想对卢梭的演绎。他不能放弃用"系统"的概念，因而也是用全面变革的概念进行思维。他梦想着"没有统治的交际"的安乐窝的普遍化。在此处谈的就是这个问题。

社会总是意味着行为举止的规范化。对于这一点，一切分析的结论都是一致的。但是，规范化不可能是虚无缥渺的空中楼阁；它甚至也不可能建立在仅仅依靠协议的基础之上。它意味着，某些特定的价值被确定为有用的，例如军人勇武善战或者职业生涯中的业绩、家庭的身世、有证书证明的教育水平的价值。然而，若把价值确定为有用的，这不仅意味着行为举止、能力和任务要用它们来衡量，而且要有一些能够赋予哪些价值用途并实行制裁的机关。这些机关可以制定法律，也可以奖赏和惩罚。不过，这就是一些统治机关。尽管人种学家们也许能够向我们讲述一些"没有统治者的部落"的故事，但在现实的条件下，在真人当中，这种可信性很小。社会就意味着统治，而统治就意味着不平等。

那么这在多大程度上是好的？对此，伊曼努埃尔·康德在其《世界公民观点之下的普遍历史观念》的第四原理里，该说的几乎都说了。在一个纯粹合作社的世界里，"人类的全部才智就会在一种美满的和睦、安逸与互亲互爱的牧歌生活之中，永远被埋没在它们的胚胎里。人类若是也像他们所畜牧的羊群那样温驯，就难以为自己的生存创造出比自己的家畜所具有的更大的价值来了，……因此，让我们感谢大自然之有这种不合群性，有这种竞相猜忌的虚荣心，有这种贪得无厌的占有欲和统治欲吧！没有这些东西，人道之中的全部优越的自然禀赋就会永远沉睡而得不到发展。"

一段康德的语录尚不能证明。在其他的场合，人们也必须更加审慎地推敲一下康德关于"自然禀赋"的概念。在这里，首先想到的是卡尔·波普尔，是把历史作为一种不确定的未来的构思。然而，社会意味着统治，统治意味着不平等，不平等带来冲突，冲突构成进步的源泉，包括扩大人的生存机会的源泉，这种思想是富有意义的。

这样一种看法首先决定着人们要研究历史的问题的提出。统治经由不平等的道路，引发冲突，这并不是说，任何形式的统治都是好事。实际上，任何形式的统治也许都不是好事。"一切权力都使人腐败。"社会不是可爱的，而是必要的。然而，问题不是我们能够如何从一切统治中解放出来，并沉醉于田园牧歌式的生活，而是我们如何驾驭统治,使得最佳的生存机会成为可能。阿克顿勋爵①的话更进一步:"一切权力都会使人腐败,绝对的权力绝对会使人腐败。"这恰恰就是使得公民权利成为现代的关键概念的要点。

在我们由理论进入分析之前,先做两点说明还是有益的。其中一点涉及康德和波普尔。在有些时代,社会冲突及其科学的探讨具有基础的或根本的性质。其涉及的不仅仅是扩大选举权或者改善养老保险,而是社会契约本身。18世纪的情况就是如此(在英国,实际在此一个世纪之前就开始了);20世纪行将结束之际,情况又是如此。在这样的时代里,统治和社会的游戏规则本身就是讨论的课题。

今天,契约问题讨论重新活跃起来的原因,不同于两三百年以前。那时,一些重要的作者处于本国的动乱和内战之中,他们在混乱之中寻找依靠。像霍布斯这样完全绝望的人,选择依附于一个强有力的君主。一代人之后,较为平静的、更主张自由的洛克宣告要建设公民的国家,即**公民政府**(civil government)。在18世纪,民主的法治和立宪国家由此产生。这总是关系到在混乱中创建秩序。今天,首先是一个不同的问题。20世纪末,国家无处不在,到处都有国家在活动。在世界上的那些自由国家里,很多人迷惘地在法律的丛林里四处摸索,对官僚们持不信任态度,因为官僚们许诺给他们指点出路,但是最终却只是管束他们。在这种情况下,寻求社会契约就变为寻求那个绝对必要量的秩序②。于是,这里就谈谈最小的国家或者公正秩序所不可缺少的因素。

这并不是说,过去的人错了,或者新近的人是对的,因为这违背17世纪和18世纪的方法和思路,包括康德的方法和思路:不能

---

① 约翰·E·E·阿克顿(1834—1902),即多尔伯格-阿克顿,英国历史学家,剑桥现代历史学派的创始人。——译者注

② 在社会契约辩论的重要对立者中,包括下列学者:约翰·罗尔斯(John Rawls):《正义论》(Harvard University出版社,剑桥,1971年);罗伯特·诺齐克:《无政府主义,国家和乌托邦》(Basic Books出版社,纽约,1974年);詹姆斯·布坎南(James Buchanan):《自由的限度》(芝加哥大学出版社,芝加哥,1975)。有关社会契约概念的历史,我乐于信赖 J. W. 高夫(J. W. Gough):《社会契约》(第2版,Clarendon出版社,牛津,1957年)。

把社会契约设想为政治有机体的不可改变的骨架。它不是一劳永逸的，而是本身处于变化之中。甚至美国的宪法——在近代史上，它最接近一项自觉的社会契约，也产生于18世纪的契约讨论过程中——也必须通过补充条款、联邦法院判决和惯例，不断重新适应，才能保持其作为一个生机勃勃的秩序工具的地位。社会契约不是社会的基础，而是历史的主题。它不是一劳永逸地拟就的，而是要由每一代人重新制定。它的持久的组成部分充其量是一种社会语法书；其余的一切都在变化，是能够得到改进的，也能够变坏。因此，问题不是我们应该返回到社会契约永久性的条文上，而是我们能够如何重新撰写这些条文，如何在改变了的情况下把自由向前推进。

社会契约是由于社会的冲突而重新改写的。无论如何，社会冲突提供了改写部分的条文内容和改写的力量。因此，正如社会契约一样，冲突也随着时间的推移而变化。这就是关于契约论的第二条说明。也许曾经一直有阶级冲突，然而阶级冲突并非总是占统治地位的纷争形式，而且在未来，也必然不总是占统治地位的纷争形式。

在马克思的阶级理论里有一个很少受到注意的、内在的矛盾说明了这种命题。在《共产党宣言》里，马克思和恩格斯简要地论述了不同的时代。正如为了帮助新的生产力取得突破，资产阶级必须推翻封建的生产关系一样，无产阶级也将必然会扬弃资产阶级的生产关系。我已经指出，马克思也好，他的信徒们也好，都没有认同那些生产力，它们的载体和宣告者应该是无产阶级。我偶尔也隐约暗示了另一种异议。资产阶级很难被描绘为封建社会的被压迫阶级，很难与资产阶级社会里的无产阶级相提并论。法国的第三等级可能是缺乏政治权利的，但是当革命的雷声隆隆作响的时候，业已立足的各等级在经济上早就依附于资产阶级了。实际上，在马克思的历史模式中，无产阶级具有无与伦比的地位，《共产党宣言》的作者们知道："过去的一切运动都是少数人的或者为少数人谋利益的运动。无产阶级的运动是绝大多数人的、为绝大多数人谋利益的独立的运动。"如果人们从这类措辞中抽掉激情和时代的疯狂成分，那么就剩下这样的内容：社会阶级和阶级冲突在基于统治地位而形成的大的群体之间进行公开的政治论争的意义上，是一种现代特有的现象。到目前为止的一切社会的历史虽然都是冲突的历史，但是并非——无论如何并非必然——都是阶级斗争的历史。

与此相关，变革的两个门槛是决定性的。其中之一标志了**从身份向契约**（from status to contract）的过渡（正如英国法学家亨利·梅因爵士所说的那样）①，即从等级社会或者种姓制度社会的传统等级结构向着开放的现代社会分层的过渡。这是一个长期的、痛苦的进程，一些社会较早经历了这种进程，有些社会较晚，少数社会彻底经历了全部过程。因此，把这个过程与18世纪等同起来，未免过于精细；它开始于埃拉斯姆斯·冯·洛特丹（Erasmus von Rotterdam）②的世界，在约瑟夫·斯大林、毛泽东和学者尼赫鲁③的世界里，它也绝没有结束。推动这一进程的冲突一般是"少数人的或者为少数人谋利益的运动"。另一个门槛是完全现代的社会的门槛，在这种社会里，公民权利不再是论争的占主导地位的主题。在本章末尾以及在本书末尾，我们将再次回头讨论这个门槛。在那里，少数人又会变得重要，而且与他们一起，社会的运动也会变得重要。

在这两个门槛之间，有一个很长的阶段，在这个阶段里，公民权利是变革的主题，而阶级斗争是变革的工具。这种情况是很显然的，足以允许通过在社会上已经站稳脚跟的群体之间的政治斗争实现变化。现在重要的不再是把人不可移动地固定在他们对种姓和等级的归属上；因此，关键是应得权利问题，即在各种社会里社会成员的地位以及与此相关的机会问题。阶级冲突的渊源存在于统治结构里，这种结构不再具有传统等级结构的绝对的性质。冲突的主题

---

① 有关论述参见亨利·梅因：《古代法》，96~97页，北京，商务印书馆，1995。——译者注

② 埃拉斯姆斯·冯·洛特丹（1466或1469—1536），荷兰重要的人文主义家。——译者注

③ 指印度前总理查瓦哈拉尔·尼赫鲁（1889—1964）。因尼赫鲁出身于克什米尔的婆罗门家族，故有"学者"（Pandit）之尊称。——译者注

就叫做生存机会。如果时间成熟，即如果这时这些生存机会不再是应得权利的机会，而仅剩下有关供给的机会，社会冲突就会采取一种新的形式。迄今为止，在任何地方，这个时刻从未到来，而且也许永远不会到来；然而对于这一时刻的确定来说，公民权利是中心的概念。

第二节 公民权利的崛起

各种公民权利产生于城堡、从农村地区的封建结构中脱颖而出的中世纪城市和中世纪城市之前的古代城邦。由于其内在的必然性，它们最终导致普遍的公民社会，即世界公民社会。在民族国家里，公民权利获得了它们的现代特点。那些稍晚才实现公民权利的国家，大多数也是迟到的民族，而首批形成的民族同时变为公民权利的先驱，这并非偶然。原因很简单。现代民族国家的核心是非封建的，包括反封建的市民能够借以找到他们的位置的形式。市民阶层需要民族，以便用法和宪法去取代传统的联系和神的恩惠。在这一点上，民族国家是在通往一种普遍法治的公民社会的道路上的进步源泉。①

对于1914年至1945年期间即第二次30年战争的同时代人来说，或者战后各新民族之间的战争以及1989年革命之后的时代的同时代人来说，这听起来会令人惊愕。事实上，民族国家从一开始就是一位两面神。它一方面抹去了旧的（种姓和等级的）界线，另一方面又设置了新的界线。即使今天，民族国家仍然既有排他性，又有同样程度的包容性。然而依旧不容忽视的是，至少在1789—1848年这几十年的革命年代里，自由主义和民族主义的结盟是一

---

① 雷蒙·阿隆（Raymond Aron）就这个主题写了一篇值得注意的文章《多民族的公民身份是可能的吗？》［载《社会研究》（*Social Research*），第41卷，第4期，1974年冬］。他在文章里提出一个问题：“一个公民同时属于若干政治单位，这如何才可能呢？”他的回答是不可能。人权只能在（民族）国家的边界之内才有作用。"我这一代的犹太人将不会忘记，这些人权在与国家公民权利不相一致的时刻是多么地脆弱。"对此，欧洲共同体也没有改变分毫。因为"并不存在像'欧洲公民'这类造物"。这种想法甚至会"削弱人的公民意识"。从一位不是戴高乐主义者的法国人口中听到这种说法令人惊讶，因为只有少数法国人不是戴高乐主义者。然而，这个论题的分析性核心在于：公民身份地位和法是不可分割的，而唯一的、公布的法是民族的。

支解放的力量。时至今日，没有任何人能对法治国家、有关它的受监督的权力的宪法、它的可靠的程序规则和有规则的决策监督，找到一种更有效的保证。民族国家除了允许把公民权利的理念普遍化之外，再也没有更多哪怕是微不足道的优越性。

这种理念是古老的。它的基本要素统统都存在于在运回伯罗奔尼撒战争首批阵亡将士时伯里克利（Perikles）的著名演说里。伯里克利为幸存者描绘了雅典宪法赖以为基础的价值："它的行政管理有利于很多人，而不是少数几个人，因此我们称它为民主。倘若我们观察一下法律，那么会发现，它们为所有的人在其私人的争端中带来同样的公正；至于社会地位，在公众生活中升迁晋级的基础是能力；出身家世不得高于贡献；贫穷也不是前进路上的障碍；卑微的生活环境不能妨碍任何人为公团服务。"

把公民权利作为民主，在几乎 2 500 年之后，托克维尔应用了这个概念。"民主的国家"是这样一个国家，在那里，"等级差别被铲除了，财产广为分散，权力分裂为很多，智慧的光芒在扩展，所有阶级的能力倾向于平等。"人人平等的民主是与政治民主有所不同的（关于政治民主将在下一章谈到）。法律面前人人平等，人人对政治参与有相同的权利要求，而且他们不管社会出身和地位如何，都享有这些机会。

这个意义上的公民权利，在雅典与其说是现实，不如说是梦想。亚里士多德还十分轻松地谈到那些"从本质上"不属于公民的人，即奴隶们、妇女们。伯里克利演讲里所指的很多人是（雅典）城市里的自由的男子。纵观罗马的历史、意大利各城市的历史、各汉莎城市的历史、首批民族国家包括美利坚合众国的历史，这类限制依然存在着。在所有公民的平等的基本地位变得如此普遍，以至于达到与它从一开始的概念相一致的地步之前，经历了数世纪之久，而且经过了激烈的论争。

在这一点上，语言的阐释具有内容上的意义。用德语来表达这一章里所用的一些词汇，其难度令人惊讶。此外还有两个困难。其中之一与"**Bürger**"这个词的模棱两可的含义有关，这个词同时有城邦公民（citoyen）和资产阶级（bourgeois），即国家公民和有财产的市民的含义。我们已经把二者确认为现代社会冲突的特征，同时也已提醒注意，它们恰恰不能在"Bürger"的双重含义下和谐统一起来。另一个困难在于翻译"citizenship"（公民身份地位）这个词。即人们几乎不知不觉地开始把它说成"Staatsbürgerschaft"（国家公民身份），同样地，把"citizen"（市民，公民）或者"citoyen"（城邦公民）说成"Staatsbürger"（国家公民，国民）。这可能符合德国的历史现实，在德国，个人的权利使个人受到国家的约束，而不是保护他们不受国家的侵害。然而，这会引入歧途。只有在个人不仅仅是国家成员的情况下，Citizenship（公民身份地位）才说明个人的身份地位。公民和国家的关系不是存在于国家公民的定义里，而是自由的主题。

不能通过定义把一段尴尬的历史从世界上抹掉。因此，某些含义模棱两可仍然是不可避免的。Citizenship，即公民身份地位，描述的是权利和义务，权利和义务产生于在一个社会单位、首先是一个民族里的成员资格。面对言简意赅的表述，我们不得不再次停下来：权利和义务。到此为止，仅仅谈到了公民的权利。义务的情况又如何呢？实际上，义务难道不是不可分割地属于权利吗？（用劳伦斯·米德的话说。他在这方面表述过一种广为流传的观点①。）诸如，"在母语方面有着良好的口语和书面语知识"，"对支持自己的家庭有贡献"，甚至"在可支配的行业里工作"，这些任务难道不都是"在社会范围内公民的身份地位的可操作定义的一部分"吗？

这一点最应该彻底弄清楚，这是很重要的。公民身份地位，即Citizenship，首先描述了一大堆应得权利。这些应得权利的存在是无条件的。因此，它们既不取决于出身和社会地位，也不取决于某些特定的行为举止方式。凡是涉及应得权利的地方，诸如"谁不劳动，他也就不应该接受社会救济"、"不纳税者不得参加选举"或者

---

① 劳伦斯·米德在前面提及的著作《应得权利的彼岸：公民的社会责任》中是这样说的。公民身份变为一个流行词，但是，它对于不同的政治集团有着不同的内涵。在右派那里，义务优先；关于这个问题，也请参见《促进公民身份：公民身份委员会的报告》[英国皇家文书局（HMSO），伦敦，1990年]。左派则乐于强调公民资格的共同体和相互团结层面；关于这一点，请参见盖奥夫·安德鲁斯（Geoff Andrews）发表的若干文章：《公民身份》（Lawrence & Wishart出版社，伦敦，1991年）。显然，应得权利仍然是自由党人的优先权。

"谁若违法，他就无权要求援用法律手段"之类的说法，都是不可接受的。公民身份地位是不可转让的。它的根本特征是：它是不可能用什么东西来抵偿的；这里涉及的恰恰不是一种经济上的身份地位。T. H. 马歇尔正确地强调，就此而言，公民的身份地位使人脱离市场力量，甚至从市场力量下把人解放出来。

这不是说，与公民身份地位结合在一起的只有权利，尽管权利是它的核心。但是，只要有公民的义务，那么，这些义务也同样必须理解为是无条件的。义务既不是产生于权利，也不是权利的前提条件。服从法律的义务在这个意义上是无条件的，尽管公民有可能而且有时有必要不服从（不是公民有"权利"不服从，而是说，这种不服从是违法行为，具有种种的后果）。纳税义务在同样的意义上是无条件的。"如果没有政治代表机构就没有纳税义务"，是一种政治的要求，一种斗争论纲，不是公民权利的定义（而"如果不纳税就没有政治代表机构"则是造成一种根本不能接受的条件的相互联系）。不仅把生活收入的一部分，而且把生命中的一部分时间，供公团支配使用，这可能属于公民的义务。服兵役和社会服务是可能的公民义务。它们也必须作为公民义务来解释，而不能解释为报答公民权利的一种回赠。

也就是说，公民的身份地位的激情及其历史性力量在于无条件的应得权利性质，这种性质与它的内容结合在一起。这些内容在变化着；T. H. 马歇尔描绘了这种过程。不过，首先必须再次强调，在过去两个世纪的历史中，公民的身份地位本身的适用范围发生了变化。过去有过、现在仍然有包容和排斥的双重问题，有公民共同体的成员资格双重问题①。争取这种成员资格属于当前最激烈的甚至是最暴力的斗争。

---

① 关于"包容"和"排斥"的讨论，请参见哈里·艾克斯坦（Harry Eckstein）的论文《公民的包容和排斥》（《Daedalus》杂志，1984 年秋）。在那里，"公民的包容"用于"一些过程，通过这些过程，此前被排除在（查理斯·蒂利的意义上）的代达罗斯在政治和社会经济的机构成员资格之外的一些部分的社会成员，被作为公民包容到这些机构里"。这里提到查理斯·蒂利（Charles Tilly），参见《从动员到革命》（Addison Wesley 出版社，雷丁/马萨诸塞-门洛帕克/加利福尼亚，1978 年）。

这尤其适用于横向的或者民族的包容和排斥问题。这个问题触及人的认同性,因为人或者个人归属于哪里是由人的认同性决定的。一般而言,回答这个问题意味着要划分一些界线,界线在地图上或者人的肤色上或者其他方面是明显可辨的。例子不胜枚举。即使在现代世界,多文化的社会也是例外情况,而不是规则。文明的进程并未缓解人们想在其同类中生活的愿望。很少有国家能像北美洲那样成功地归化这么多的人种群体。而即使在那里,意大利裔—美国人、德裔—美国人等中的连字符也变得同美国的公民权一样重要,因此,黑人感到自己受排斥,因为在对他们的称呼中没有连字符,于是,他们开始自称为非洲裔—美国人。在奥斯曼帝国和哈布斯堡王朝之后,大不列颠是一个包容若干民族的国家的范例。这在威尔士是能容忍的,在苏格兰还能被接受,但是在爱尔兰却导致了国内战争。第一次世界大战结束后,大规模分立国家给予了我们民族自决的概念,这个概念进一步增强了人类社会固有的均质化倾向。而且,这种所谓的自决权同时削弱了公民身份地位的力量,因为它离开了公民身份地位的权利,转向纯粹的归属关系:我是立陶宛人、蒂洛尔人、巴斯克人,等等,而自由必须等待,直至世界注意到这种情况……

有人设想,现代社会应该比从前的社会更容易带着差异生活,也许这种设想是错误的。今天,魁北克和爱尔兰的问题,黎巴嫩和比利时的问题,南斯拉夫和苏联的问题,难道不是挑起比100年前,更不用说200年前更为激烈的纷争的导火索吗?况且,这类冲突无处不在。一个来自美国的改革教区、改信其他宗教的犹太人有权要求以色列的国民资格吗?可以把一家瑞典企业交托给一位埃及移民吗?俄罗斯人在格鲁吉亚,亚美尼亚人在阿塞拜疆,塞尔维亚人在克罗地亚能谋求些什么呢?难道避难者们也能享有他们的客居国的哪怕一些基本的国籍加入权利吗?难道人们应该把他们塞进集中营地,或者甚至像对待在香港的越南人或者在泰国的柬埔寨人那样把他们遣送回国吗?有些国家的边界意识比其他国家强一些;也许它们有特殊的认同性问题。因此,处处都有这种假象,仿佛在传统的纽带变得更弱的时刻,成员资格的界线的重要性就凸显出来。这是一个很难的议题。这跟流动性有些关联。人们试图说明,20

世纪的典型的社会角色是流浪者角色。在有利的情况下，他是飞黄腾达者；在不利的情况下，他是逃亡难民，甚至是避难者。倘若人们观察一下这个进程的结果，人们不会得出人类在文明的道路上取得了伟大进步的结论。一个文明的社会会不加限制地把共同的公民权利与种族、宗教或文化的不同结合起来。它不会利用公民的身份地位来排斥他人，而只把自己理解为在通往世界公民社会道路上的一步。当我们审视处在种种不完美之中的现实世界时，我们将不会放弃这个梦想。

各种群体为争取横向的（民族的、文化的）包容或排斥的斗争，不能描写为阶级冲突，或者说，无论如何不能主要描写为阶级冲突。这里虽然谈的是在概念的充分的意义上的国内战争，但是成问题的成员资格属性与社会阶级相比是更绝对的自然属性。此外，参与社会进程，包括阶级冲突，从根本上说是成问题的，而不是把应得权利扩大到一些新的领域里。在某种哪怕复杂的方式上，这也适用于纵向的包容或排斥。这指的是围绕着这样一个问题的辩论：属于某些特定的群体或者某些范畴的人，他们在人身方面无疑属于一个社会，但是，在社会方面是否也被看作属于这个社会？这类纷争的主题就是较狭义的美国意义上的**公民权利**，即 civil rights，因为美国也提供了有关这类斗争的最有说服力的例子，尽管在其他地方找到相应的现象也并非难事。

两个最重要的社会包容问题就是黑人问题和妇女问题。黑人受排斥的情况呈阶梯状，从简单的歧视，经由**种族的分离**（segregation），直至**种族隔离**（apartheid）。为消除种族隔离，曾经进行了一场内战和一场尚未结束的自上而下的革命。20 世纪 60 年代的公民权利运动曾经无情地陷入实施无法控制的暴力的边缘；它的目标是铲除一切分离。然而，歧视依然存在，直到今天，一种**赞助性行动**（affirmative action）的一切方法与思路，即自觉帮助那些迄今为止受歧视的人（可惜也往往被称为"正面的歧视"）的一切方法与思路，只在有限的程度上取得了成功。

妇女运动的进步历史显示出类似的阶段，虽然这些阶段更富有成果。亚里士多德认为，"从本质上讲"，妇女如果不说是二等的，也应该是属于守护家庭和炉灶的，不作为公民属于公众场所，他的观点曾长期作为国家哲学占统治地位。妇女权利运动①坚持要求作为公民权利的选举权,最终在第一次世界大战之后,在大多数的发达国家中取得赫然的成效。然而,歧视过去存在过、现在也仍然存在着,这种歧视使妇女们成为"二等公民"。歧视的形式是微妙的,但是它的影响却是明显的。在这里,要求积极行动仍然是现代公民权利运动的一部分。

因此,公民身份地位在历史舞台的崛起发挥了一种极富爆炸性的作用。其原因肯定不在于与这种身份地位结合在一起的各种义务,而是在于它的应得权利。为自己争得了这些参与权利的一些群体,很快就显示出一种保卫这些权利的倾向,即作为公民躲进城堡里,像刺猬似的蜷缩起来。另一些群体则提出他们的要求,而且有时甚至还在城堡里找到代言人。为在公民社会里争取充分的成员资格的斗争,成为现代社会冲突的伟大主题之一,直至世界公民社会有朝一日成为现实,它将仍然是伟大的主题之一。

---

① 指1903—1914年美、英妇女要求公民权的运动。——译者注

第三节 T. H. 马歇尔的论点

　　包容和排斥向公民社会提出了一些问题，这些问题一再出现，而且往往采用暴力的形式。然而，18、19世纪社会发展的主导思想却在于公民身份地位本身的发展。由微小的和棘手的法的起始名目，逐渐地变成了一种内涵丰富和有保障的身份地位，在高度发达的、开放的社会里，甚至成了生存机会的完美的化身。同时，"逐渐地"和"变成了"这两个短语使人低估这个进程的性质。这不是一个无危险的、默默的、周围的人几乎感觉不到的增进过程，而是一个通过冲突、通过阶级冲突促使演变的范例。18、19世纪的阶级冲突总是同时把公民权利的两个方面作为它的主题，即把公民权利有效地扩大到尚处于不利地位的群体和为公民权利补充一些新的要素。这两个主题不可分割地属于一个整体。

　　英国社会学家T. H. 马歇尔在1950年的一项系列讲座里叙述了这段历史，这个系列讲座属于社会分析的瑰宝。我把这个系列讲座的题目用作眼下这一章的标题"公民权利和社会阶级"，或者**"公民身份和社会阶级"**①。这些讲座是在剑桥为纪念与T. H. 马歇尔并没有亲戚关系的同姓氏的阿尔弗雷德·马歇尔而举办的，这促使这位讲师以《工人阶级的前途》的作者1873年提出的一个问题为开篇："问题不是所有的人最终是否都会变成平等的——肯定不会，而是进步会不会慢慢地，但是肯定地导致最终每个人至少按其职业都是一位主人。"这个问题听起来有点儿陈腐，不仅是对于妇女们有些陈腐，她们还拥有一种成为女士的同样伟大的权利。因为在这里，我们关心的是应得权利，我们也必须诘问：应得权利是确

---

　　①　发表时用的这个标题（Cambridge University，剑桥大学出版社，剑桥1950），后来收入《阶级、公民身份和社会的发展》这部集子里（Doubleday出版社，纽约州加登城，1965年）。这三篇演讲稿很短，所以我没有注明页码。

实"慢慢而稳步地",还是跳跃式和阶段式地向前推进?不过,T.H.马歇尔应用这段引语仅仅是为了表述自己的问题。我们在抽象概念方面很大程度上借重了这一表述。他首先把他称之为"量的或经济的不平等"的东西同"质的不平等"区别开来。前者可能是消除不了的,不过后者也许可以消除;因此倘若质的不平等被消除,那么,量的不平等就失去锋芒。通过更多的人拥有更广泛的权利并被接纳为社会的成员,这是能够达到的。实际上,这也确实实现了。"人的成员资格的基本平等……获得了一些新的实质的丰富,被饰以一个令人惊讶的权利花环……而且这种基本平等明白无误地与公民的身份地位等同起来了。"

也就是说,这就是T.H.马歇尔的论点。现代的社会变迁使得不平等的各种形式和由它们产生的冲突发生变化。过去的质的、政治的差异,现在变为人与人之间的量的、经济的差异。这是分两个阶段实现的,即通过现代精神本身的革命和现代世界内部的变化实现。

T.H.马歇尔从讨论封建的等级结构及其法律规定的特权和排他性开始。这是身份地位的世界,当现代的契约进入这个世界时,它就土崩瓦解了。在旧的世界里,应得权利的限制构成一个似乎不可改变的不平等结构。"公民的身份地位对这样一种体制的影响必然具有最深刻的煽动性,甚至是破坏性的。"它正好意味着一切法律上界定的应得权利限制的寿终正寝。诚然,它的意义也仅此而已,不可求。因此,它并未导致不平等的结束。T.H.马歇尔的话几乎带有点儿辩解的口吻:当公民权利的原则站稳脚跟之时,"阶级还一直存在着,这是千真万确的。"这种辩解的弦外之音是毫无道理的。在某种方式上,阶级是在人人都有平等的公民身份地位的基础上才开始存在的。人们必须属于阶级,才能被卷入阶级冲突。就此而言,阶级斗争是现代社会冲突的推动力量。

当然,同时必须明确指出,现代的阶级冲突也与应得权利有关联。一方面,从前的各时代留下了它们的痕迹,包括传统的领主们的势力,它虽然在法律上不再被认可,但是在实际上还是有影响的。另一方面,又产生新的应得权利的限制,它们虽然在法律上不具有约束力的性质,但是为人人都拥有公民权利设置了难以逾越的障碍。这种限制既包括实际收入，也包括歧视的形式；既包括流动障碍，也包括阻碍参与的藩篱。在现代的社会冲突中，关键不再在于消除那些（用 T. H. 马歇尔的话讲）"基本上具有法律约束性质"的差别。公民资格原则业已消除了这类差别。无论如何，它"在原则上"已经这样做了。仍然留下来的、唯一具法律约束力的身份地位，就是公民的身份地位。然而，现代的社会冲突与一些不平等的影响有关，这些不平等限制着人们用社会的、经济的和政治的手段进行充分的公民参与。因此，关键是应得权利，它们能把公民的地位变成一种实现了的身份地位。

T. H. 马歇尔把这个过程分为三个阶段，即较狭义的公民权利阶段、政治权利阶段和社会权利阶段。因为他有幸是英国人，所以他能够使这种区分与明确的时间界限相一致，而在一般情况下，是否能够满足这样明确的要求，是令人怀疑的。他"把不同阶段的产生历史分别纳入不同的世纪，即把基本权利的产生历史纳入 18 世纪，把政治权利纳入 19 世纪，把社会权利纳入 20 世纪"。若仔细观察，会发现在大不列颠也有明显的相互交错，不过，这种区分仍然是非常有意义的。

公民的基本权利是走向现代世界之关键。公民的基本权利包括：法治国家的基本要素、法律面前人人平等和适用法律可靠的裁定程序。等级制度的寿终正寝，正意味着公民基本权利的开端。任何人都不能凌驾于法律之上，人人都服从法律。法限制着权力及其载体，法同时为所有暂时或长久处于少数派地位的人提供保护。至于法治国家是否能够纯粹在形式上加以界定，或者是否必须包括某些特定的实质性要素，这个问题可能没有最终的答案。在美国，可靠和适当的程序（due process）是一个形式概念，尽管如此，这个概念保障了对人权的保护；很多其他的国家则宁愿采纳有关自然权利的旧的构想，并把它移植到它们的宪法的序言里。"我们把这些真理看作是显而易见的……"诚然，一个纯粹形式的法治国家概念也会被滥用。希特勒就以一项授权法开始他的统治，借以废除法治国家。然而，尽管有 20 世纪的这类矛盾心理，社会的所有成员都是公民，所有公民都服从法律，法律面前人人平等，这种思想是公民资格的第一个定义。

同时，这种界说也是西方国家所有类型的资本主义的一个必要条件。自由的雇佣劳动是以现代的劳动契约为前提的。市场只有在人能够作为平等的市场参与者进入市场的情况下，才能发挥其功能。这并不意味着，人人都必须进入市场；在长达几十年的时间里，与其说资本主义为少数人生产和供给了越来越多的产品，毋宁说，很多人在资本主义的条件下为少数人生产和供给了产品。这也并不意味着，公民的基本权利是经济增长的一个充分条件。正如所有国家在其通往自由的道路上十分遗憾地发现的那样，民主和富裕是两回事儿。新教伦理也好，企业家的首创精神也好，技术发明也好，都不会自动地产生于公民权利。然而，如果说对 18 世纪的市民阶层曾经有扩大应得权利和供给的主题的许诺的话，那就是公民基本权利。也许 20 世纪结束之际，公民社会也具有相同的功能。无论如何，公民的基本权利过去是、现在也是现代世界的一种战略性变化。因此，对于所有那些后来才走上现代发展道路的国家来说，公民的基本权利仍然是第一需要。

公民基本权利的显而易见的弱点在于，体现它们的法律本身可能是片面的。法律虽然应该作为游戏规则发挥作用，但是，有时游戏规则对一方比对另一方更为有利。劳动合同提供了一个再明显不过的例子。如果缔约的一方必须为生存而劳动，而缔约的另一方却可以选择缔约对象，而且可以随意聘用和解雇他们，这叫什么"自由和平等"？只要不是一切公民都有机会把他们的利益纳入制定法律的过程，法治国家就会对一些严重的应得权利的差异不加触及。有鉴于此，政治权利是对公民基本权利的一种必要补充。其中不仅包括选举权，也包括结社自由、舆论自由和约翰·斯图亚特·穆勒①在他的论著《**论自由**》里描述得十分深刻的一整套名目繁多的权利。政治上的公开性与经济中的市场相适应；它们的结构在不完善和复杂方面有相似之处；然而首先是公开性也好，市场也好，都必须是人人都可以企及的。政治权利是通往公开性的入场券。

---

① 约翰·斯图亚特·穆勒（1806—1873），英国哲学家和经济学家。——译者注

自由党人的改革家们曾经既为公民的基本权利也为政治权利而斗争过。并非人人都愿意"把政治权利直接地和无条件地与公民的身份地位结合起来";有些人认为,基本权利就足够了,政治是少数精英的事情。不过,改革家们大体上都接受以下这种观点:法治国家和普选权是实现自由的条件。因此,他们大多数人不想再前进一步。时至今日,自由世界中的最大国家——亦即最大的公民社会——都还没有完全接受公民权利的历史并未就此终止的观点。在美国,一种机会概念曾经长期占优势,它从限制性角度可理解为公民的平等的起始条件,而从扩展性角度可理解为公民的选择可能性。公民的基本权利、政治权利和开放的边界,加在一起成为美国的自由概念。这在某种程度上在今天仍然是适用的。穷人应该得到帮助,如果他们进行自助的话;此外,他们的生活状况是他们自己的事情。在 20 世纪的欧洲,人们看到了另一种事态发展。至于促进该进程向前发展的,是公民的身份地位的逻辑、阶级斗争,还是包揽一切的国家的传统,对此可能有争议,但是,有关社会成员需要的不仅是公民权利和政治权利的观点得到贯彻和接受。加上社会权利,以至于正如 T. H. 马歇尔表示的那样,一个充分意义上的公民的身份地位最终包括"一种对实际收入的普遍权利,这种实际收入将不按有关人员的市场价值来衡量"。这就是一种在我们的意义上的应得权利。

以这类发展为基础的论证是显而易见的。公民的基本权利不仅受到享有特权者的政治权力的限制,也受到很多人在经济上的软弱乏力的限制,尽管法律和宪法承诺他们享有公民的基本权利。人们能否负担得起在法院里捍卫自己的利益甚或名誉,这很重要。倘若人们缺乏教育,不能有效地利用政治权利,那么,政治权利就并不那么重要。此外,它们可能需要付出一种社会的和经济的代价,这种代价会妨碍政治权利的行使。只要不是每一个人的生活都不受基本的贫穷和恐惧所困扰,宪法权利就依旧是一项空洞的许诺,更有甚者,它们会变成厚颜无耻的借口,用来掩盖保护享受特权者的事实。从这类论据得出的结论不再是一目了然的。公民权利和政治权利本身可能被确立下来,而且可能通过法律、宪法和法院给予保证,而保障社会权利却是更艰难的问题。类似的办法虽然曾经尝试过，然而，无论是由法律规定最低收入也好，劳动权利也好，还是其他的社会"权利"也好，都未能证明十分有效。

在这种情况下，引人注目的是，对改善社会状况的要求往往被提升为对提高供给的要求。凯恩斯主张一种更加自觉的需求调控，他并未要求提高实际工资本身以改善社会状况，而是要求增加购买力作为增长的推动力。20世纪60年代欧洲讨论教育的扩张，并不是以教育是公民权的论点开始，而是以教育机会和经济增长之间的假定的联系开始的。在一些得到广泛传播的经济合作与发展组织出版物中，谈到了国民生产总值的增长和高等学校毕业生占全民比例之间的关系。还必须注意的是，社会权利的思想由于转移支付和作为公民身份地位因素，搞混了机会平等和结果平等之间的界线。T. H. 马歇尔已经先于弗雷德·希尔斯提出了后者的论点，T. H. 马歇尔提问说，社会的公民权利会不会超出其原先的意图太远——原先只"想把在社会大厦的底层的地板抬高"——会不会是已在开始"改建整座大厦"，以至于它们最后可能导致"把摩天大楼变为一座小平房"。

为什么不会呢？人们可能会问。直接的回答是：只要不平等仍然是供给的不平等，没有扩大到应得权利上，不平等就是自由的一种媒介物。不平等充斥超级市场，而只要大家都能进入超级市场，就是求之不得的。因此在这里，我们的第一个主题是这样一个问题：对于阶级结构来说，扩大公民的权利意味着什么。首先我们假定，这个过程本身是阶级冲突的一种结果。发育不良的公民社会的无财产者们组织起来，强调要求他们的政治权利，最后要求他们的社会权利；有产者们不情愿地进行了让步。就此而言，公民权利的进步从司法领域，经由政治领域，进而转向社会领域，也是一种"阶级抑制"的过程，即缓解阶级冲突的过程。人们可能会提出这样的问题：在这个进程终止时，各阶级还应该为了什么而斗争？T. H. 马歇尔给了一个小心谨慎的回答。不过，他使得人们对以下情况无法质疑：公民身份地位的实现对各社会阶级和它们的冲突已经有多种多样的影响。"它们无疑是深刻的，而为人人都拥有平等权利所允许的甚至是带有其烙印的不平等，可能不再是该概念用于过去社会的意义上的阶级差别。"于是，它们仅仅是更多地表现为经济上的不平等，经济上的不平等服从于市场的条件，而不是更多地表现为社会的不平等，社会的不平等要求采取政治行动。那么，无阶级的社会到来了吗？

第四节 公民社会

在我们试图回答这个问题之前，我们有必要暂时中断对应得权利和供给的两方面的分析，并且充分审视一下生存机会。公民的身份地位标志着社会的事物发生了深刻的变化，也许也标志着在扩大人的选择的意义上取得了一种值得注意的进步。但是，公民的身份地位本身还不说明自由已经立足于其中的社会的种类、社会的性质。它是公民社会的一个要素，但是，公民社会要求满足其他的更为敏感的条件。

我们还有必要最后一次对德语用词作个解释。在 20 世纪行将结束之际，**公民社会**（civil society）再次在世界范围内变得时髦，犹如它在 200 年前流行那样。这个概念从拉丁美洲扩展到东欧，也就是说，在国家的全面权利要求宣告失败，而人们要求新的依靠的地方，它变得具有现实意义。但是，德语要用这个概念有困难。有时应用英语的表达方式 civil society；另一些人企图避免作出抉择，只谈论"Zivilgesellschaft"（平民社会）。无论如何，大多数人避免使用"die bürgerliche Gesellschaft"①（公民的社会）的概念。据一本广泛发行的词典称，"公民的社会作为市民所支撑和负责的社会制度，由于两次世界大战（和在德国发生的两次通货膨胀）的影响，以及生产结构和市场结构以及消费行为的改变，已经不再存在。"② 这可能适用于这

---

① 这个词含义不太明确，也可以理解和译为"市民的社会"或者"资产阶级的社会"，甚至"中产阶级的社会"。——译者注

② 伯恩哈特·谢费尔（Bernhard Schäfer）（出版人）的《社会学的基本概念》（第 2 版，Leske＋Budrich 出版社，奥普拉登，1986 年）有"资产阶级社会"这一词目。此外，关于资产阶级社会这个题材，最近还有两部很有用的德文著作。其中之一是曼弗雷德·里德尔（Manfred Riedel）的《历史的基本概念》，这部词典里的"社会"类下里有"资产阶级的社会"这一词目，该书由奥托·布鲁纳（Otto Brunner）、魏纳尔·孔策（Werner Conze）和莱因哈德·科泽勒克（Reinhart Koselleck）出版（Klett 出版社，斯图加特，1975 年）。另一部是乌茨·哈尔特恩（Utz Haltern）的著作《资产阶级的社会》（Wissenschaftliche Buchgesellschaft 出版社，达姆施塔特，1985 年）。当然，二者更多的是谈论这个概念的德国的传统，而不是讲述 civil society 的盎格鲁—萨克逊的历史。

种版本的"公民的社会",但是,它并不特别令人感兴趣。下面我将尝试让人信服可用德语单词"Bürgergesellschaft"(公民社会)来替代与其说是一时的,毋宁说是伴随着现代进程的"civil-society"(公民社会)。

蒂莫西·加通·亚什(Timothy Garton Ash)有意不提理论的要求,只根据正在谋求解放自己的东欧、中欧人的愿望,提出人们将期待从公民社会得到什么。"应该有一些联合的形式,民族的、地区的、地方的、职业的联合形式,它们是自愿的、权威的、民主的,首先而且最重要的是不受政党或者国家控制或操纵。人们在其行为举止上应该是'资产阶级的'(bürgerlich);也就是说,有礼貌的,宽容的,而首先是无暴力的,资产阶级的和文质彬彬的。公民权利的思想是必须认真严肃对待的。"① 因此在公民社会里,至关重要的是让很多不受(中央集权)国家干预的组织和机构存在,让它们虽杂乱无章,但具有创造性。从根本上讲,重要的是社会,但是同时,其含义要比中立的、一般的社会概念所指的更多。作为自由的媒介物的公民社会,有其专有的特征,在这里应该强调其中的三个特征。

公民社会的第一个重要的特征是它的要素的多样性。"组织结构"这个词还是夸大在这种多样性里的秩序。有很多的组织和机构,人们能够在其中实现他们在各方面的生活利益。美国宪法的缔造者和《**联邦党人文集**》作者之一的詹姆斯·麦迪逊特别强调这一方面,因为"多数的专制统治"令他忧心忡忡。"一方面一切统治将从社会派生而来,并且保持对社会的依附,另一方面社会本身将分为如此多的部分、利益集团和公民阶级,以至于个人或者少数人

---

① 蒂莫斯·加通·亚什错误地揣测,"创立一个资产阶级社会意味着什么,一般男人和女人对此的不成熟的观念也许不会令政治理论家满意"。引自《我们是人民》(Granta/Penguin 出版社,伦敦,1990 年)第 147 页和《逆境的利用》(Random House,纽约,1989 年)第 270 页等。这两本书都收入了《一个世纪的落选》(Hanser 出版社,慕尼黑,1990 年)。

的权利几乎不会受到多数人出于利益而形成的联合的危害。"① 因此唯一的国教与公民社会毫无关系；与此相反，若干独立于国家的教会则属于公民社会。

公民社会的第二个重要的特征是很多组织和机构的自治。同时，自治首先必须理解为独立于一个权力中心。凡是社区自治得到严肃对待的地方，乡镇的行政管理（自治管理）就能够变为公民社会的一部分。即使由国家财政拨款维系的机构，如大学，也能实行自治。诚然，毋庸否认，倘若自治建立在成员们自己的主动性上，而且一般也是建立在私有财产的基础之上，自治就会更加牢靠一些。中小型企业如同基金会、协会和联合会一样，也是公民社会的组成部分。社会团体自治的渊源和形式是创建公民社会的一个中心主题，因为创建公民社会只能是创造一些使这类社会能欣欣向荣的条件。

公民社会的第三个重要的特征与人的行为举止有关系，即与蒂莫西·加通·亚什所称的"有礼貌的、宽容的"，首先是"无暴力的、资产阶级的和文质彬彬的"行为举止有关系。在这里我们遇到公民身份地位的另一方面，即公民个人的一面，也就是说，公民意识。在这个意义上的公民，并不问别人尤其是国家能为他做些什么，而是自己能有所作为。公民的自豪感、刚直不阿的公民气概——它们与描写公民社会成员美德的各种各样的字眼有关联。

显然，公民社会是一切独裁权力的眼中钉、肉中刺。专制的领主们充其量允许公民社会作为个人的"内心流亡地"。然而，这是违背公民社会的开放原则的。极权的统治者们憎恨公民社会更甚于憎恨其他的一切，公民社会抗拒他们的肆无忌惮、骄横狂妄。纳粹统治在德国的立足首先是一种反对公民社会的基本要素的斗争，包括反对公民社会的一些令人惊叹的方面，例如大学生联合会，或者有着固有的（自治的）荣誉习俗的贵族。如果这场斗争胜利，可能

---

① 《联邦党人文集》的三位作者中，詹姆斯·麦迪逊对公民社会（civil society）最为感兴趣；见第10号文件，尤其见1788年2月6日的第51号文件，引文出自最后这个文件（中译文参见《联邦党人文集》，商务印书馆，第266页，北京，1980——译者注）。

会产生巨大的真空，而这个真空就会使得人们几乎不可能建立民主制度和市场经济。对此，齐奥赛斯库之后的罗马尼亚提供了一个令人心悦诚服的范例。

反过来，这就是说，公民社会也许是唯一能够有效反对专制和极权统治的源泉。在波兰，反对派包括拥有特殊地位的教会，1980年以后还包括"**团结工会**"（Solidarność）；在匈牙利，起初是隐秘的财产私有化的倾向，然后是越来越公开化的财产私有化的倾向；在捷克斯洛伐克，作家和艺术家们孤军奋战；民主德国教会的反对派组织的情况同样如此。与此相反，拉丁美洲有很多"来自下面的"反对专制组织的派系，不过，它们往往是短命的。

不过，公民社会和专制的关系不可以普遍化为社会和国家的关系。对约翰·洛克来说，不存在**公民政府**（civil government）和**公民社会**（civil society）的关系问题；二者属于一体。凡是自由的宪法占统治地位的地方，公民社会是人们的一般的生活媒介物。它并不是国家的一大支柱；形形色色的自治的机构总是要注意避免与统治者们缔结过于密切的同盟。但是，公民社会也不是处于反对国家的地位。把公民的倡议运动看作反对民主政府的集团，是一种毫无创见的误解。自由也意味着，国家要让人们自己去处置其生活的广阔的领域，因此他们既不必开展反对国家机构的斗争，也不必开展支持国家机构的斗争，他们最终会与国家机构一起借助市场经济共同促进生存机会。

公民社会究竟如何产生的问题，是很难回答的。英国、美利坚合众国、瑞士是一些特殊的例子。基于不同的原因，在这三个案例中，建立中央集权国家是真正的问题。在那些地方尚未存在中央集权国家之时，公民社会业已存在；中央集权国家不得不费了九牛二虎之力，去强行剥夺公民社会的某些权利。《**联邦党人文集**》并非联邦制度的辩护词，而是阐明（美国的）中央集权国家的权利的一种尝试。在大多数国家里，这个过程恰恰相反。在这里，为建立公民社会的斗争，实际上是一种反对专制的（而且近来是极权的）国家的霸权要求的斗争。善意的统治者们有时也允许社区或者大学享有某种程度上的自治；但是，更为经常的是它们不得不被剥夺了这种自治。市民为争取资本主义的权利条件和财产条件的斗争，就属于社会史的这一篇章。

因此,公民社会的产生,往往采取更悄无声息和似乎更为无害的方式。在墨西哥城,1985年地震之后的混乱导致的邻里倡议运动,取代了完全束手无策的国家的地位;在格拉斯哥一个最糟糕的贫民窟里,妇女们起初组织了一次狂欢节式的夏季联欢节,然后组织了其他的活动,结果逐渐改善了她们的地位;孟加拉乡村银行帮助贫穷和完全无力自助的农业主的故事①传遍了全世界。在共产主义的东欧,"**出版自治**"(Samitzdat)是公民社会的一部分;现在,这种出版自治已经在很多地方通过出版社和杂志社站稳了脚跟。

这一切都要时间。公民社会并非一夜之间就得以产生,也不是在起草民主的宪法甚或奠定市场经济的基础的时间内就得以产生的。同时,公民社会也处处受到损害。一切国家机关都有极权的偏好。尽管人们会常常强调,国家无非是一些支撑着它的人,国家总是想要越来越多的权力。有时候,国家以原则上很有意义的名义破坏公民社会。撒切尔首相领导下的英国政府就热衷于在一切的机构里建立"**责任制**"(accountability),因此,它认为大学、公共电台和电视台、自由职业的自治是不值得赞赏的。"诸如社会这类东西,是不存在的,"撒切尔夫人说,"只有个人。"她还自相矛盾地补充说:"还有家庭";她本来应该说:"还有国家。"但是,只有孤立的个人和国家的世界,是一种不自由的世界。

然而,在20世纪末的发达社会里,首先是另一种危险在威胁着人们。这种危险与詹姆斯·麦迪逊的担忧有关。"必须保护社会的几部分人不受另几部分人所行不义的侵害。"但是,这几部分人如何使自己变为一个大的卡特尔,与那些支撑国家的人一起共事?这是曼柯尔·奥尔森(Mancur Olson)的一个噩梦,但又不仅仅是他的噩梦。奥尔森甚至认为,这类卡特尔化——另一些人称之为社团主义(Korporatismus)——存在于"集体行为的逻辑"里。在政治长久稳定的情况下,公民社会的多样性会导致僵化,最后禁

---

① 这里指的是尤纳斯发起的"小规模扶贫贷款",又称"小额信贷"。——译者注

止任何的变革。于是,(奥尔森认为)只有急剧的变革才能有所帮助,即革命或者战争。①

　　幸运的是,奥尔森错了。关于这一点后面还将谈到。事实上,在这里约略提到的动机,在后面又将作为社会政治分析的主题再次出现。在这里,描述公民社会的基本要素的目的在于充分揭示现代世界的最好可能性的全貌。倘若在 T. H. 马歇尔的概念完整的意义上公民身份地位得到实现,此外,倘若市场经济的供给机器高速运转,而且倘若丰富多彩的公民社会由它的成员的公民意识所支撑——那么,还有什么事情可做呢?现代的社会冲突此时终于完成它的任务了吗?我们已经到达历史的尽头了吗?

---

　　① 参见曼柯尔·奥尔森:《民族的兴衰》(Yale University 出版社,纽黑文,1982年)。更详尽的探讨奥尔森及其错误的内容,请参见本书第六章。

第五节 一切可能的世界中最好的世界？

　　T. H. 马歇尔的讲座是 1950 年举办的。像其他的社会学家那样，他捷足先登地发现并描述了一些社会的发展趋势。即使在世界上发达的社会里，要贯彻公民身份地位的应得权利也还有很多事情要做，更不用说富裕社会还提供了新的供给机会。然而，T. H. 马歇尔正确地指出，现代的社会冲突开始丧失其绝对的品质。倘若所有公民的基本的应得权利总算得到保证，那么，剩下来的供给情况的不平等就不足以创造在过去的意义上的历史。不平等使人产生妒忌，但是并不促成阶级斗争。一种终点依稀可见的感觉，悄悄地潜移默化到 T. H. 马歇尔的考虑之中。

　　在 20 世纪 50 年代，马歇尔不是唯一有这种考虑的人。在雷蒙·阿隆的世界里（见本书第五章），我们还会遇到另外几个人。有一些作者，他们认为觉察到了一种悖论。（他们这样断言）在共产党领导的国家里，产生着新的阶级，而且随着新的阶级的产生，还产生着新的冲突能量；但是，在非共产党领导的国家里，无阶级的社会业已到来了。"拉平了的中产阶级社会"不再有阶级冲突了[①]。阿隆本人像在他之前的丹尼尔·贝尔（Daniel Bell）一样，谈到了"意识形态的寿终正寝"，而且因此认为，由世界观掩饰的政治纷争业已丧失其社会意义。在将来，（人们必然会得出结论）只有实用主义的政策才是合适的。

　　历史继续前进，直至 1968 年及其后。可以轻而易举地立论，遗留下来的应得权利问题不少，因而也不乏社会冲突；哪怕在今天，对于这个论点，也还有充分的理由。然而，为数不少的现代社会成功地走上了一条道路，改变了旧的（阶级）冲突的价值地位，这种观点仍然是正确的。在经济合作与发展组织国家里，很难在这些冲突里看到政治和社会发展的推动力量。

---

① 参见 140 页注①。

20世纪70年代，在所谓的"第一次石油危机"的压力下，出现了一种新的末日来临的气氛。然而，这次它具有另外一种性质，我们还将（在第六章和第七章）更仔细地审视这种性质。简而言之，它的原理是：各种已经工业化的增长社会用一些手段解决了它们的问题，而这些手段首先将会把它们引向无法逾越的极限。因此，它们需要回归，经济的回归、社会的回归、道德的回归。一切可能的世界中的最好的世界处于一条走向自我毁灭的道路上。某些告诫的作用是强烈的，然而也是短命的。也许可以指出，这些告诫作为令人烦恼的怀疑依然存在过，贯穿了20世纪80年代那令人疑惑的增长爆炸岁月。人们认为，在20世纪这个千年结束之前，这种或那种形式的怀疑将会再次以致命的形式蔓延，这种假定肯定不会错。一个没有千岁寿星的千年，似乎是一次贻误的机会。

因此，20世纪90年代初期，很多人又回到那个比较陈旧的命题上。根据对1989年革命的印象，有人断言，现在不仅经济合作与发展组织的国家，而且原来的经济互助委员会（Comecon）国家也走在通往一切可能的世界中的最好世界的道路上。大的斗争一去不复返了；斗争的激情和干劲"现在被经济的计算、对技术问题的无穷无尽的求解、环境问题和对胃口被吊得高高的消费愿望的满足所取代"①。

通过指出尚存的下层阶级问题、妇女权利问题乃至从前共产党领导的国家的过渡期阵痛问题以及世界范围的环境损害问题，来对这类论点进行挖苦讽刺，那是太易如反掌了。无疑，问题是够多的，而历史继续向前进。有些人在那些新的问题中，看见若干问题具有一种新的性质，由于这些问题会爆发出一些斗争，且其强烈程度将是闻所未闻的，也许他们的看法是对的。乌尔利希·贝克（Ulrich Beck）提醒了人们注意"风险社会"的新问题，而汉斯·约纳斯（Hans Jonas）则呼唤借重"负责的原则"来克服这些新问

---

① 参见弗朗西斯·福山：《历史的终结》，载《民族利益》，第16期（1989年夏）。我在《欧洲革命之观察》（Deutsche Verlags-Anstalt出版社，斯图加特，1990年）一书中（第36页等）曾同福山辩论过。

题。不过有人会说,这些陪审官们还在坐而论道,讨论新问题的准确的意义。也许他们坐而论道时间太长,在他们返回来宣告他们的判决之前,现代的社会冲突应当已经凭借公民身份地位、经济增长和公民社会,创造了一个基本架构,在这个基本架构里,几乎所有众所周知的问题都能得到把握和处理。

不过有两个例外,在这里只是稍作提示。在分析20世纪从极权主义的诱惑到1989年这段历史时,这两个例外具有越来越迫切的性质。第一个例外作为新问题与现代精神的诱惑有关。人们本应该认为,行将结束的20世纪已经足以令人心悦诚服地教导了我们,历史不仅仅沿着一个方向行进。但是,人们甚至在谈论挫折时也还是以认为人们最终将要走向和实现一种基本方向这一令人怀疑的假定为前提。这种假设在20世纪末再次广为传播。然而,它是错误的。即使那些相信进步是可能的人,即相信试图为更多的人开拓更多的生存机会是有意义的人,也必须认识到,理性的东西既不是现实的,更绝不是必然会变为现实的。自由仍旧一直在受到威胁。

由于这里所谓现代精神的诱惑而形成的威胁,产生于人们在公民社会里发展生存机会时所遇到的那些矛盾,也就是发展生存机会所带来的副作用。我们已经隐约谈到过那些矛盾。如果与从前时代的较绝对的根系连线被隔断,那么就会首先产生一个真空。"一切等级的和固定的东西都烟消云散了,一切神圣的东西都被亵渎了。"公民社会只能有限地填充这个真空。在有利的情况下,公民社会的根系联结容易为诸如美国的平民宗教或英国的社会传统所接受。公民社会所遭遇的危险之一是失范的危险。人们失去支撑,而只有深刻的、文化的结合关系才能帮助他们获得支撑;最后无论什么都再也不灵了,一切都变得什么都行,因此也都变成什么都无所谓。

这些对于共同生活的后果是多种多样的,是严重的。失范的时代是日常生活极端动荡不安的时代。于是人们就会大声疾呼要"法律和秩序"。同时,人们在有希望找到支撑的地方去寻找支撑。只要如此，哈墨尔恩的捕鼠人①就会开足马力，全力以赴。然而，不仅引诱者们会硕果累累，历史的怀抱里也会出现各种回忆，对在旧的社会联系中一种失去了的家庭温暖的回忆。部落将重又令人感兴趣，绝对的教义信条将重又令人感兴趣。

民族主义和原教旨主义属于现代精神的两大诱惑，20世纪末，它们是唾手可得的。二者也可能采取温和的形式。民族的感情和福音派教义并非人人皆有的东西，然而，它们对于自由的宪制也不构成危险。不过，二者也有更为绝对的表现方式，这些绝对的方式与这里所界定的生存机会的一切要素格格不入，甚至与生存机会明显对立。极端的民族主义和好战的原教旨主义既不容忍公民社会的多样性，也不容忍公民社会的自治，更不用说容忍它的文明性。它们把一切的应得权利融化在一种宗教的狂热之中。首先，令很多人感到惊讶的是，他们并不关心他们的所作所为的经济后果。因此，也不能采用开放社会的方法同它们进行斗争。

那么，如何用别的办法来对付它们呢？考虑到估计大的历史问题业已得到解决这第二个例外，这个问题具有特殊的意义。狭义的公民社会在一个国家里实行是不可能的。这是不容误解的。当然，人们可能而且必须从自己家里开始建立一个文明化的公民社会。然而，只要公民社会仍然局限在民族的边界之内，它就必然与排他的态度、措施和规则相结合，而排他的态度、措施和规则是违背公民身份地位和建立在它的基础之上的社会本身的原则的。只有当所有的人都享有平等的公民权利，建立公民社会的历史任务才算完成。我们需要世界公民社会。

这不仅仅是些冠冕堂皇的话。避难者、难民、出境、迁徙和过境移民，讲述着一个明白无误的故事。倘若让他们入境，那么，世界上没有任何一个社会，会不提出相当高的先决条件，就给他们以正式的公民所享有的地位。他们在运气好的情况下可以是二等公民，由此可见公民的概念是**荒谬的**。他们也不可避免地会制造一种

---

① 传说中世纪哈墨尔恩的捕鼠人能吹笛诱捕该市的所有的老鼠，最后把所有的孩子都骗走。——译者注

不安定的因素。倘若不让他们入境，人们就必须设置障碍，障碍会使开放的社会变为堡垒。因此，很多人建议，改善逃亡者和移民的家乡所在地的条件。但是，这是什么意思呢？这用诸如发展援助的方法是办不到的；从根本上讲，首先不是一个供给的问题。毋宁说，凡是有人生活的地方，就必须确立和保障公民权利。到处都必须确立公民权利。

是否会有穷国和富国之间的世界性战争、世界性公民战争，对此人们可能会有争议。把阶级斗争的概念应用到第一世界和第三世界之间的关系的企图，无论如何没有走得很远。只要缺乏共同的前后联系，也就没有结构的冲突，只要没有结构的冲突，对立也就不会向前驶到新的海岸。因此肯定无疑，第三世界本身的存在，尤其是穷人当中最穷的人的存在——在20世纪末，穷人肯定有20亿——与一个有着公民权利和经济增长的文明世界的价值是不相容的。可以不让人去思考世界的贫穷，但是，贫穷的事实依然存在，而这种事实把富人的生存机会，变为本质上不许可变成的东西，即变为特权。即使基于这个原因，世界公民社会也是必要的。

然而，很多人将会认为这种想法是毫无希望的乌托邦。在一个人们宁愿要部落的家庭温暖，也不愿要开放社会的徐徐清风的时代，情况尤其如此。不管世界公民社会的思想可能是什么，它不是一种乌托邦①。正如伯里克利的雅典把公民地位从梦想变成了一种现实（在它之上能够建设现代社会）一样，欧洲和北美的公民社会是一些雏形，它们显然到处都可能会出现。伊曼努埃尔·康德肯定不是乌托邦主义者，早在200年前，他在他的《世界公民观点之下的普遍历史观念》一文里已经确定了目标；这就是建立一个"普遍法治的公民的社会"。这个进程需要时间和战略行动。如果我们不想把全体公民取得的成果孤注一掷的话，我们就必须开始这个进程。

---

① 关于这个主题，请参见彼得·库尔马斯（Peter Coulmas）的优秀著作《世界公民——一种人类渴望的历史》（Rowohlt出版社，莱因贝克，1990年）。

第三章

工业社会的政治

第一节 变革的因素和动机

社会阶级的结构和由它们所引起的、为争取公民权利而产生的冲突,经由政治的途径,进入一般人的生活之中,并载入史册。也许同进入一般人的生活比,这甚至还更适用于史书。人们在其公开之前很久,对于不公正和特权就有敏锐的感觉。他们从自己的利害关系出发,采取行动,不管是否有政治党派来组织他们。也就是说,社会力量比一种社会学幻想的创新要来得实在得多。但是,它们只有表现在政治辩论和决策中时,才变为看得见的、摸得着的,更首要的是有作用的。然而,在同一时刻,它们也会遇到其他的力量和影响,后者使得局面复杂化。阶级属性永远不是政治利益的唯一基础。一些事件把多数的注意力从公民权利的题目引开。首先政治进程的逻辑会使阶级斗争的范围和深度出人意料地扩展和拓深。这一章将涉及这种进程,通过这种进程,冲突的主题及其社会的形象转变为政治的行为。

这种观察方法给公民身份地位和公民社会的现代的历史补充了一些新的方面的内容。倘若人们审视一下从 19 世纪早期到 20 世纪 70 年代公民权利的进步，就会得出一系列的结论①。第一个结论证实了这样一个理论推测：越来越新的应得权利的发展总是跳跃式的。它不是一个循序渐进的逐步过程，而往往分为几个很大的阶段。每一次重要的应得权利的改变都与一个值得缅怀的事件相联系。这尤其适用于那些在法律中确立下来的不容置疑的应得权利。在英国扩大选举权就是一个范例。1832 年，《改革法案》(Reform Act) 降低了选举人的收入和财产资格要求，并使之标准化；1867/1868 年以及 1884/1885 年，英国再次通过新的法律，进一步降低这种资格要求；1918 年对于年满 21 岁的男子和年满 30 岁的妇女实行了普遍的和几乎是平等的选举权；1948 年废除了"大学席位"的限制和其他某些不正常的制度；1968 年选举年龄降至 18 岁。还可以列举出其他类似现象，如实行和扩大普遍的学校义务教育，实行和扩大福利国家的各种核心制度；在有些国家里，有法定的最低工资；没有实行最低工资规定的地方，以及工资和薪水没有完全指数化的地方，有约束力的劳资双方的工资增长协议规定了大多数人的收入。一些较有弹性的应得权利无法轻易地与某些特定的契机相联系。然而，在通往实现公民身份地位的道路上，最重要的步骤是可以明确确认的。发生立宪、政治的或者社会的变革的庄严年代往往是其代表。

在追踪公民权利的进步时出现的第二个结论是：总体而言，确实是进步了。有一些很长的阶段，很少发生什么事件，但是，如若发生一些事件，则一般都是一种改善。抹杀从前的成果的事件，在任何方面都是异常的。比如德国的纳粹制度不仅意味着取消公民权利和政治权利，而且导致减少所有公民的某些特定的社会应得权利。这是一种巨大的、持续长久的、最终变得富于戏剧性的宪法危

---

① 这些发现的量化数据有彼得·弗罗拉 (Peter Flora) 的历史统计资料集《1815—1975 年西欧的国家、经济与社会：数据手册》，它令我获益匪浅，尤其是第 1 卷《群众性民主和福利国家的成长》(Campus-Macmillan St. Jame's 出版社，法兰克福/伦敦/芝加哥，1983 年)。

机的结果。一般而言，公民权利是"富有刚性的"（凯恩斯把实际工资描写为"富有刚性的"。他指的是，它们会反抗下降的压力。今天我们知道，同美国相比，这更明显地适用于欧洲，也就是说，在欧洲，实际工资的应得权利性质更加显著）。倘若公民的身份地位达到某一个特定的高度，那么极有可能它不会再往下掉；倘若它真的往下掉，那么在此之前，会有政治的持续性的中断。

从这两个角度看，应得权利的历史有别于供给的历史，尤其是有别于产品和劳务的供给的历史。经济的发展可以表述为处于波动之中的曲线①。在前几十年中，经济政策的实施使情况变得复杂了；这也适用于与选举相关联的经济增长的政治周期。然而，这样的事实依旧存在：经济的增长和应得权利的扩大之间不存在简单的平行关系。在两次世界大战之间，应得权利的结构发生了重大的变化，而经济的增长充其量是缓慢地向上发展，整体而言，尤其是围绕着1913年的水平上下波动。当经济的前景十分不明朗时，例如1918/1919年，以及后来的1944至1950年之间，公民权利却取得了决定性的进步。供给派津津乐道，没有增长就不可能有结构的变化。马克思主义者们和资本主义的意识形态专家们十分奇特地在坚持经济高于政治占第一位观点上不谋而合，意见一致。事实上，增长和变革之间的关系要复杂一些，如果它们从根本上具有系统性的话。

那么，如果不是一种愿望，想让更多的人能够分享一块日益增大的供给大蛋糕，又是什么推动公民权利的进步呢？前面已经提到过一些十分艰难的岁月，首先是1918/1919年，以及第二次世界大战之后的时代。为什么战争导致很多人的地位有所改善？基思·米德尔马斯（Keith Middlemas）在他的《**工业社会的政治**》一书中

---

① 一篇纪念乔治·马歇尔将军在哈佛大学阐述马歇尔计划的演说发表40周年的文章（载《新苏黎世报》，1987年6月6/7日）开宗明义地写道："经济的事件和决定创造着历史，并且令人铭记，这是罕见的。"也许，只有当事件实际上不是经济性质的，而是政治性质的，即不是供给问题，而是应得权利问题，事件才会创造历史并令人铭记。马歇尔计划改变了经济活动的基础。货币改革也如此；类似的情况适用于1929年的"黑色星期五"和1987年10月19日。

对这个问题作了详细的探讨,这一章的标题就是引自这本书①。战争政策导致改革至少有两个原因。一个是意识形态的,它与一些观点、态度相关联。20世纪的战争不是由一些小的局部的群体进行的,而是要求几乎全体居民都参加。这就导致在统治集团当中形成这样的信念:必须为那些没有正式的社会权利和政治权利,而又把他们的生命孤注一掷的人做些事情。他们必须得到公民权利,正如温斯顿·丘吉尔(Winston Churchill)早在第一次世界大战结束时表示的那样。马克斯·韦伯在他的关于一战后德国必须有新的制度的书信和文章里多次写道,如果拒绝给复员返乡的士兵一些权利,而那些留在家里的战争暴发户们却像理所当然一样拥有这些权利,这在政治上是不可能的,甚至是无耻和失礼的。②

战争经验和社会变革之间的另一种关系更为实际些,它是米德尔马斯这部著作的中心主题。至少在英国,《战时社会公约》是以组织和协调经济决策过程的主要参与者为前提的。政府恰恰是对强大的工会感兴趣的——与俾斯麦的战略相反,面对爆发混乱暴力的威胁,英国保守党人的领袖们认识到了组织的优越性。政府同时提倡成立雇主协会。于是,三大角色即政府、工会和企业之间的同盟就产生了社团主义的偏好,社团主义的偏好决定(英国的)政治生活长达50年之久。但是,只有当所有的参与者都至少能部分地实现他们的利益时,这种偏好才能得以保持。这首先意味着承认从前处于不利地位的人及其组织的利益。米德尔马斯指出,在再分配和社会政策的领域内,1945年以后的工党政府基本上还是做着"社团主义三角关系"的伙伴们在战争期间讨论和计划的东西。

诚然,两种英国特有的事实是令人深思的。一方面,英国是幸运的,在两次世界大战的关键时刻都能找到这样的领导人——劳埃

---

① 参见基思·米德尔马斯:《工业社会的政治:1911年以来英国制度的经验》(伦敦,André Deutsch出版社,1979年)。

② 参见《一封致〈法兰克福报〉的读者来信》(1917年3月28日),该报还发表了其在1917年12月写的文章《德国的选举法和民主》,其他地方可参见《政治论文集》,出版人约翰·温克尔曼(Johann Winckelmann)(增订2版,Mohr/Siebeck出版社,蒂宾根,1958年)。

德·乔治（Lloyd George）和丘吉尔，他们不仅具有强烈的政治个性，而且也感知到了社会变革的必要性。另一方面，有一些改革计划，不管是偶然的也好，还是有意的也好，都恰好在这样的时刻提出：各种一般情况下是对立的利益在一个非常的时代能够走到一起。威廉·贝弗里奇（William Beveridge）和约翰·梅纳德·凯恩斯的名字，作为战略性变革的范例在这本书里还会更经常地提到。二者从战时联合政府和战时的特殊条件吸取制订计划的力量，而这些计划的实现提高了很多人的生存机会。

当然，并非所有的应得权利的改变都是由战时联合政府实行的，或者哪怕仅仅是由那些特别对受歧视的和被剥夺权利的人负有责任才当选的政府实行的。倘若人们看一看那些福利国家的重要因素首先找到其法律形式的年代，那么，人们就会发现令人惊讶的趋异情况，找不到其与民族的革命或者灾难有明显的联系。疾病保险就是一例：德国始于1883年，英国始于1911年，法国始于1930年。或者养老金保险的例子：德国始于1889年，法国始于1910年，英国始于1925年。其中，德国的例子特别令人信服。只要俾斯麦执政，在有利的情况下，政治的应得权利就仍然是稳定不变的，但无论如何是很有限的；社会党人法还更强烈地限制政治的应得权利。然而同时，给工人阶级提供了某些社会的应得权利。一部分权利应该抵消了另一部分权利，而两者都服务于一个保守的甚至是半封建的统治阶级的利益。

这一个例子把我们带进一个问题的核心，这个问题产生于阶级理论和历史的现实的对比。在这里所描述的时间里，在阶级冲突和社会的演变之间存在着明显的关系。俾斯麦本该坚决拒绝承认**共产党宣言**里所预言的形势是现实的，对于把这种形势变为拉萨尔（Lassalle）的**工人纲领**的唯心主义语言，他已经够难以接受的了。然而同时，他知道，他必须有所作为，才能安抚工业时代的日益倔强叛逆的孩子们。他对社会的压力作出了反应。这一点更加清楚地反映在某些其他比较重要的年代里：法国1910年，英国1911年，英国1925年，法国1930年。也就是说，冲突的压力是存在的，事物的积极变化也是存在的；然而，两者之间的桥梁是由意料不到的物质构筑的，而且有时只有费了九牛二虎之力才能找到这种桥梁。

　　对在这类形势下发生的事情，描写比解释或者哪怕只是加以理解要容易一些。社会的冲突无疑是真实的。毫无权利的群体的利益和那些代表现存特权的群体的利益相互碰撞。印制呼吁书、举行集会、女权运动者走上街头示威游行，而日益老朽的、从前的自由党人却在严肃认真地论证，没有财产的人不应该拥有选举权，或者妇女们在生理素质方面是低下的，或者必须用法律的全部权力来打击抗议者。因此，最终有些让步。其原因并不在于整个国家处于熊熊烈火之中，甚至也并不在于无权利者在议会里赢得了令人不可思议的多数。在权力的走廊里，他们中的大多数仍然是看不见的，然而，那些长期抵御任何变革的人们在改变他们的立场。立场的改变是勉强的，部分是基于想摆脱已经变成累赘的压力，部分是希望把抗议的能量转而引导到对自己有利的图谋上。

　　因此，有若干政治演变的成分。其中之一是由或多或少组织起来的社会运动所产生的力量，政治党派可能属于社会运动，但并非必然如此。另一种成分是一种情势，在这种情势下，发生变化的条件已经成熟，而且存在着某种隐蔽的甚至是潜在的意见一致性。借助舆论研究工具将发现不了这种一致，但是，一旦决定改变，多数人会突然发觉，他们早就期望得到这个新东西。因此，那些做出决定的人是十分重要的。起初看起来，他们似乎在逆潮流而动；然而实际上，是他们比别人更早认识到潮流正在改变方向。难道他们不是他们自己的立足基础的叛徒吗？人们想一想温斯顿·丘吉尔吧，他在战争结束后说过，"社会主义"（他指的是福利国家）还必然会有一段时间坦荡无阻地走着它的路；或者想一想康拉德·阿登纳，他是德国采矿冶金工业里共决制的发明者；或者想一想夏尔·戴高乐，他把**法属阿尔及利亚**变成一个完全是阿尔及利亚人的阿尔及利亚。事件发生了，我们才突然知道，这些"叛徒"团结统一了他们的国家，而不是分裂了他们的国家。

　　对于那些寻求系统性变化的运动来说，这是一段令人不安的历史。但是，这类运动无论如何必须对形形色色的令人不快的经验有所准备。人们只需要想一想罗伯特·米歇尔斯的概括"寡头统治铁律"的论点：任何寻求权力的人都为此向民主付出代价。对于那种不仅想要让他的良心无愧，而且想在政治上发挥作用的人来说，尴尬的窘境是相当明显的；他会发现自己面临双重的危险，或者远离决策的宝座，或者困于决策的宝座。社会党人在他们的历史上在某种方式上两者都经历过。凯尔·哈尔蒂（Keir Hardie）、奥古斯特·倍倍尔（August Bebel）、让·饶勒斯（Jean Jaurès）是一些社会运动的领袖，他们虽然改变了世界的观念且动员了人们，但是并未参与决策。拉姆齐·麦克唐纳（Ramsay MacDonald）、赫尔曼·米勒（Hermann Müller），在某种意义上甚至还有莱昂·布鲁姆（Léon Blum），都身居国家要职，但是很难作为伟大的改革家载入史册。现在的问题是，开明的保守派和坚定的自由党人最终是否就是更有影响的运动组织家和变革家。

这样一来，就提出一个对很多人来说很尴尬的问题，即阶级论和精英论之间的关系问题。对于两者来说，都提出了绝对的要求，但是这些要求很少把目光投向变革的现实进程。绝对驳斥一种理论或另一种理论也于事无补。阶级也许决定着社会演变的能量和方向，但同时阶级是无法总体把握的。它们是为了谋求某些利益才得以形成的，利益的内容会给人以了解事物向何处运动的启示。因此，某个人必然会把这些利益变为行动，并且将事物向前推进。关于精英的局限的调查研究并不少。精英产生于狭窄的社会领域；他们的成员有着相类似的生活历程和生活经验；大多数受过大学教育，毕业于一些相同的大学和一些相同的专业；他们相互认识，在很多方面有共同语言。

尽管如此，这类研究总是在某种形式上忽视政治进程的核心。在社会特性方面表现出均质的精英阶层的成员们，在某些特定的情况下，完全能够作出一些非正统的和激进的决策。实际上，往往是一些飞黄腾达的人，他们担心会有所变化，因此认为必须一致地采取行动。人们在其归属性上越是富有自觉意识，就越少会采取守势，越能够公开坚持利益，越是社会力量的推动力。这类考虑可能导致得出令人惊讶的结论。同类的精英与多元主义的精英相比可能是更能发挥作用的演变载体。无论如何，对于事物进程的先知先觉是这里所简述的情况的一个重要的因素，这种先知先觉绝不会自动地产生于一场轰轰烈烈的运动所提供的支持。

工业社会的政治，其核心是与这些不同的因素的有效斡旋息息相关的。在这方面，各种议会有它们的任务。它们集合有组织的社会力量，挑选领袖，给领袖们以行动的机会，但是也强迫他们听取意见。倘若它们仍旧保持与人的思想和感觉的潮流相结合，它们甚至能使领袖们意识到行动的时机。因此，社会力量、议会和决策精英们的相互作用，也会受到某些附带因素的某些形式的干扰。因此，我们还必须对这个主题稍加深入探讨，在这方面的最重要的作者马克斯·韦伯能对我们有所裨益。

第二节 马克斯·韦伯和现代政治的问题

我在本书里十分不经意地建立了一座小小的万神庙,马克斯·韦伯在这座庙里有他的一席之地。犹如贝弗里奇和凯恩斯一样[以及早一个世纪的威廉·冯·洪堡(Wilhelm von Humboldt)],马克斯·韦伯是一位出没于多种学科边界的人物,在一生中,他艰难地把科学和政治、理论和实践结合于一体。韦伯比起其他任何人都更多地遭受这两种世界的相互矛盾的要求之苦。他的苦行僧式的、清教徒式的倾向使得他尝试做些不可能的事情,并且想把不含价值判断的科学和热情昂扬的政治这两者完全分隔开来。英雄壮举式的尝试失败了,然而这并不是说,他错了。韦伯也是一位战略性的改革家。他在谈到自己时说,他是作为保守派开始的,后来变成自由派;第一次世界大战之后,他甚至立即把自己描绘为"激进派",而且为争取"一种非常激进的社会的民主化"奋斗。他的名字与反对无限制的潜水艇战争的运动相联系着,随后尤其是与关于第一次世界大战后德国宪法的辩论相联系着。第一次世界大战结束的前一年,他在《法兰克福报》上发表了一系列文章,总标题为《新制度下德国的议会和政府》。这些文章都是针对第一次世界大战后的德国而写的,它们与著名的讲座《政治作为职业》(1920年)一起,构成一种论述现代政治问题的有益的基础。①

---

① 从马克斯·韦伯开始知识分子生涯起,有关政治的文章和讲稿一直贯穿他的一生,尤其在第一次世界大战结束之前和之后的几个月里,他写得特别多。在短短几星期之后,在《法兰克福报》上的系列文章《新制度下德国的议会和政府》就变为一本150页的书。在1918/1919年的"革命的狂欢节"(他这样称这一事件)期间,他迟疑地放弃优先考虑立宪君主制,转而主张建立一种直接选举总统的共和制;结果发表在系列文章《德国的未来之国体》里。1920年年初,在演讲《科学作为职业》之后,又作了《政治作为职业》的演讲;为了把这个已印成书面材料的演讲材料宣读一遍,韦伯大概要用若干小时。所有这些文章都搜集在第96页注②引用的那一卷里(关于"顺从依附的外壳"这个关键语录,参见第332页等)。

第三章 工业社会的政治

马克斯·韦伯是德国人。尽管他曾游历各国，不同寻常地博览群书，但德意志帝国的经验决定着他对现代政治问题的界定。一开始时，俾斯麦形象很崇高。韦伯对他的态度体现了典型的自由党人的内在矛盾心态。俾斯麦为德国立下了很多卓著功绩，然而同时，他在国内和在世界上都造成了同样多的破坏。尤其是无论在机构方面，还是在政治文化方面，他都没有给在现代宪法构架内发挥作用的政治领袖们留下回旋的空间。韦伯抱怨俾斯麦之后德国领导之平庸，并且认为这是在这位帝国奠基者身上的弱点和强处的奇特混合的一种结果。这也是官僚体制的社会的和政治的现象的结果，这种结果比起其他的一切都更明显地给韦伯的关于现代政治的思考打上了深深的烙印。

韦伯对官僚体制的作用有一种执念。他不管抓住什么题目，都很快会谈到官僚体制的腐蚀作用。倘若他谈及封建领主和专制的王制，就会转而论述它们的行政管理机构及其固有的发展自治权力的倾向。倘若他谈到俾斯麦，那么，他随后很快就会广泛抨击听命于他的"官员的统治"，即强调意义上的**官僚体制**，并且抨击与之相联系的普遍的"软弱无力的意志"。倘若他谈到"合理化"，包括资本主义发展的逻辑，接踵而至的便是现代组织的制度本质及其规则、职位职能人员，等等。倘若他谈到统治和合法性，会首先描绘由一个在领导职位、资格和升迁等方面具有某些特征的行政管理班子所进行的"理性的"和"合法的"合法化的模式。韦伯的这种执念暴露出普鲁士经验的一个要素，也是一个噩梦，在长达70年的历史中，噩梦的恐怖程度分毫未减。即官僚体制的形象被看作未来数代人"顺从依附的外壳"。如果人们让官僚体制听任它自己固有的可观的资源摆布，那么，它就会导致形成很完备的行政管理，同时，在后来应用的"极权主义"的意义上或者在戈夫曼的"极权的机构"的意义上，这种行政管理是极权的。于是，人们就仅仅成为"活的机器"里的纯粹的小齿轮，既是依附的，又是软弱无力的。

在分析官僚体制之前的结构时，韦伯仍旧显得特别苍白无力。也许这是他的经验的德意志品质所表现出来的若干点之一。他对市场或者政治的集市，包括美国政治的粗陋的习俗和风俗，没有先知先觉的感知。因此，他集中到唯一的主题上，这就给他所探讨的各种问题以一种更加戏剧性的品质："面对这种官僚体制化倾向的过分强大的优势权力，怎么还有可能去拯救在任何一种意义上的'个人主义'活动自由的残余呢？"韦伯并不寻求文学上的或哲学上的答案，他的兴趣在于政治和政治的机构。因此，他把他的一般的问题变为两个较为专门的问题，我将把它们描写为民主的问题和领导的问题。

韦伯从一个重要的、尽管受局限的视角提出了民主的问题。面对官员的日益不可或缺以及由此产生的官员的权力，他问道，如何"[才能]提供某种保证，使得有些力量能够限制和有效监督这个日益重要的阶层的巨大的优势权力"，"仅仅在这种有限的意义上，从根本上讲，民主将如何是可能的呢？"

民主对很多人来说意义重大。人们必然会怀疑，从伯里克利到托克维尔，进而到1989年东欧的"民主论坛"，是否确实是一条没有中断的路线。如果人们采纳民主的词义，那么，这个词义就意味着一些也许是不可能办到的事情。人们甚至必然会问，所谓人民拥有统治的状态是否是值得期望的。所谓的普遍的意志，当卢梭、康德和黑格尔用三种不同的方式对它进行阐释时，它首先制造了混乱，然后唤醒了人们的忧虑，理由很简单。倘若政治幻想的这种虚构物应该是机构的一种替代物，并且通过无人统治的讨论不断重新制造这种虚构物，怀疑论者就会想到失范、多数派的暴政和一般的独裁专制。在统治未受控制的地方，很快就会出现粗暴的权力；在缺少机构的地方，无法监督的权利要求就会肆无忌惮，为所欲为。谁想避免这类辩论的形而上学和感情冲动，他就得更加准确地和更加有分寸地来理解民主。实行民主，重要的是把很多人的利益和意见纳入政治的进程，重要的是合法性。

马克斯·韦伯向我们指出，包括社会阶级在内的、有关决定着演变的能量和方向的社会力量的模型和有关把他们的利益与眼下的要求协调起来的精英的模型，太过于简单。同时，精英的本质绝不是模型的唯一的、必要的限制条件；尽管韦伯在一条意味深长的旁注里谈到了"神经质的军团指挥官们"，说他们没有能力"在他们的上司面前，代表那些委托人的利益"。换言之，神经质的精英们一般都胆小怯懦，而改革的勇气是以自觉意识为前提的。然而，官僚体制的危险更为严重。例如，它可能会使人民（demos）和统治（kratia）之间的调解人即议会瘫痪。于是，议会就变为纯粹的空发议论的场所，尽管议员们在那里发表他们的责难和希望，但是毫无结果，一事无成。俾斯麦就是这样看待德国帝国议会的；20世纪七八十年代的欧洲议会也提供一个现实的例子。议会也可能变成一个半社团主义的和半官僚体制的乱线团的一部分，在那里，一切倡议都是让人看不透的，因此也就没有什么革新。到处都有这样一种议会的官僚体制化的危险。这种官僚体制化吓坏了局外人，即"人民"，使他们疏远政治的机构，并导致形成新的社会运动，而社会运动很快就会发现自己也面临着类似的问题。

两个进程构成人们可以称之为最低限度的民主的东西。其中一个在于把人民的意见和利益纳入政治体制，另一个在于监督统治者们和他们的行政机构。如果民主的补给或者民主的监督受到封锁，随之就会出现一场宪法危机。最低限度的民主并非一种美好理想或一种令人舒服的梦想的实现。但它是最可靠的方法，可使变革得以进行，又不发生革命。在这个意义上，民主政治比其他的政府形式更为有效。这样的抱怨很常见，即认为民主政治办事慢吞吞的，浪费时间。"如果不存在议会和媒体，我们能很快而有效地完成所必须做的事情"，口出这类抱怨，往好了说，是因为不了解实际情况；在更坏的情况下，它们会鼓励人们去支持恰恰是不稳定的政治制度，因为在这类政治制度里，一切都进行得悄无声息。在一些显示出有最低限度的民主的国家里，如果喧嚣声超过一定的噪音水准，那并非民主的代价，而是走上了一条迷途的征兆。

"现代的议会"，马克斯·韦伯说："首先是被官僚体制的手段统治的人的代表机构。"民主的原教旨主义者们不喜欢这种语言，但是，不管是在纳入人民的利益方面，还是在监督执政者方面，这种语言是现实主义的。然而，还有另外一些宪法工具。民意调查、公民投票和公民表决，既可能被保守派滥用，也可能被蛊惑民心者滥用，但是，它们不失为把舆论纳入决策过程的方法。对统治的监督除了议会的程序外，还要求有法律的和其他的机制，以审查决策，包括审查行政行为。舆论媒体具有一种现实意义，有朝一日，这种现实意义也许会得到宪法理论的承认。正如我们已经看到过的那样，社会运动、特殊的利益群体、大学里活跃的讨论和大街上激动的人群的示威游行等，似乎是一种没有秩序的结构，这也是属于公民社会的。民主按其定义是没有秩序的，谁不能一直容忍这种情况，不需要很长时间，他就会等到一种更坏的政体。

因此，马克斯·韦伯的主要兴趣并不在民主的方面。关于机构的问题，他思考得更多，也有更多可说的。机构的问题产生于他的基本主题，而且这个问题与"官僚体制本身无力办到"的事情有关。马克斯·韦伯把这归入了他所喜欢的、关于领袖的问题。后来的历史没有让马克斯·韦伯曾经得心应手、应用自如的这句话变得更容易使用一些；不过，不管人们喜欢不喜欢这句话，它所提的问题要求有个回答。这就是革新、首创、愿意和有能力做些事情的问题。正如熊彼特①通过颂扬"企业家"及其美德和天才来为经济发展回答这个问题一样，韦伯通过"政治家"的社会形象来为公众事务回答这个问题，政治家就是谋求把"政治作为职业"的人。

在这里必须指出，对我来说，这里不是事关马克斯·韦伯的（在某些方面很朦胧的）魅力（Charisma）的概念，即通过对天赋和优选不寻常的要求使统治合法化。而是在于指出官僚体制有能力统治，但没有能力领导，这属于韦伯对权力的正常行使的分析。实际上，官僚体制按其定义是无头无脑的。诚然，很多在形式上身居现代行政机构巅峰上而且肩负着政治责任的人，本身也是官僚体制的人物。因此，问题恰恰就在这里，于是就产生了一些完全失去航向的、平庸的公团，它们充其量是被管理着，但不能说是由政府治理的。官僚人员应该忠诚地和内行地执行由别人所作出的决定。无疑，也有些情况，官员们必须向他们的政治领导人讲，他们认为某些特定的指示是错误的；然而最后，他们只有这样选择，要么执行对他们说要做的事，要么离职了事。国家和其他的一些团体从那些最高层人物那里，即从"进行指导的人"，从"领导者"，或者干脆说从"领袖们"那里，得到方向意识。

韦伯孜孜不倦地描述领袖应该具有的特点，为这幅油画增添新

---

① 约瑟夫·阿洛伊斯·熊彼特（1883—1950），美籍奥地利经济学家和社会理论家。——译者注

的色彩。他谈到他们的天才，谈到他们许可接受或者必须拒绝某种选择或任命的环境，谈到他们很可能会崭露头角和卓有成就的条件。显然，政治领袖们所固有的、"用手去把握历史上重要事件的一束神经末梢的感觉"，甚至是"许可把手放到历史车轮的辐条里"的能力，特别令他神驰心往。因此，他兴味盎然地转入探讨政治家必须具有的三种品质："热情—责任感—目测力。"像当时的很多年轻的政治家一样，我父亲1920年也买了《政治作为职业》的第一版，并用粗铅笔将这些片段划出。"热情"不是知识分子的"无为激动"，而是深深地献身于一种"事业"，即献身于一个它（Es）（虽然韦伯也谈到上帝或恶魔"是她的"① 即事业的"主宰"）。"责任感"意味着，政治家意识到他的特殊地位和任务。这个词也暗示着要具有政治家所实践的"责任伦理"，而不是退缩到"思想伦理"的较为纯洁的境界里。纯粹的道德在政治里面没有立足之地，因为在那里重要的是行为的实际的后果，因此，政治家只有正确的信念是不够的，必须认识到他的行动所面临的约束，并估计他的所作所为的影响和后果。这就要求要有判断能力和一种分寸意识。"政治是用头脑行事的，换言之，不是靠身体的其他部分或灵魂行事"，韦伯说道，但是，由于他自己的、永远未被抑制的热情，这也不可能保持长久："千真万确：政治虽然是用头脑行事的，但是肯定不仅仅是用头脑行事的。"

　　韦伯并未详尽描绘在一个官僚体制的世界里领袖的问题。然而，他本来也许会接受一个宇航的比喻。处于领导地位的政治家站在官僚体制的帝国的监控座上，他们必须避免两种风险。其中之一就是，他们采用过大的倾斜角度进入行动领域，同时被烧毁，化为灰烬；领袖们自己也是官僚人员。另一个风险是（进入大气层的）切入角太平，这样领袖们就会被推回太空去，他们仍然是时间的穹苍上遥远的、小小的星光。进入在这个被行政管理把持的世界里行为的密度较大的大气层的角度必须合适，这样领袖们才能卓有成

---

① 德语的名词及相应的代词和物主代词都有阳性、阴性和中性之分，事业（die Sache）为阴性，故相应的物主代词也为阴性：她的（ihr）。——译者注

效，并保持他们的完美。韦伯提出了一个问题：在什么样的宪法条件下很可能会有这种结果。因此，他支持那些把帝国总统直选和政府可以发布紧急状态法令引进魏玛共和国宪法的人。兴登堡总统1933年之前和在导致种种后果的1933年里利用了这种可能性①，有人不恰当地把兴登堡所采取的方式的部分责任归咎于马克斯·韦伯。也许，缺乏一种美国模式的真正的总统制——或者缺乏一种威斯敏斯特风格的充分的议会制民主——是更大的缺陷。

对现代政治的问题的一切回答都是有争议的。民主的原教旨主义者一代，对于不仅是马克斯·韦伯所发挥的，而且也在这里所建议的对政治阶级的分析中所发挥的独立的作用，特别感到不适。他们最乐于把身居高位的代表人物想象为一种蒸汽，蒸汽从间歇热水喷泉升腾而起，又深深渗入人民的土壤之中。自从19世纪和20世纪初以来，公众对政治问题的讨论已经大大丧失了难以捉摸的微妙性。由于最近几十年的经验，这可能不会特别令人感到惊讶。暴政、战争和民族大屠杀甚至也不是难以捉摸的，和平和自由的基本条件也不是微妙的。然而，正如马克斯·韦伯所看到的，现代政治的问题并未从日程上消失。面对日益增长的官僚体制的危险，民主和革新如何才能相结合？如何才能不必进行革命又可能演变？

自由的宪法必须给这些问题一个回答。它必须在响着警报声的极端民主化和专制之间的进退维谷的境地中找到一条航线，又不至于翻船陷入官僚体制的无底深渊，这种深渊处处都阻碍着进步的行程。这类比喻也许有点儿太讨好。形象可能会唤起假象，仿佛宪法自由派不能偏离唯一可靠的航线的哪怕仅仅一度之差。实际上，前进的航线总是不止一条。现实的想象力也不只一次超越理论的想象力，因此，倘若我们深入不同国家的现实情况中去，就会帮助我们的分析向前推进。

---

① 这里指兴登堡授权希特勒可以发布紧急状态令。——译者注

第三节 关于混合宪法或者现实存在的自由

美国的宪法一定是令马克斯·韦伯中意的。总统职位体现纯粹的领导，国会体现纯粹的民主，以及通过允许让一个新的行政班子用自己的人占据全部关键职位的实践，减少官僚体制的作用。最后这一点肯定不是马克斯·韦伯理想中的官僚体制组织，他宁可要普鲁士国家官员的伦理道德，或英国式的**文官制度**（civil service）。然而总的看来，种种迹象表明，在机构方面，美国的体制是对现代政治问题的一个可信的回答。

这种表面现象并没有骗人。尽管过去和现在，并非一切美国总统都是杰出的领袖，而国会也日益卷入它自己的官僚体制的困扰，并且有时对待玩弄地位和金钱的秘密游戏，比对待民主代表机构的任务还要认真严肃一些，但是，两个多世纪以来，美国宪法运作得很好，好得令人惊讶。此外，对美国政治的社会基础，现代化的理论家们也是应该感到满意的。流动性是美国的基本特点，大多数美国人出身于这样的家庭：在这些家庭里，在不是太长的时间之前，有人作出勇敢的决定离开传统和故土的压力，使自己置身于大海和移民当局所致的漂泊不定之中。（由于这个原因，黑人奴隶的后代这样一个重要的例外本身就提出了自己的问题。）美国人仍然是好流动的。而且，这种流动性从一开始就与托克维尔意义上的民主联系在一起，也就是说，与生存条件的一种基本平等联系在一起，在这种基本平等里，引人注目地缺少传统的依附关系。

另一种观察听起来可能还会更加令人惊讶，它使情况复杂化，即阶级理论家们也会对美国的例子特别满意。"在美国的政治的意识形态里，强调'无阶级'，这就使得很多欧美评论家们得出结论，认为在美国，党派属性比起在其他的西方国家里，更少地建立在阶级的分裂之上。然而，选举调查结果却推倒了这种结论。"S. M. 李普塞（Seymour Martin Lipset）对这类调查一直追溯到1936年，根据这些调查，在美国，政治的冲突遵循阶级模式比这早得多①。"早在美国的当代形式的两党制得到发展之前，使得社会分裂的政治论题在倾向上就具有阶级性质。"李普塞提醒我们，托克维尔也没有忽视这一事实。在经过更仔细的观察后，托克维尔说道，和最初的表面现象不同，美国党派政治的辩论并不那样"令人不可理解或幼稚"。"我们越是深入到这些政党的最内心的考虑之中去，我们就越是清楚地发现，一个政党的目标在于限制人民的权力，另一个政党的目标则是在于扩大人民的权力。"

那么，美利坚合众国是纯粹民主的一个楷模吗？很多作者持认可意见，并且通过指出这个国家的富裕和我们的意义上的供给的丰富多样来阐述这种见解。李普塞是20世纪60年代占统治地位的几种理论之一的创始人，他（在1959年的一篇文章里）说："民主取决于经济发展的水平。一个民族越是富裕，民主在它当中找到支撑的各种机会就越大。"当时有一位批评家指出，1820年的美国，或者1870年的法国，或者1890年的瑞典，很难说是经济上高度发展的国家，然而它们却可以说是民主国家。李普塞利用一根很奇特的拐杖来拯救他的理论，并且论证说，在建立"一个世界范围的交往体系"并使得人们能借此同别国进行比较之前，这些民主国家就产生了。不过，后来又有英国的例子，尤其是在两次世界大战之间的时代。而且还有印度。要是提出一个几乎是逆命题的命题，也许也不显得荒谬：民主允许一些国家自由地进行经济上的零和游戏。

无论如何，美国的例子显示了有关政治民主的社会前提的一段完全不同的历史。这就是公民权利与开放边界相结合的历史。这两个概念必须在一种特定的、仅仅适于美国的意义上来理解。犹如我们（在上一章里）已经看到过的那样，公民权利接近于托克维尔所称的平等或民主的基本条件。在美国的情况下，它们是一些基本上局限在法律和政治范围内的归属性权利。然而，美国的历史表现了

---

① 这一节和下一节的所有引语都出自西摩·马丁·李普塞的著作：《政治人——政治的社会基础》（增订版，John Hopkins University 出版社，巴尔的摩，1981）。本节请参见该书第303、309和310页，下一节请参见该书第31和475页。那里提到的批评家是丹克沃特·拉斯托夫（Dankwart Rustow）。

现代这个伟大力量的传染性。如果一方想限制人民的权力，另一方却想扩大它，那么，阶级斗争就容易采取暴力的形式，正如它在美国的历史上一再采取的形式那样。18世纪70年代的早期的宪法斗争，19世纪60年代的国内战争和20世纪60年代的公民权利运动，是在争取实现公民身份地位而斗争的漫长历史中的三个突出事件。《宪法和权利法案》(Bill of Rights)，1866年的《民权法案》(Civil Rights Act) 和宪法第14条补充条款，1964/1965年的《民法》(Civil Rights) 和《选举法》(Voting Rights Acts)，20世纪60年代和70年代最高法院关于对明确的歧视的判决和类似的决定以及行政文件，都是在为实现人人拥有公民权利的永无止境的道路上的里程碑。

因此仍然要坚决强调，正如已经提到过的那样，如果涉及把这类应得权利扩大到社会的领域，美国人是踌躇迟疑的。无疑，美国也发展了福利国家的一些方法思路。罗斯福总统的"**新政**"（New Deal）也好，约翰逊总统的"**伟大社会**"（Great Society）方案也好，都与社会权利有关。对于很多人来说，有普及的老年养老金保险、医疗保险，有儿童补助金，以及其他好些比形式上的应得权利还要多的福利。然而，如果人们更仔细地考察一下美国对社会政策的态度，那么，人们很快就会惊讶地发现，美国人并不喜欢社会的应得权利的思想；且这种思想仍然被利用，目的是说明福利的接受者对共同体的依赖，并且加以诋毁。大多数人宁愿把社会政策理解为分发一些慈善的捐赠，或者理解为提供某种必要的帮助，使接受者能自救，甚至是使之完全自己负责任。这背后存在着这样的设想，即能够达到自己负责和独立自主，而不必诉诸社会的应得权利。结论是，人本来并没有要求社会提供服务的应得权利，而是进入一种契约关系，而且这种契约关系与其说类似于一种社会契约，不如说更像一种私人的契约。他们所以得到救助，是基于一种假定：他们准备作出自己的贡献，就其核心来说，就是准备要自己照顾自己。

因此，在美国，公民权利在一种狭义上与经济生活、社会生活和政治生活的入场券有关，与进入以后才发生的事情无涉。在里面发生的一切，仍然留给所有人反对所有人的伟大的斗争去解决，留给经常引用的**老鼠赛跑**（rat race）即激烈的竞争去定夺，这样一种态度促使社会达尔文主义在美国不仅在哲学上曾经起过巨大的作用，而且现在在那里仍然起着巨大的作用。在这里，美国例子的另外的一方面也发挥着作用，即开放的边界。对公民身份地位作限制性的理解之所以还能行得通，是因为存在着个人发迹升迁的种种机会。美国的社会流动性从来未能像美国梦所反映的那样十分广泛地传播着，虽然这种梦想对于人们的举止和态度有过影响。不过在美国，地理的流动性并非神话；人们虽然并不是蹬上自行车（不像撒切尔夫人的亲信圈子里一位英国大臣所推荐的那样），而是驾驶着汽车，带着全部家当，从底特律到休斯敦，再到圣迭戈。

诚然，他们不能再向西行走，再走就得掉进大海里。当然，他们也能够走回头路；在东部和北部，重新振兴似乎正在死亡的城市和地区，这类轰动的事例不胜枚举。然而，首先是开放的边界还有另外一个名称，这个名称使得世界的其他地方更加了解它，这就是"经济增长"。只要有可能生产更多的供给品，也就有——在公民权利的入场券和缺乏正式的应得权利限制的基础上——机会，让个人挣更多的钱，实现他们的生活愿望。美国有一种特有的基本公民权利和似乎是不受限制的供给之间的平衡。这种平衡曾经是美国政治民主的秘密，而不是流动性本身，更不用说是普遍的富裕，或者是经济发展的某一个特定的阶段。

在某种方式上，这也适用于今天。不过，美国并没有在 20 世纪 70 年代的风暴中做到丝毫无损，安然无恙；倘若我们的分析涉及最近的时代，则美国强者的薄弱之处也就变得明显可见。但是，首先我们想横渡大西洋，在那里我们会遇到全然不同的环境和条件。英国正是早期美国人从那里学到经验——即使并非总是接受其理论——的国家，它在某些方面同美国形成鲜明的对照。英国的基本特点是发生没有经济成果的政治冲突。在美国，有很长时间政治对于人们争取更多的生存机会并不特别重要，而在英国，则有一种明显的倾向，人们更乐于把经济的向前发展置之脑后，而投身于罢工、竞选和公众辩论的混战中。因此，英国为一切取决于政治的国家提供了一个楷模，虽然人们并不总是准确知道，到底政治是被视为一出伟大的戏剧，一个舞台，在那里上演着社会的对立和民族的希望，还是被看做一种给予生存机会的有效的方法。

要说明英国的宪法可不容易。尤其是在 20 世纪，作者们在强调一种"趋于社团主义倾向"的现实和强调旧的"朋友—敌人—政治"的表象之间来回拉锯。因此，用比较的角度看，在英国，革新和领导的重要性尤其引人注目。有时，英国人对于激进的政治领导感到特别的满足，因此，他们构建了一种制度，让它允许这类领袖能够去掌权，并且让他们充分地发挥他们的特质。选举法就是这种制度的一部分；它使只得到略多于 40% 选票的伟大的议会多数成为可能。① 行政当局的权力同议会的权力并未分开；首相拥有在议会里的几乎是自然而然的多数，尤其是手中握有最后解散议会和规定重新选举的重要的权力。议会政治辩论时，"朋友—敌人"风格具有象征意义，这可以从下议院的席位安排看出，政府和反对派对坐。这一切导致引人注目的、我称之为"民主的补给"即利益的纳入的扭曲。选民只能通过基本上是两党的现有渠道来表明他们的观点，而这两个党在所有重要的问题上都持针锋相对的立场。这种制度使得他们不能有一个大多数人想要的政府，亦即一个温和的中间派联合政府。同时，它也限制着最低限度的民主即监督的另一面，虽然在历史的长河里，选举总是不断实现政权的更迭。然而，这个制度的革新力量仍然是很明显的。此外，很久以来，英国的官僚体制——**文官制度**（civil service）——是一个服务型的而不是统治型的行政的样板。例如，它的成员们必须在选举之前就准备可供选择的法律草案，因此，获胜的一方可以直接去实现它的纲领。

与这个分析息息相关的第一个重要的评论是：在国家的经济状况比较差或者有时很糟糕的时候，英国宪法表现出了令人惊叹的抵抗力。即使在国内人们的"生活从未比现在更好"（正如 1958 年麦克米伦首相跟他们讲的那样）的时代，世界其他地方、包括邻近的

---

① 自从 1945 年（包括 1945 年）以来，没有任何一届英国政府获得过 50% 的选票；1983—1987 年，撒切尔夫人的"山崩地陷"也是建立在 43% 之上。在大多数民主国家里，这样的数字就意味着失败。因此，在英国的重要问题是合法性问题：为什么选民们接受富有革新精神的少数派的统治并认为它是合法的呢？

欧洲大陆国家的竞争对手们的日子都要比英国好过得多。19世纪90年代，英国在人均收入的分级排行榜上处于明显领先地位；80年以后，德国人的收入增加了34倍，法国人的收入增加了17倍，然而，英国人的收入却仅仅增加了8倍；英国从排行榜上的无可争议的世界经济甲级队领先地位，跌落为世界经济甲级队中的待降级队。然而，即使在两次世界大战之间这段时间里，议会民主的机构都未曾受到严重的威胁。战后的失业、总罢工、经济危机、黑衫队和共产党人上街示威游行、民族联合政府和随之而来的工党的分裂，这些都在相当程度上考验了英国的民主政治，但来自德国的以及在极权统治或占领下的其他国家的很多移民，没有任何一个人对这个国家的不成文的宪法的可靠性和坚定性有过哪怕丝毫的忧虑。战后，英国几乎贻误了普遍的经济奇迹，但是，它的政治机构的成就达到了新的巅峰，进行了一些重要的改革，经历了一些相对平安无事的阶段，在威斯敏斯特表演了一出几乎完美的两党游戏。

很多民主政治的理论家可能认为，把政治稳定与经济（相对）失败进行这样一种对照是不可能的，无法进行解释。从中得出的可能的结论是：要么民主政治的流行的理论是错误的，要么英国的秘密在于没有民主政治。然而，即使对发育软弱的最低限度的民主持各种批判态度，第二个结论也是不恰当的。于是，就剩下理论的问题。也许它忽视了重要的文化特征？要么它甚至在其关于经济与政治的关系的基本设想方面就错了？

无论如何，表面看来，"朋友—敌人"政治的威斯敏斯特体制仿佛几乎完美无缺地适合于玩零和对策。各个政治党派在竞选斗争中都企图用诺言来压倒对方，这种观念是从熊彼特到阿罗（Arrow）以及其他一些人的"民主政治的经济理论"的基础，但是，倘若它们不再能够兑现诺言，同时又千方百计地激励经济的增长，就会陷入困境；无论如何，不能用这种观念来描写19世纪晚期至20世纪70年代之间的英国政治。当然，在此期间发生了深刻的变化。我们已经看见过，两次世界大战如何带来一系列应得权利的变化。T. H. 马歇尔的关于扩大公民权利的著作终究是建立在英国的经验之上的。其中隐藏着普遍的学说吗？英国的政治长期是一种应得权利的政治，而不是供给的政治。它的主题是公民资格和特权，而不是经济增长。但是，这类题材往往要求的是零和对策，其中一方的所得必定是另一方的所失，如果增长的政策不能带来正和（positive summen）结果，它就会陷入极大的困难。

英国政治的这些特征并非程序规则的结果，而是具有更为深刻的根源。它们反映着英国社会的一种其核心是静态的社会经济的形态。社会形态往往被描写为一种阶级体系，不过，如果阶级能解释政治冲突的社会的动力，那么在英国情况则有所不同。在英国，很多人已经对他们的"阶级"逆来顺受，仿佛它们是前工业时代的等级，甚至是特权种姓。他们虽然抱怨他们的处境，却为他们的"阶级"而骄傲自豪，这尤其适用于带着很有特色的固有文化的工人阶级。人们可以把英国的阶级历史描写为一种捍卫和要求得到应得权利的历史，经济的成就从来未被看做对这种历史的一种适当的补偿。在20世纪60年代，大卫·洛克伍德（David Lockwood）和约翰·戈尔德索普（John Goldthorpe）描写"富裕的工人"地位有所改善，却依旧不变地具有"阶级觉悟"。同时，很多人描写了一种"权势集团"（Establishment），尽管其在经济上的成就很一般，却能保持住它享有特权的社会和政治地位。①

这种静态的、几乎是等级性的结构，也许是维多利亚时代后半期不寻常地改变社会和经济事物的结果。人们也许可以用马丁·威纳尔（Martin Wiener）的话，把它描绘为"工业精神的没落"②。无论如何，这个现代的借工业革命发端的国家，经过两三代人之后，对这场革命感到厌恶了。革命推动了一种巨大的革新，伴随而来的是社会的变革。然而很多人随后误入一种生活形式，这种生活形式与其说与20世纪，不如说与18世纪有共通之处。新发财的企业家的儿子们变成新的贵族，他们在乡下拥有地产农庄，拥有

---

① 参见约翰·戈尔德索普、大卫·洛克伍德、弗朗克·比奇霍非（Frank Bechhofer）和耶尼弗·普拉特（Jennifer Platt）：《富裕的工人——政治态度和行为》（Cambridge University出版社，剑桥，1968年），尤其见第73页。关于"机构"的描写，请参见安东尼·桑普森（Antony Sampson）：《英国剖析》（Hodder and Stoughton出版社，伦敦，1962年）。

② 马丁·J.威纳尔：《1850—1980年之间英国的文化和工业精神的没落》（Cambridge University出版社，剑桥，1981年）。

消遣的猎场及其一切附属的其他设施；贫民习艺所或济贫院以及从前的工厂里不幸的居住者的儿子们成为住排房的工人阶级。两者都有他们的俱乐部、他们的娱乐和他们的骄傲，而两者当中没有任何一个对经济进步的无限的可能性感到渴望。一个强大的保守党需要的不仅仅是企业家的儿子们，它需要更多；也有一些中间的群体，他们当中有些谋求上进，谋求飞黄腾达，另一些则不求上进，对他们所拥有的东西感到满足，安于现状。然而就整体而言，两党制作为游戏，作为一种把社会分裂为上下两个阶层的戏剧演出，加上以改变应得权利作为主题，是现存状况的完美的表现。

对于这里讲述英国历史所用动词的过去时态作个简短的说明是必要的。英国的政治游戏及其社会基础，从未像我描写的那样稳定。最近的几十年里，两者都表现得特别脆弱，一触即碎。在很短的时间内就发生了若干变化。越来越多的人开始把他们的状况同其他人的状况作比较，"一个世界范围的信息交流体系"使他们获得有关其他人的状况的信息。外来移民中的少数派群体给城市生活带来一种新的因素，改变了工人阶级的地位和自觉意识。"让经济衰弱的政治"最终提出了一些是否能够由政府来治理的问题。属于新的中产阶级的年轻的群体（不仅仅总是**雅皮士**即正在崛起的受过大学教育的城里人）要求砸碎虚伪的传统枷锁。两位保守党的首相着手处理过这项任务。第一位是爱德华·希思（Edward Heath），英国传统很快就使他丧失勇气，来了一个臭名昭著的 180 度大转弯；而玛格丽特·撒切尔在被工党政府中断 5 年之后，步希思之后尘进入唐宁街，尽管她在经济成就的祭坛上牺牲了英国的社会和政治文明，丝毫没有感到良心有愧。在她的主持下，公众的兴趣从应得权利转移到这样的观点：认为不断增长的供给将会解决一切问题，国家分裂为成就卓著者和毫无成就者两种人。

这类观察已经把我们带过了 20 世纪 70 年代的巨大的分水岭，而我们对在它之前的地带还没有给予正确的勘查。近代历史上的一个相当长的阶段，英国和美国的混合宪法虽然根本不同，但是两者都卓有成效。在美国是公民权利和经济增长相结合，在英国是革新的政治和疲软的经济相结合，都证明是稳定的和可以接受的。一个并未给政治的进程留下多少回旋的空间，另一个则让它有广阔的驰骋余地；一个特别现代，以个人的流动性为前提并且有利于个人的流动性，另一个在某些方面是半现代的。不过，两者都既认识到公民权利的原则，也认识到演变的必要性。这两种混合宪法都发挥了作用，德国的混合宪法却并未发挥作用。在这里毋宁说，历史的阶层的特殊结合导致出现断层，断层导致一系列社会政策上的地震，这些地震起初震撼了欧洲，随后震撼了世界。战后的德意志联邦共和国是第一个似乎拥有稳定和民主的宪法条件的德意志国家。

即使今天的德国也没有能够完全摆脱官僚体制，未能完全摆脱那种旨在克服现代政治问题的尝试失败的种种后果。在德国，长期缺少我称之为最低限度的民主的东西。当时，既不存在通过当选的政治家进行监督的机制，也不存在有规则地吸纳很多人的意见和利益的机制。因此，人们必然要寻求其他的表达的可能性，而这些表达可能性起初是议会之外的表达可能性，随即很快就变为反议会的，宪法一再变为辩论的主题，而不是作为不言而喻的行为基础。同时，领导往往证明自己没有能力实现考虑之中的变革。统治职位上的代表主要关心的似乎往往在于让人们承认自己是在行的专家，承认他们做起事来犹如主管的官员那样得心应手、驾轻就熟。这一切导致出现政府机器运转越来越慢的灾难性倾向，直至最后通过戏剧性的变化和通过有特殊才能的领袖，把政府机器重新启动起来。自由的宪法应该使得人们不经过革命就可能实现演变，而德国要利用它困难重重，难以驾驭。

人们经常讲述这种失败的历史，倘若不是其他的国家时至今日仍走在一条类似的歧途上，重复这段历史，我是会犹豫不决的。从德国的经验中，人们可以得出一些教训吗？用简单的公式概括之，就是没有公民的应得权利仅有经济增长的后果。早在1915年，托尔施太因·维布伦（Thorstein Veblen）在他的《**德意志帝国与工业革命**》一书中，已经描写了这种进退维谷的窘困局面[①]。这本书

---

① 参见托尔施太因·维布伦：《德意志帝国与工业革命》（1915年；新版，Viking 出版社，纽约，1939年）。引用的语录见第249页等。

与其说依靠信息，不如说依赖直觉，他的观察的资料来源并未降低这种看法的价值。

按照维布伦的观点，德国把一种"几乎始终是中世纪的制度秩序"，并且不管怎样把一个"王朝组织的国家"及其所属的各种价值，同一种十分迅速的、至少在其技术的基础方面从其他国家接受的工业化结合起来。因此，"工业的技艺""与制度秩序根本不相容，但是，非常富有生产创造性，所以，它们实现了一种巨大的、可支配的过剩，可供王朝的国家使用"。在德国，统治阶级企图凭借着仍然是封建的条件，把工业化作为它的事业。倘若是一个工业的阶级接受某些准封建的价值，并且依照自己的形象对它加以改造，结果将迥然而异。德国提供了第一个自上而下的工业化的重要范例，如果愿意，可以说它是专制的工业化的重要范例。工业化的推动力量既不是建立在公民权利基础上的自由的劳动契约，也不是在市场上发挥作用的、有革新精神的企业家，而是封建领主——臭名昭著的家族领主——及其臣仆的顺从。

从最后的几位沙皇到当代的拉丁美洲的独裁者以及亚洲的"工业将军"，很多人曾经企图模仿德国这种通过现代的经济增长的进程，保留旧的统治阶级及其价值的模式。在欧洲和拉丁美洲，大多数人都失败了；亚洲的经验复杂一些，虽然它也提出了同一个问题。即使在成功地使经济运转起来的地方，一般为此也付出了政治状况不稳定的代价。

前面一章谈到了俾斯麦的冒险企图，即他想用福利的供给来取代公民权利。这种图谋失败了。公民身份地位证明自己是更为强大的力量；阶级斗争并未长期被福利的宗法制度所抑制。1918年，在经历一次创伤累累的战争之后，德国似乎准备进入现代的世界。这时发生了两件事。首先，经济状态的不稳定导致很多人失去社会的根基。有些人将其归咎于战争，另一些人则怪罪战争赔款；无论如何，在克服1923年的恶性通货膨胀之后到后来的经济大危机，间隔的时间很短。只要人们把这些创伤累累的事态发展与民主政治的初步经验联系起来，他们就难以得出积极的结论。另一方面，很多人很快就明白，1918/1919年的事件远远不是一次革命。曼柯尔·奥尔森曾经断言，19世纪70年代至20世纪30年代德国重要的结构几乎是完全持续不断的，哪怕人们必然会对他的论断提出怀疑，但德国的持续性足以让很多人怀疑民主政治的好处。①

令人恐惧的论点是，为了让德国实现现代精神的革命，希特勒的国家社会主义是必要的。我的这个论点（见拙作《德国的社会与民主》）经常受到批评，然而我将仍然坚持其核心，即等级的和教会的归属性、没有公民参与的专制制度的善意、不流动性和传统主义等的现代之前的残余，被一个政府制度野蛮地破坏了，这个制度为了保持其极权的权力，需要全面的总动员。这个打破和放弃传统的巨大进程的影响不能被立即看出来；事后，几乎不可理解历史的这段恐怖的插曲为什么如此短暂。然而，这段插曲意味着，1945年之后，至少在消极的意义上没有传统主义的障碍，德国第一次拥有了民主政治的真正机会。此后很快就有了两个德国，而且由于不是它们自己选择的原因，这两个德国在长达40年之久的时间内，走着两条政治制度十分不同的道路，这个事实提醒人们，要记住在世界政治格局中社会分析的局限性。另外40年分裂的结束为我们提供了一个证明现代社会里自由宪法的力量的契机。

在有关民主的教科书里，并没有规定以英国为榜样，联系到德国的情况，在有关资本主义的教科书里，同样没有规定以德国为样板。1913年之前和1948年之后德国的经济奇迹，对于资本主义的增长来说，也许本来就不是榜样。在这两种情况下②，尤其是在第一次世界大战之前，增长的载体是强大的官僚体制化了的组织，如银行——从一开始就是大企业——和国家。引人注目的是缺少企业

---

① 在一篇题为《关于魏玛共和国和今天发达民主国家的可能的类似现象的若干问题》（见《个人自由与民主决策》，出版人：彼得·科斯洛斯基，Mohr/Siebeck出版社，蒂宾根，1987年）的论文里，奥尔森论证说，认为魏玛共和国的崩溃可用他的卡特尔化论点解释。为了坚持这个论点，他不得不放弃对1918/1919年革命作解释，他指出文化和机构的持续性，试图对这次革命避而不谈。在他的文章里，奥尔森提到我对他的命题的怀疑。

② 指1913年之前和1948年之后德国的两次经济奇迹。——译者注

家和政治家,如果撇开俾斯麦和阿登纳不讲的话。同样,也缺少民主的后援。长达数十年之久,德国的统治者们一直犹豫不决,不太想给人民提供一个现代的公民社会所要求的应得权利。法治国家的一种官僚形式被普鲁士的传统所接受,然而,这种形式既不结合公民的参与,也不结合议会的监督。因此,这个国家在专制制度和官僚体制的僵化之间摇来晃去,忽东忽西。为了让自由的宪法诞生,一剂阶级斗争的猛药也许不会造成什么危害,但是,它对于这类不虔诚的愿望早就为时晚矣。即使在今天,马克斯·韦伯提出的关于顺从依附的外壳的风险,在德国也比其他地方都大一些,尽管由希特勒所留下的一片焦土使得在德国的土地上建立一个公民的和富裕的社会成为可能。

德国通往自由的道路在英国的和美国的更为可接受的道路之外增加了一种令人痛苦的变化形式;曾经还有过其他的变化形式。两个世纪以来,法国一直处于在强烈要求更多的民主和一种旧的、对专制制度的偏好之间的来回拉锯战之中。这虽然没有促进一种持续的发展过程,但是让这个国家,至少在1789年之后,多次与革命的暴发擦肩而过,同时又避免了最糟糕地滥用现代的权力。瑞士曾经以隐秘的方式,在传统和稳定的表面下发生了演变。很难指名道姓地说出推动事物前进的瑞士的领袖,站在他们背后发挥作用的社会的力量,人们也需要费上九牛二虎之力才能发现,然而瑞士发生了决定性的变化。也许,整个政治阶级以它自己选择的无名形式推动进步,而人民通过其在表决中的态度体现了保留传统的惰性。

而这些历史的道德呢?对于现代政治的问题的抽象和一般的答案,并不因为这种道德而改变。自由的、开放的公团需要三件东西:政治的民主、市场经济和公民社会。自由的这三大支柱之间的关系是错综复杂的,而且往往是不能加以组织的。也许人们可能会说,公民社会是自由的最可靠的支柱,民主则是自由的最明显可见的表示。不过,民主仍然是一个闪闪发光的概念。人们可能会理解,有些人宁愿谈"自由的宪法",即使他们并不完全接受弗里德利希·冯·哈耶克的定义①。我们的讨论产生了为阐明这种宪法所必需的东西。必须有一些规则，争端中的群体和不同的利益可以依此进行辩论（法治国家，宪法）；必须有一些方法，才能把被统治者的偏好包括其更深刻的需要变为对执政者的有效的监督（"最低限度的民主"）；而且必须有一些中心，但是也包括一些创议的载体，它们准备探索一些新的解决办法（领导）。对于自由的宪法来说，再也没有什么东西比教条更具有危害性了，教条可能通过任意专断的权力而产生，但是，也能由于官僚体制的故步自封、停滞呆钝而形成。

不过，在我们把这些范例纳入探讨之前，这已经很清楚。这些例子说明了一些不同的但并非不重要的东西。如何去完成必要的事情，这完全取决于特殊的条件和传统。不存在理想的通往自由宪法的康庄大道。不管在机构的结构上也好，还是在政治文化上也好，不同的国家找到了通往自由的不同道路；反之，有些例子表明最好的制度仿佛永远达不到它们的书面形式要求。法治国家和国家宪法可以通过程序或者通过内容加以界定；最低限度的民主可以直接实现，或者采用代议制实现；首创精神和领导可以从政治党派或者握有大权的总统那里产生。宪法实际必须总是适应某些特定的社会的历史、文化和其他独特的条件。因此，它们很难从一个国家生搬硬套到另一个国家。在这里，并不存在为种种违反自由的基本规则的行为辩解的托词；与此相反，它意味着，某些特定规则形式上的存在不能向我们说明多少关于执行规则的现实。现实存在的自由总是有些不规则。因此，观察这些例子为现代的政治得出的结论是：要推崇混合的宪法。也许应该更准确地说：要推崇混合得好的宪法。

---

① 参见弗里德利希·奥古斯特·冯·哈耶克：《自由宪章》（Chicago University出版社，芝加哥，1960年）。哈耶克没有给概念下一个形式的定义，但是，他谈到"一种自由的宪法，一种保护个人不受任何随意专断强制的宪法"（见第182页）。我喜欢他利用"宪法"这个词来表示一些法律和正式的规定赖以为基础的原则，但认为他对自由的界说是限制性的。吉奥凡尼·萨托利（Giovanni Sartori）在其著作《重审民主理论》（Chatham House Publishers出版社，查塔姆/纽约，1987年）一书中认为，对于同样的这种事实关联，完全可坚持用"民主"一词。我有时会把它作为自由的宪法的同义词使用，但是，我更愿意用这个概念。

第四章

极权主义的诱惑

第一节 一种幻想的破灭

　　1914年7月被证明是欧洲而且也许是世界现代史上命运攸关的一个月。1913年，经济数据表明发达国家取得了经济成就，直到1914年7月初，它们都处于经济持续高涨的顶峰。但公民权利并非处处保持同步进展，而要求兑现公民资格的呼声十分强烈，特权的卫道士们则到处开始让步。谁也不会怀疑阶级斗争的现实。各进步的自由党把它们的兴趣转向社会问题；各社会党的选民人数迅速增加。形势捉摸不定，变化正在酝酿之中。同时，那些大国——英国、法国、德国、奥匈帝国、俄罗斯——彼此相安无事。进步似乎是极为可能的，如果不是不可避免的话。

　　6月28日，奥地利的弗朗兹·斐迪南（Franz Ferdinand）大公在萨拉热窝成为一次暗杀的牺牲品。起初，只有少数人想到这个事件的可能的后果。在欧洲各国的首都，人们一致认为，奥地利有权就这个骇人听闻的事件,对塞尔维亚进行报复。人们怀着几分忧虑的心情等待维也纳的最后通牒,但是,法国总统仍然启程前往俄罗斯访问,仿佛还没有山雨欲来风满楼之势。有些人说在巴尔干可能会有一场局部战争。然而,对战争的谈论越来越频繁,就像人们唤醒了正在沉睡的狗,它们开始显得一天比一天更爱咬人。旧的同盟重新焕发活力,新的同盟正在试探之中。形势十分紧张。很快,军人觉醒了,当各国首都之间电报往来日益白热化之时,他们都已经过了各种动员阶段。突然之间,人人都在谈论战争,慷慨激昂,罕有地准备听天由命。在7月末,欧洲各国首都一致认为,战争已经不可避免。德国的皇帝在最后一分钟还试图阻止事件的进程,但他的将军们向他解释说,这已经无济于事了。**骰子已经掷出**。这是荒唐的,但是,将军们是官僚分子,官僚分子们不管事态如何,总是喜欢耸一耸肩了事,听任事态不断发展。此外,威廉皇帝恰恰又不是马克斯·韦伯理想中的那种政治家,因此德国宣战了。

在夏天的那些日子里,英国外交大臣爱德华·格雷(Edward Grey)一语惊天:"整个欧洲,光明正在熄灭;也许在我们有生之年,再也看不见它们重放光芒。"他的话在很多方面都是正确的。这里,还有前面的1914年7月,因为它的历史和它的后果的历史不能简单地说成现代社会冲突的一部分。有人企图把第一次世界大战解释为渴望利润的资本家的帝国主义的放肆无度,或者把后来的国家社会主义的得逞解释为保持政权和获利的绝望的、资本主义的阴谋,这种企图不得要领,忽略了现实的几乎所有方面。如果说经济变成政治的仆从,那是在第二次30年战争期间。这并不是说缺少社会冲突,也不是说阶级冲突,为争取公民权利和实现扩大生存机会的斗争变得无关紧要了。不过,它们的重要性是通过崎岖的道路才感觉到的。在那30年之末,也就是欧洲处于一片瓦砾之中,而广岛和长崎的数十万人的死亡开始了原子时代之时,进行井然有序的、民主的阶级斗争和实现经济奇迹的条件业已成熟。然而在此之前,显然必须以爆炸性的和暴力的方式,铲除在实现现代精神、扩大公民权利、拓展生存机会和自由的道路上的种种障碍。

在整个欧洲熄灭的光明之一就是革命的幻想。它并非立即就熄灭,而是继续闪烁至20世纪30年代,但是,它的亮度早已丧失了很多。有些人肯定宁愿说是"希望",而不愿说是"革命的幻想"。无疑,在1914年和随后年代的事件中,希望之星也已暗淡无光。因此在这里所涉及的是过分的奢望,是那种有害的渴望,期待在最近的将来能有一个完全不同的世界会崛起。希望是行为的一种不可放弃的动力。因此,如果它不应该是一种纯粹的梦想,那么,我们就必须把它与现实的社会力量和政治派别结合起来。我们需要一幅未来的画面和一种如何实现它的设想。与此相反,革命的幻想把对进步的不可阻挡的进军的信仰与乌托邦的海市蜃楼结合起来。它引诱人们脱离现实的世界,因而在实际上——如果不是有意的话——引导人们离开自由。

对于很多人来说,怀抱这种奢望的关键就在于"无产阶级"这个概念。马克思绝不是唯一的执着于这种信念的人——为这种信念著书立说的作者,不过,很多人以为找到了一条从现实径直通往乌托邦的道路,他对此是负有首要责任的。"这个曾经仿佛用法术创造了如此庞大的生产资料和交换手段的现代资产阶级社会,现在像一个魔法师一样不能再支配自己用法术呼唤出来的魔鬼了。"因此,资产阶级必须试图压制新的生产力才能生存,但是,要长久这样做,也是不能成功的。以这种方式产生的危机,或迟或早会转而对准它自身;因为"资产阶级不仅锻造了置自身于死地的武器;它还产生了将要运用这些武器的人——现代的工人,即无产者"。作为对日益神经质的资产阶级的回答,(按照马克思的说法)无产阶级将不断壮大,加强内部的团结和组织力量。正如在封建社会里的资产阶级那样,在资产阶级社会里的无产阶级也是"把未来掌握在自己手中的阶级"。但是与资产阶级不同,无产阶级不会建立一种新的少数人的统治。它将用资产阶级的生产关系去摧毁一切从前的生产关系及其所属的上层建筑。因此,如果无产阶级"通过革命使自己成为统治阶级,并以统治阶级的资格用暴力消灭旧的生产关系,那么它在消灭这种生产关系的同时,也就消灭了阶级对立的存在条件,消灭了阶级本身的存在条件,从而消灭它自己这个阶级的统治。代替那存在着阶级和阶级对立的资产阶级旧社会的,将是这样一个联合体,在那里,每个人的自由发展是一切人的自由发展的条件。"在《**共产党宣言**》里,在充满时代热情的诗篇里,在工人运动的各种歌曲中，在号召各国无产者联合起来的呼吁书中，都不断宣传这种思想，如此等等，不一而足。

无产阶级在议会的代表们并没有照此行动，而是投票赞成战争贷款，而且在阵线双方情况都如此。法国和德国的社会主义政党在1914年8月，无疑做了他们的选民所期待它们做的事。工人们并没有创造一个完全不同的世界，而是为现存的世界走上战场。这能让谁感到惊讶呢？这个地球上的穷人和被践踏者在什么时候按照他们的观念创造了那个世界呢？难道这不是知识分子的一种家长统治式的欺骗吗？知识分子把乌托邦的幻想强加给受苦受难的人们，而不是带给他们现实的利益。穷人们在寻求阳光下的一席之地，在这个太阳之下，在今天的太阳之下，而不是一个未知的世界的人造光源之下的一席之地。告诉他们自己的手中掌握着未来的人，既没有给他们面包，也没有给他们片瓦之屋。因此，他们的梦想开始于他们在现实中所看到的东西，这是十分自然的。毫无疑问，产业工人阶级及其政治组织是一支变革的力量，然而，这种变革意味着弘扬一项已经是现实的原则，即公民权利原则。

诚然，对于某些人来说，这是一些令人惊讶的经验。很多知识分子沉溺于革命的幻想。在第二次30年战争期间，知识分子起过重要的作用，因此，人们在谈论这段历史时也经常谈到他们。工人运动的某些领袖或者本身是知识分子，或者对伟大的幻想着了魔，入了迷。统治力量的畏惧反映了他们的奢望。因此在1914年和20世纪30年代之间，即在各社会主义政党开始投票赞成进行民族之间的战争和斯大林在俄国的崛起以及后来希特勒在德国的崛起之间的某段时间里，无产阶级作为使得人们对另一个世界怀抱希望的北斗星，几乎难寻踪影，完全消失了。

无产阶级的消失是有其原因的，这些原因值得加以探讨，因为它们会启迪人们了解重要的社会发展。首先，与其说这是一种发展，不如说是一个简单的事实。那些描绘和歌颂无产阶级的新世界的人，对于劳动者的实际态度显然所知甚少。与虚构的猜测相反，工人们与其说是胸襟宽大的，毋宁说是不宽容的；与其说是国际主义的，不如说是民族主义的；对待自由党人与其说是热爱自由的和开放的，不如说是批判的和寻求保护的。"从经验数据和理论考虑都容易得出结论，下层阶层是比较崇尚暴力的，他们认为极端的运动比温和的和民主的运动更有吸引力，如果他们参加极端的运动，不会因为缺乏内部民主而被吓跑，而受过较高的教育和能深入思考的人就会离开这些运动。"李普塞指出，"不宽容的和极端主义的运动更可能产生于下层阶级，而不是中层的和上层的阶级，这种逐渐得出的认识""为民主左派的知识分子制造了一个悲剧性的窘境，他们曾经相信，无产阶级必然是要求自由、种族平等和社会进步的一支力量"①，谁想反驳他的观点呢？

随着人们对工人阶级的真正的意见和态度变得失望，接踵而至的是人们对工人运动组织的幻想的更大程度的破灭。1911年，罗伯特·米歇尔斯的《现代民主制度中的政党社会学》首次出版，其核心论点已经不新鲜，但还是一直令人震惊。这个论点从根本上说是简单的，它告诉人们，社会主义的政党同其他党派和政治组织基本上没有区别。"谁若总是开口闭口'组织'，他准是具有一种寡头政治的倾向。"群众不能自己领导自己：他们组织政党和工会时，是被少数人领导着。代议制的代表们统治着他们的选民，被挑选出来的代表们统治着赋予他们席位的人。米歇尔斯探析了人的本质和社会的要求，来说明这样一种简单的观察：一个政党就是一个政党。他是否对一般意义上的社会或者对社会的真正特征的可以避免的弱点感到恼怒不安，这一直没有完全搞清楚。无论如何，他得出结论，认为工人运动已经变成了一般的、政治的进程的一部分。这就是社会民主主义的诞生。格奥尔格·卢卡奇（Georg Lukács）用玄奥的话语表达了它的意义，1922年，他对"现实政治组织的进程"表示遗憾，这个进程"把无产阶级逼退到它的直接的生存境地之中去，使它仅仅成为资本主义社会的组成部分，而并不同时是把

---

① 这段引文出自 S. M. 李普塞的《政治人——政治的社会基础》（增订版，John Hopkins University 出版社，巴尔的摩，1981年）的"工人阶级的威权主义"一章，见第97页。也许是为了保全他从前的朋友们的脸面，他在这篇论文里承认，从前的工人阶级可能具有其他不同的特征，但是，"1914年以来的事件逐渐地磨灭了这些特征"。必须允许对这种善意的假设提出怀疑。

资本主义推向没落和毁灭的发动机"①。

米歇尔斯对寡头政治的领袖和成员大众进行对比还有更深远的背景。这种对比暗示存在着一种新的时髦的做法，即把被颂扬的无产阶级描写为一个没有组织结构或者没有文化的群体。它仅仅是一群乌合之众。20世纪20年代据说也正是被孤立分化了的群众成为现代精神的人质的时候。古斯塔夫·勒庞（Gustave Le Bon）②的**《乌合之众：大众心理研究》**当时拥有很多读者；何塞·奥尔特加-加塞特（José Ortega y Gasset）③写作了**《大众的反叛》**。特奥多尔·盖格尔（Theodor Geiger）④在他的著作**《群众及其行动》**里曾试图为很多人辩护，他引用了作为革命希望的载体的无产阶级这个强有力的概念，但是，他后来发表的文章表明，他甚至连自己都说服不了。许多其他的人更倾向于接受维尔纳·桑巴特（Werner Sombart）的观点，把无产阶级描写为一种"毫无质的纯粹的量"。"全世界的无产者"，"在伦敦和在罗马，在莫斯科和在巴黎，在柏林和在维也纳，几乎都是同一种毫无色彩的和毫无个性的形象"⑤。

现实的社会发展对于剩下的无产阶级的信仰者没有什么帮助。在经济方面，两次世界大战之间这段时间，是一个马马虎虎、不好

---

① 米歇尔斯的这几段引文出自他的著作《现代民主制度中的政党社会学》，出版人威纳尔·孔策（第2版，斯图加特，A. Kroener 出版社，1957年），尤其请参见第25页和371页。后面这个论点是1903年 M. 奥斯特罗戈尔斯基（M. Ostrogorski）提出的，参见《政党组织的民主》（法文版），这里格奥尔格·卢卡奇是根据英文版《历史与阶级觉悟》（Merlin 出版社，伦敦，1971年）引用的，见第196页。

② 古斯塔夫·勒庞（1841—1931），法国社会心理学家，文中提到的《乌合之众：大众心理研究》写于1895年。——译者注

③ 何塞·奥尔特加-加塞特（1883—1955），西班牙哲学家，文中提到的《大众的反叛》发表于1930年。——译者注

④ 特奥多尔·盖格尔（1891—1952），德国社会学家。文中提到的《群众及其行动》发表于1926年。——译者注

⑤ 这种观点桑巴特（W. 桑巴特，1863—1941，德国国民经济学家、社会理论家——译者注）写于第一次世界大战之前，参见《无产阶级——形象与研究》（Rütten & Loeniny 出版社，美因河畔的法兰克福，1906年），第86页。

不坏的时期，然而实现了一定程度上的再分配。因此，一部分工人阶级的生活至少在表面上上升到中产阶级的生活。"资产阶级化"这个词四处流传。无论如何，这必然被看做是反驳了马克思的观点，马克思认为，随着时间的推移，无产阶级将会变为一个大的本质上无差别的阶级。工业的进步要求新的技能；区分熟练的、刚开始学习的和未学习的工人，不仅仅为保证技术而需履行的程序。

工业的进步和普遍的经济发展也导致私人和公共部门的职员这样一种"新的中产阶级"的巨大增长。早在第一次世界大战之前，人们就已经谈到这种现象，随后在20世纪20年代，很多社会分析学家都研究了这种现象。显而易见，迅速增长的新的中产阶级——以及独立的手工业者、小企业家和农场主这种"旧的中产阶级"的顽强生存——驳斥了这种假定：全人类中一个压倒一切的多数群体或早或迟都将会过着一种在很大程度上没有差别的无产阶级的生活。的确，工人阶级进一步增长；在若干发达的国家里，它占50％的人口甚至更多。但是，其他阶层的增长还要快一些，它们的社会地位绝不是泾渭分明的。

1926年埃米尔·列德勒（Emil Lederer）和雅各布·马尔沙克发表了他们很有影响的研究《新中产阶级》，把职员描写为"大资本家和无产阶级的缓冲地带"，认为新的服务阶级在工会里与传统的工人一起找到了他们的位置的看法是错误的。然而六年之后，特奥多尔·盖格尔第一个指出，事情并不这么简单。所谓的高领无产者在其经济地位上，很多方面与工人相同，但是，他们不仅穿着高领衬衫，而且一般也有他们自己的社会政治"情结"①。这种情结导致他们支持这样一个政党——它既反对资本的统治，也反对无产阶级的革命——纳粹党。

---

① 埃米尔·列德勒和雅各布·马尔沙克：《新的中产阶级》，载《社会经济学概论》，第9卷第1期，第121页（Mohr/Siebeck出版社，蒂宾根，1926年）。后来，大卫·洛克伍德以微妙的方式提出了类似的观点，参见《穿黑外套的工人》（Allen & Unwin出版社，伦敦，1958年）。特奥多尔·盖格尔则持针锋相对的观点，参见《德意志民族的社会阶层》（Enke出版社，斯图加特，1932年），尤其见第109页等。

第四章　极权主义的诱惑

　　仿佛是为了让事情变得更加复杂一些,现实存在的社会主义开始在它的原先的追随者的头脑里播下怀疑的种子。自从20世纪20年代以来,就存在两种社会主义。一种是作为执政党的社会民主主义。谁若还总是坚持他对即将来临的千年王国的信仰,那么,他就很难忽视,(德国)帝国总理赫尔曼·米勒(Hermann Mueller)和(英国)首相拉姆齐·麦克唐纳将不会带来千年王国。另一种社会主义即苏联的经验,它提出一些还要更严肃的问题。令人惊讶的是,有些人需要很长时间才能认识苏联政治制度的真正的本质,然而,早在20年代,当首批访问者带回他们的报道并且有些人在无产阶级专政、"过渡时期"之长和斯大林等方面提出一些问题时,幻想破灭的过程就开始了。自由国家的工人运动的分裂越来越烈,首先是共产党人毫不留情地攻击社会民主党人,这就引起了人们更深的怀疑。

　　对于所有那些睁着眼睛和脚踏实地的人来说,不难评估这类事态发展的意义。我曾经把这种意义解释为通过社会压力和战略性的政治改革,逐步把公民权利扩大到从前不享有特权的人身上。工人阶级绝非一群毫无组织结构的乌合之众。与此相反,它"从像沙漠中的散沙听任各种因素摆布的一大群无助的个人",变成"社会中强有力的、有自觉意识的、组织结构良好的一环"。同时,它不仅大大地改善了自己的生活地位,而且"在重大的方向上根本改变了资产阶级经济的性质"。把这写在他1945年之后发表的回顾性分析里的人,也许理应在我的战略性改革家的万神庙里有他一席之地。他就是卡尔·伦纳尔(Karl Renner)①,他是20世纪20年代身居领导地位的"奥地利马克思主义者",然而无疑,他一直睁着双眼,两脚踏着实地②。第二次世界大战之后,他成为再生的奥地利共和国的首任总统。

　　其他人一直难以舍弃革命的幻想。有些人使出浑身解数(一

---

　　① 卡尔·伦纳尔(1870—1950),奥地利国务活动家、社会民主党领袖。——译者注

　　② 参见卡尔·伦纳尔:《现代社会的演变》(Verlag Wiener Volksbuchhandlung 出版社,维也纳,1953年),第199页和221页。

小撮人今天仍然这样），竭力想拯救失去的理论。这些人从竭力否定一切现实的变化，到提出关于在发展中国家中存在着一个"被局外化的无产阶级"的思想，直至纯粹理想化的马克思主义，应有尽有。根据最后这个思想派别，无产阶级的概念根本不是描写真正的劳动的人们，而是抽象得多，即"全体劳动者"，劳动本身，甚至是社会关系的总和。这样一种对于现实的浓缩，意味着不把知识分子作为政治力量。因此，它并不十分令人感兴趣。

然而，如果低估无产阶级的消失在知识分子头脑里留下的真空，那就是错误的，而人们也不应该因为只有知识分子感觉到它而当作没有这回事，那些持批评态度的、我们未来的景象和我们的世界观念的卫士们所想的所说的，不仅仅是深奥的精神世界的一部分。这毫无疑问。随着现代知识分子的崛起，一种行话形成了，它的意义在于限制而不是扩大听众。在这里，语言成为归属性象征，而不是交际的媒介。因此，哪怕在此之后，知识分子也仍然是社会的演变的地震仪，而且有些时候，他们也是社会演变的酵素或者至少是催化剂。采用自由党人的方式解决现代政治的问题时，知识分子都占有重要的地位，因为他们把各种社会运动的利益变为决策者的语言，使决策能为公众所理解，而且尽管如此，又同领袖及官僚体制的人员和人民的利益保持某种距离，这种距离对于他们的公开性和社会的开放具有重大的意义。

诚然，只有当他们确实保持着这种距离时，这才适用。第二次30年战争的历史恰恰既是知识分子的背叛的一段历史，也是非自由党人的政策的一段历史。革命的幻想本身就是知识分子背叛的一种形式。过高的希望和乌托邦，正好为意识形态和暴政摇旗呐喊，鸣锣开道。有些人想用其他的历史力量来填补由正在消失的无产阶级留下的真空，这些尝试在某种程度上仍然是无害的、善意的。我们早已习以为常，总是一再有作者唤起新的群体的革命，不管那是经理们也好，科学家们也好，还是雅皮士们也好。在知识分子的世界观中，知识分子自身越来越起着一种关键的作用。卡尔·曼海姆

(Karl Mannheim)① 在 20 世纪 20 年代就以他的畅销书《**意识形态与乌托邦**》开创了这种风潮，他仅留下"自由飘浮的知识分子"作为希望的主体。他本人也许就是一个太过于"自由飘浮的"人物？最近发表的证明材料令人担心，曼海姆这位来自法兰克福的犹太社会学家，在他流亡伦敦之前，面对希特勒的制度，还有过短时期的犹豫。在奢望的精神预算里留下的空白，是一种很糟糕的诱惑。当罗伯特·米歇尔斯 1925 年再版他的著作时，他就已经与墨索里尼的法西斯运动狼狈为伍了。倘若群众不能进行统治，那么，我们至少想让极权的政权统治……这种夸张依然存在，即使是由无产阶级的幻想转移到极权主义的现实上。

---

① 卡尔·曼海姆（1893—1947），奥地利社会学家。文中提到的《意识形态与乌托邦》发表于 1929 年。——译者注

第二节 极权主义

　　1914年至1945年之间，发生了一些脱离正常的分析范畴的事情。想用冷静的、实事求是的语调来描述这些事情的尝试，同罹难者和那些不能忘却他们的命运的人的苦难，构成几乎不可容忍的矛盾。难道这是命运吗？对于那些遭受了这种命运的人来说，情况似乎是这样，尤其是对于其中很多在无尽的沉默中踏上终途的人来说。然而，对于曾经杀害他们的人也一样。大屠杀是人为的事件，这同样适用于乌克兰的"苦难的收获"和古拉格①，更不用说历次战争本身，如第一次世界大战、第二次世界大战和其间的西班牙战争。在西班牙战争中，两种极权主义②相互碰撞，这一切差不多还是在人性的范围内进行的，也适用于很多存留的幻想破灭了的地方。

　　想解释极权主义并非易事。它是从传统的统治向理性的统治进步的画面中脱落下来的，是从专制主义向自由的宪法进步的画面中脱落下来的。哪怕仅仅是对它的特征加以描写，很多人都感到十分困难："一种意识形态，一种典型地由一个人领导的统一党，恐怖的警察，对交际的垄断和集中管理的经济。"③ 难道极权主义的确仅仅是一种诸多其他形式当中的"国体"甚或一种"合法化的方式"？想想希特勒的德国的国家社会主义和斯大林的苏联的共产主

---

　　① 这句话里的"大屠杀"特指希特勒的种族大灭绝，"苦难的收获"指1939年苏联对波兰军官的集体杀害，"古拉格"指苏联的劳改集中营。——译者注

　　② 这里指交战一方佛朗哥所代表的法西斯主义和另一方西班牙共产党和各国共产党派遣的国际志愿部队。——译者注

　　③ 这是很多人引用的卡尔·弗里德里克（Carl Friedrich）的定义，参见C. J. 弗里德里克和Z. K. 布热津斯基（Zbigniew K. Brezezinski）的《极权主义专政与专制》（2版，Harvard University出版社，剑桥，1965年）第21页。

义。两者充满矛盾,它们既是"血与土地",也是"全面总动员";既强调团结互助,也是残暴的政权;既是浪漫主义的反现代主义,也是一种激起恐惧的"现代精神"建筑,是在看不清面孔的行进纵队里发出的关于过去和未来的感伤歌曲。两者也有一些明显可辨的区别。例如,国家社会主义吸引了传统的右派,共产主义则吸引了传统的左派。然而,尽管两者有这种种的矛盾和差别,其通过动员进行全面控制的共同目标是显而易见的。专制的政府制度企图进行控制,但是允许广泛领域里的隐私和漠不关心;民主政治也进行动员,但是这样做是为了进行非集中控制。在极权主义的政府制度里,动员是集中控制的工具。

我的论点是,欧洲的极权主义是在两次世界大战之间这几十年的一种典型的现象。之所以如此,原因很明显。第一次世界大战不仅使列宁在俄国掌权,而且也导致了凡尔赛条约和魏玛共和国的不完善的民主政治。第二次世界大战产生于极权主义的当权派的征服的图谋。极权主义意识形态的根子可以追溯到18世纪或更早的时代,但是,这些意识形态到了两次世界大战之间的时代,在政治上才变得富有传染性。为什么恰好在这个时候和在这些地方发生这类事情,其理由并非那么显而易见。它使得某些人去形而上学地诉诸俄国人的精神和德国人的性格。我没有时间去这样天马行空地冥思苦想,我宁愿对在两次世界大战之间这段时间内欧洲的政治和社会做更加详细的观察。

这样做时,人们很快就会得到令人惊愕的发现。在一些研究极权主义政府制度的社会结构的作者们那里,一种思想占据了主导地位。按照这种思想,极权主义是通过毫无组织结构的"群众"社会取代更加古老的和更加紧凑的社会结构的结果。"极权主义",莱昂纳德·沙皮罗(Leonard Schapiro)写道,"是独裁的一种新的形式,它产生于第一次世界大战之后群众性民主的条件。"(我们已经见到,对于某些人来说,1918年以后,典型的无产阶级多么迅速地萎缩为一群纯粹的乌合之众。)汉娜·阿伦特(Hannah Arendt)接受了弗朗茨·诺伊曼(Franz Neumann)的主要观点,她不仅把极权主义追溯到"群众社会的毫无组织结构",而且也归咎于"一种分裂化的和个体化的群众的特殊的条件"。诺伊曼在他最后的

(未完稿的)论文里又回到这种理念上,并且由"个体的分裂化和孤立化"来描述极权主义。他认为,"个体的分裂化和孤立化在消极的意义上,意味着破坏或者至少削弱一切社会单位,社会单位是建立在生物学(家庭)、传统、宗教或者在劳动和业余时间里的协作之上的;在积极的意义上,意味着把巨大的、没有等级分化的群众性组织强加于人,这种群众性组织把个人孤立起来,使之较容易控制"。引人注目的是,若干作者就这个主题,赞同地援引了托克维尔的担心:随着一种新的"民主的专制主义"的风险出现,一种多数派的专横暴政可能就会崛起。①

这种分析与有关参与者的体验不谋而合。"我改变了信仰,因为在这方面我成熟了,并且生活在一个正在瓦解的、渴望信仰的社会里",阿瑟·凯斯特勒(Arthur Koestler)在试图解释他改信共产主义时说②。这是一个耳熟能详的题目。它与现代精神有些关系,与失去根系联结有些关系。实际上,一种反现代的特征,一种对现代精神的反叛,明白无误地存在于极权主义的诱惑之中。然而,我们切勿让这类措辞的表面可信性引入歧途。毫无组织结构的群众社会?在被引用的作者那里,这种说法指的是什么?20世纪20年代的欧洲吗?这显然有些对不上号。

当然,托克维尔描写了美国,那里从来未曾存在过封建的结构,而且个人主义的价值被写进了宪法。如果说20年代确实曾经有过一个群众社会,那么,这就是美国的社会。然而,美国虽然接受了T型福特汽车大批生产模式,接受了好莱坞的早期作品,但可能也决定了采取**斜眼窥视邻里**的态度,几十年之后,大卫·里斯曼把这种态度描绘为"目光朝外",但是,它既不是法西斯主义的,也不是共产主义的,而且任何时候都未受到诱惑想成为这两种主

---

① 参见莱昂纳德·沙皮罗:《极权主义》(Praeger出版社,纽约/伦敦,1972年),第118页;汉娜·阿伦特:《极权主义的根源》(Harcourt Brace出版社,纽约,1951年),第312页;弗朗茨·诺伊曼:《民主的和专制的国家》(Free出版社,格林科/伊利诺伊州,1957年),第245页。

② 参见里夏德·克罗斯曼(Richard Crossman)(出版人):《不是神的神》(Bantam Books出版社,纽约/伦敦,1965年),第13页;在这本书的其他作者的文章里,这种动机一再出现。

义。而在20世纪20年代，德国和俄国绝不是典型的现代的群众社会。魏玛共和国时代，德国处处都表现出从前的社会结构的痕迹，如易北河东部地区的庄园领主和工业卡特尔、有等级意识的官员和毫无疑问的对教会的忠诚。在苏联，20世纪20年代和30年代是自觉破坏残存的、现代化之前的（社会）结构的时代，然而，没有任何人能把1917年的俄国或1927年的苏联描写为单一孤立化个人的、现代的群众社会。极权主义不会诱惑这类群众（如果从根本上讲有这类群众存在的话），而是诱惑那些停留在新旧之间的半道上的人，那些人既丢失了旧东西，又找不到新东西，而且也许基于这个原因，掉进了要把这两种世界的最好部分结合在一起的虚假承诺的圈套中。极权主义的混合成分是不完善的现代精神、知识分子的背叛和一个领袖的蛊惑人心的花言巧语。

弗里茨·施特恩（Fritz Stern）在他的论文《国家社会主义作为诱惑》中，用几句话总结了纳粹的纲领，这几句话清楚地为这些混合成分勾勒了一幅图像："阶级斗争将会被消除；人民将会重新团结起来；一个大权在握的领袖将会治理第三帝国；国家的敌人将会被驱逐出境；对德国的苦难负有责任的犹太人将会被清洗出人民的共同体；将不再会有政治党派的存在；元首将作为强有力的独裁者体现人民的意志。"① 这些成分不是现代的社会冲突，而是共同体的许诺，加上一种僵化的认同，以缓解对自由的恐惧，一种特别明显的迫害狂，以免受尚存未泯的自我怀疑的困扰，当然，还包括元首。

之所以有诱惑，是因为人们在不确定的经济前景中，希望摆脱不完善的资产阶级社会的弊端。首先受到诱惑的是那些选民，他们在事物的旧模式中失去了自己的位置，却未能在新的秩序中找到另一个位置。在这个意义上，他们是一些居无定所的和失去根基的阶层。早期纳粹党的很多领袖出身于在社会方面（而且有时也在民族方面）无家可归的家庭。他们的追随者来自某些特定的下层群体，它们"从未为社会所整合"，后来也有一些小的独立职业者和小商

---

① 弗里茨·施特恩：《国家社会主义作为诱惑》，见《梦想与妄想——德国历史之戏剧性事件》（A. Knof出版社，纽约，1987年），第148页。

人，这些人都对有组织的资本以及有组织的工人深感不安，还有一些职员，他们在对他们的要求和他们的地位之间被拉来拉去，摇摆不定，还有那些"保守的和传统主义的分子"，他们想要保留一个没有现代政治的世界①。能够解释国家社会主义的崛起的既非公民，也非阶级，而是已弃旧又拒新这种混乱引起了失却方向的结果，他们的问题是：他们是一些没有家园的群体，而不是由个人组成的单一孤立化的群众。

对自由主义价值的背叛并不局限于知识分子。很多心智更为脆弱的人在领袖们的荫庇下飞黄腾达，领袖们让他们虐待得不到丝毫救助的牺牲者。极权主义的时代也是怯懦的时代。懦夫们鸣锣开道，摇旗呐喊，为领袖们去犯罪。他们理应受到鄙视，而盲目的积极分子和被诱惑上当的理想主义者却令人不寒而栗。因此，知识分子不仅仅背叛了某些特定的政党的价值，也背叛了公民社会，然而，没有公民社会，他们就无法生存。这是一种恐怖的景象，我们永远也不该忘却它。

至于德国的情况，人们首先想到的是 1933 年春天和夏天那几个月，当时少数人能从时代的激情中脱身，而很多人则陷入一种罕见的、耿耿于怀的对自由的怀疑。在若干人身上，这并不特别令人感到惊愕。恩斯特·荣格尔（Ernst Jünger）②歌颂了"总动员"，并且粉碎了"工人"的反无产阶级的理想；卡尔·施密特（Carl Schmitt）③把政治归结为朋友—敌人关系；汉斯·弗赖尔（Hans Freyer）④郑重其事地要求"右的革命"；马丁·海德格尔

---

① 这些措辞部分引自 S. M. 李普塞在他的著作《政治人——政治的社会基础》里关于《法西斯主义——右派、左派和中间派》的分析（见本书第 100 页注①）。然而，李普塞的关于"中间派的极端主义"的概念似乎是不幸的，因为这样一来，他就赋予一些群体一种社会地位，而按照他自己的分析，这些群体的特征恰恰是缺乏这种社会地位。

② 恩斯特·荣格尔（1895—1998），德国作家，作品有《总动员》（1931 年）、《工人》（1932 年）。——译者注

③ 卡尔·施密特（1888—1985），德国国家法学家，政治家。——译者注

④ 汉斯·弗赖尔（1887—1969），德国哲学家和社会学家。——译者注

(Martin Heidegger)① 1933年在大学校长会议上臭名昭著的讲话，颂扬了"教师和牧师"让位于"军人"的时代，也就是说，哲学家们把阵地交给纳粹冲锋队摆布。[甚至连身居国外的托马斯·曼（Thomas Mann）② 也有过短时期的谨慎好奇。]他们都不是纯粹意义上的纳粹分子，但是，他们同其他为数众多的人一起，成为纳粹的同路人。

斯大林式的共产主义的诱惑得到了更好的证明，落入诱惑圈套的人具有一种特别明显的倾向，即津津乐道地讲述和写下他们的历史。里夏德·克罗斯曼在他的著作**《不是神的神》**——这是一本凯斯特勒和吉德（Gide）、赖特（Wright）和西伦（Silone）、斯彭德（Spender）和费舍（Fisher）的忏悔录——的序言里，谈到了"绝望和孤独"是"改信共产主义的主要动机"，然后提出了令人惊讶的然而也许是十分中肯的论断："但是，不管人们采用什么名称，这种有关一种积极的斗争共同体和同志关系的思想包含了个人的牺牲和消灭一切阶级或种族的差别的思想，在所有西方的民主国家里，都具有一种咄咄逼人的力量。一般政治党派的吸引力是建立在它能为其成员提供的东西之上的，而共产主义的吸引力在于它什么也不提供，却要求得到一切，包括放弃精神的自由。"③ 人们不妨看一看受虐狂的要素，也就是这种诱惑中的自我毁灭因素，它把奢望与彻底的百依百顺结合在一起。

人们也许可以把两次世界大战之间的这段历史描写为一系列的"喀琅施塔得"叛乱事件的历史，这里采用路易斯·费舍（只是过于现实的）对那些事件的比喻，那些事件有助于受到诱惑的左派清醒过来。1921年喀琅施塔得大屠杀实际上并未触动很多之前改变信仰的人，因为他们那抽象的、几乎是美学的信仰包含着这样的信念，即认为不把所需要的鸡蛋打破，就不能做出大蛋卷。（即使在同共产主义决裂之后，斯特芬·斯彭德还写道："也许可以为暴力、集中营、科学和艺术的歪曲是非辩解，如果这些方法最终能建立无

---

① 马丁·海德格尔（1889—1976），德国哲学家。——译者注
② 托马斯·曼（1875—1955），德国作家。——译者注
③ 见里夏德·克罗斯曼：《不是神的神》，第5页。

阶级的社会的话。"①）直到最近，乌克兰的消灭富农和集体化的凶残办法才被全面记述。20世纪30年代的公判大会对好些人有过一些影响；然而，共产党人有意识地宣告取消反法西斯同盟，更加激烈地促使了幻想的破灭，在西班牙内战期间，他们向所有的参加者展示了这种同盟，违者往往有杀身之祸。1939年希特勒—斯大林的盟约起了推波助澜的作用，促使幻想进一步破灭。但是，有些人仍然顽固不化。显然，诱惑是无止境的。他们一直坚持到赫鲁晓夫对斯大林的挑战和否定，坚持到1956年的匈牙利革命，到1968年的布拉格之春，甚至，还有某些人，尽管为数极少，直至1989年，还成为**殉道士**载入20世纪的血腥历史。

其他的因素补充了在欧洲的极权主义史里不完善的现代精神的扭曲、领袖的引诱和知识分子的背叛。苏联和纳粹德国之间存在着重要的区别。然而在两者之间，也有一些并非无关紧要的共性。读者们不会忽略，弗朗茨·诺伊曼在谈及极权主义时，谈到了"对个人进行分裂化和孤立化"，把这两个词作为及物动词用。换言之，这是指极权主义干了什么，而不是为什么会有极权主义。作为过程的极权主义——汉娜·阿伦特可能会说是"权力上的极权主义"——把人分裂化和孤立化，而且必须这样做，才能保障它采取行动。极权主义并非一种单一化的社会的结果，而是创造着单一化的社会；因此，用托洛茨基的话讲，它是一种"不断革命"。在谈到这个问题时，汉娜·阿伦特的一个论断具有重大的意义，她说，"极权主义的统治者面临双重的任务，这种任务初看起来似乎是矛盾乃至荒谬的：他必须建立一个运动的虚构世界，作为日常生活的唾手可得的和发挥作用的现实，另一方面，他又必须阻止这个新的世界去发展一种新的稳定性，因为这个世界的法律和机构的任何稳定化必然会消灭运动自身，并且随之也会取消所有征服世界的计划"。

有必要结合希特勒和斯大林、后极权主义时代的苏联对这个论点进行思考。倘若汉娜·阿伦特的论断是正确的，那么它也意味着极权主义并非一种有生命力的国家形式；按其本质，

---

① 里夏德·克罗斯曼：《不是神的神》，第245页。

它不可能持久。实际上,它与弗朗茨·诺伊曼对国家社会主义这只巨兽的描绘很匹配,这种描绘初看起来是极为不可能的:"一种非国家,一种杂乱无章,一种无法无天、造反和无政府的状态。"①

因此,极权的初始状况是没有有意义的前后关系的特权和没有文化根基的公民权利之间的不可调和性,也就是说,是一个既不能向前走进公民社会,也不能后退到比较传统的模式的社会。极权主义的过程排解这种不可调和性,它残暴地破坏一切留存着的传统的或专制制度的结构。然而,它没有用任何持久的东西去取代它们。它实现了现代化的消极部分,但没有实现与之相对的积极部分。极权主义是纯粹的破坏。因此很容易诱使人们用心理病理学的概念对它进行分析。极权主义的领导人们按照他们的办法残杀很多其他民族的人民之后,就引导本国的人民进行集体自杀。不太形象地讲,不断的革命也是一种不间断的紧急状态,实际上,极权主义的统治与其说是革命,不如说是紧急状态。这样一种状态不能维持很长的时间。它或者导致墨守成规的形式,从而也导致那种"必然会取消运动本身"的稳定,或者导致灾难,这一般意味着战争。

因此,极权主义是对无组织进行组织的一种极端的可能性,是无政府状态的一种政府制度。人们必然会问,它是否以这种形式确实在某个地方存在过。在战争期间,纳粹德国也许相当接近一种极权的情势;然而,任何一种战时政府本身都必然会有极权的倾向,也会去干纳粹在战前的短短六年内所干的一切。在斯大林统治时,战争也帮助他巩固了恐怖统治,这种恐怖统治在形式上比纳粹统治更为完善,因为在莫斯科比在柏林更加难以预见,在黎明前的黑暗之中,不祥的叩门声会在谁家的门上响起。墨索里尼的极权主义从未超出言词的运用范围太远;佛朗哥的法西斯主义越来越变成专制制度特征和现代特征的混合体,从那时以

---

① 汉娜·阿伦特的语录出自本书第106页注释①中所引的《极权主义的根源》,第377页;参见弗朗茨·诺伊曼:《巨兽》(新版,Octagon Books出版社,纽约,1963年),见该书开头"关于巨兽的提示"。

来，在拉丁美洲和其他地方一再出现这种混合体。人们还会想到波尔布特（Pol Pot）、伊迪·阿明（Idi Amin）和一系列其他二战后的统治者，他们所干的事规模小一些，但是其恶果却几乎毫不逊色。

有些人曾经抗御住了极权主义的诱惑。能够这样做的大多数人为此付出了他们的生命。索尔仁尼琴（Solschenizyn）的**《古拉格群岛》**除了很多其他的感慨外，留下了他对其中那些人物活生生的感情，谁也回忆不起他们的姓名，然而他们的行为永远不该被忘却。索尔仁尼琴本人赞成重建一个较传统的俄国的思想，而不是主张建立一个现代的公民社会。这也同样地适用于德国抵抗的核心思想。1944年7月20日的起义，目的在于争取法治国家，而不是争取自由的宪法。少数人指出前进的道路，他们既不是极权制度的一部分，也没有屈从于这些制度的诱惑。也许他们必然是粗暴的个人主义者。汉娜·阿伦特就属于这种人，下一章里将会更详尽地谈到的雷蒙·阿隆也是。弗里德利希·冯·哈耶克1944年怀着知识分子的良知，写下了**《通往奴役之路》**。卡尔·波普尔在流放遥远的新西兰之时，完成了他的大作**《开放社会及其敌人》**，表达他对柏拉图、黑格尔和马克思以及一切不能容忍自由的人的愤怒。

波普尔传达的信息虽然很简单，但却是深奥的。我们生活在一个带有不确定性的世界里；我们尝试新的东西，也犯错误。谁也不能确切地知道，哪一条道路会引向前方，而那些自以为拥有这种知识的人也会犯错误。这种不确定性是难以忍受的。贯穿整个历史，对确定性的梦想一直伴随着带有不确定性的现实。伟大的哲学家们为这种梦想推波助澜。柏拉图描绘了由哲学王治理的国家的景象，在那里，知道真理的人有发言权。黑格尔及其之后的马克思要求代表历史讲话，他们认为，合理的东西要么已经是现实，要么在无产阶级革命之后会变为现实。但是，这些预言家是错的。他们不可能知道我们这些其他人不知道的东西。在现实的世界上，总是有不同的观点，因此就有冲突和演变。实际上，冲突和演变就是我们的自由，没有它们就不可能有自由。

阻止政治的变化并非灵丹妙药；它可能带来不幸。我们永远不能回到封闭社会的所谓纯洁无邪和美中去。我们的天堂之梦不可能在地上实现。一旦我们开始依仗我们的理智，一旦我们开始磨炼我们的批判的才能，一旦我们感到要呼吁大家负起个人的责任亦即呼吁大家负起促进知识进步的责任，就再也不能回到服从部落的巫术的状态中去。对于那些品尝过智慧树果实的味道的人，天堂的乐园就不在了。我们越是企图回到部落共同体的英雄的时代去，我们就越加肯定无疑地落在宗教法庭、秘密警察和浪漫化的歹徒的手中。倘若我们此时开始压制理智和真理，那么我们就不得不以粗暴和最猛烈地破坏一切人性的东西而告终。回到和谐的自然状态中去是不可能的。如果我们扭头向后转，我们就不得不走完整个路程——我们必然会变为野兽。

在这里，我们面临着一个问题，不管这对我们来说是多么困难，我们都必须明确地回答它。倘若我们梦想回到我们的童年，倘若我们被诱惑去信赖别人，并且因此而感到幸运，倘若我们面临肩扛十字架——人性的、理智的和责任的十字架——的任务而退缩，倘若我们失去勇气，并对十字架的重荷感到疲倦，那么，我们就必须尝试清楚地了解我们所面临的简单的决定来增强我们自身的意志。我们可能又将变为野兽。然而，如果我们依旧想做人，那么，只有一条路，亦即走向开放的社会。①

把皮肤、脂肪和肌肉都从社会契约的纯净的骨头上剥落下来的时代，同时也是提出一些根本问题的时代。有时，它们甚至会得到回答。

---

① 卡尔·波普尔：《开放社会及其敌人》（Francke 出版社，伯尔尼，1957 年），第 1 卷，第 267 页等。

第三节　各种专政和简单的尺度

希特勒死了，斯大林也死了。是否会再次发生同类事情，这个问题依然存在。极权主义可能两次肆虐同一个国家吗？如果这里所推荐的分析结果是对的，那么它就不可能这样。如果一个极权主义的政体走过它的破坏性道路，那么，它产生的条件也因此而一劳永逸地铲除了。① 这个分析也许不对。无论如何，它具有若干必须在此道明的含义。其中之一是：第二次世界大战之后德国已经不受极权主义危险的侵害。这是一句大话。另一个含义是：斯大林去世之后的苏联不再是极权主义的。那么，如何来描述后斯大林时期的苏联政体呢？第三个含义听起来几乎如同历史主义的假设一样，即历史是一种单行道：凡是现代精神得到了贯彻的地方，它就不会再被扳倒重来。这个假设能够站得住脚吗？在我们进入第二次30年战争之后的世界之前，必须清理一下概念的多样性和混乱：威权主义、极权主义、民主、官僚体制、专制制度。这是现代的社会冲突借以表现的一些政治形式。人们不必掌握关于它们的相互关系的理论，但是必须弄清楚这些概念。

1979年11月，珍妮·科克帕特里克（Jeane Kirkpatrick）发表了一篇文章，它不仅帮她阐明了美国大使在联合国的立场，而

---

① 赫伯特·施皮罗（Herbert Spiro）在他刊于《社会科学百科全书》的文章《极权主义》里持类似的观点，但是，他补充道："如果这些期望得到证实，那么《社会科学百科全书》的第3版将会和第1版一样，不再包含'极权主义'的条目。"在这方面，我倒宁愿追随莱昂纳德·沙皮罗（参见本书第106页注释①中所引的《极权主义》第124页）的看法："如果没有［极权主义］，我们将会变得更可怜贫乏，贫乏到无法回忆起在各民族的历史上，也许是在每一个民族的历史上，有着这样一些阶段，个别人的狂热主义、狂妄骄横、肆无忌惮、好胜虚荣、傲慢自负，能够把千百万的男人和女人推入到疯狂、苦难、恐惧和破坏的深渊之中。"

且为里根总统的新的行政当局提供了一个根据,让里根有理由背离他的前任卡特所推行的外交政策。① 文章题为《独裁制度和双重标准》,仿佛是在一场代理人战争中的一种先发制人的打击。它是对卡特的安全顾问齐比克涅夫·布热津斯基所代表的政治态度的直接攻击。珍妮·科克帕特里克出于她的目的,采取了一种话语尖锐的方式,提醒人们要注意布热津斯基对世界上占主导地位的政治倾向的分析(见他的著作**《两个时代之间》**)。布热津斯基认为(她这样说),现代化是一种不可逆转的进程。因此,它或早或迟必然会摧毁一切前现代化的、专制的政体。这个进程的直接结果往往是累赘的,它甚至可能是共产主义,但是,美国必须在历史的书页上找到它的位置,而不是徒劳无益地企图阻止历史的行进。本来也只有那些真正现代的社会最终才可能是民主的,而如果给它们以机会,它们中的大多数也会这样去实现。

这种模式是熟悉的。现代精神的道路总是从威权主义走向民主,虽然这当中有时也存在着极权主义的炼狱。珍妮·科克帕特里克不赞同这个分析。不管现代化可以做什么,还是不可以做什么,对她来说,世界是按照其他的标准划分的。民主国家极少极少。让人民熟悉和掌握一种民主制度的习惯和机构,"一般需要数十年,如果说不是数百年的话"。也许英国和美利坚合众国是绝无仅有的例子。其余的基本上是专制制度。其中又可以分为两种:传统的或者善意的专制和革命的或者恶意的专制。珍妮·科克帕特里克虽然强调这种区分,但对二者的弱点不抱什么幻想。"一般而言,传统的专制主义者容忍社会的不平等、残暴和贫困,而革命的专制制度本来就制造这些东西。"也就是说,依照她的看法,对于一般的人来说,传统生活的弊端更能容忍一些,因为它们是司空见惯的、熟悉的,而革命的专制制度在其建立的过程中,要破坏一切众所周知

---

① 参见珍妮·科克帕特里克:《独裁制度和双重标准》,载《评论》(1979年11月)。请记住:罗纳德·里根是1980年11月当选美国总统的。

的和习以为常的东西。①

　　珍妮·科克帕特里克的兴趣在外交政策上。根据她的精明的、尽管也是相当玩世不恭的分析，她的结论是再显然不过的。关于索莫查，也许也关于特鲁希略（Truiillo）②，据说罗斯福曾经有过评论："他是婊子养的，不过，至少是我们的婊子养的崽子。"科克帕特里克用学者的语言表达了这种观点："一些自己理解为我们的敌人的集团，也应该被作为敌人来对待"，反之亦然。关于她的文章的激烈的辩论，基本上围绕着这些结论进行③。这是可以理解的，因为它们读起来可以作为意识形态的理由，来为美国对拉丁美洲及其他地方的腐败家族和将军们的专制提供支持作辩护。它们容易诱使人们把地缘政治的利益凌驾于一切道义的考量之上。撇开道义问题不讲，科克帕特里克的结论也会导致某些实际的困难，正如自1986年以来在菲律宾很多地方发生的那样，**人民的权力**在大街上扫除了华盛顿的独裁、专制的朋友。

　　不过，对政治体制的基础分析是重要的，尽管人们拒绝它的外交政策的结论。无论如何，这里所暗含的而且有时是清晰阐明的模式是另外的样子。它保持"威权主义者"的概念（这里采纳珍妮·科克帕特里克的老师弗朗茨·诺伊曼的用语），把此概念用于一些有一个相对狭窄的、传统的阶层实施统治的政治体制，因为它历来

---

　　① 珍妮·科克帕特里克在她的文章里很轻松地谈到了极权主义，她机械地召至一个神（deus）[也许毋宁说，召至一个野兽（animal）]："在专制制度的这两种形式中，有时一个真正野蛮的统治者上台掌握权力，伊迪·阿明、杜克·杜瓦利埃老爹、约瑟夫·斯大林、波尔布特就是一些例子，但是，这两种形式中没有任何一种会经常地产生这类道德上的怪胎（而民主政治一般会阻止他们执政掌权）。"（参见第44页）难道魏玛共和国不是一种"民主制度"吗？而在整个画面中，希特勒又应该放到何处呢？

　　② 拉斐尔·莱昂尼达斯·特鲁希略·莫利纳（1891—1961），多米尼加共和国政治家，1930—1938年、1942—1952年任总统；其弟赫克多·宾文尼多（1908—?），1952—1960年任共和国总统。——译者注

　　③ 辩论在若干本书里和若干家杂志上进行。1985年《交易：社会科学和现代社会》杂志（第22卷，第3期，1985年3/4月）在"辩论：科克帕特里克和她的批判"的总标题下，发表了七篇论文。这些论文包括女作者本人的一篇，给人留下了有关这次辩论的题目和温度的良好印象。

如此。只要人们不再要求（政治的）参与，一些精英就会去关心他们的福利，不管是在美好的时代，还是艰难的时代，也不管是否有善意的统治者。这样一种威权主义在现代的世界难以保持下去。无疑，在对科克帕特里克论文的辩论中，人们也正确指出，没有理由为存在"不可逆转的"倾向的断言辩护①。在要求得到应得权利和要求实现经济增长的压力下，一个专制政体的解体可能持续很长时间，而且可能很不彻底。德国就是一个例子，日本也许是第二个例子。

拒绝不彻底的现代化可能导致极权主义，然而并非必然如此。也还有其他的形式，比如非民主的政府的一些其他的、较为稳定的、首先是较少凶残性的形式，对这种政府，很不容易作出一种深刻易记的一般的描述。在拉丁美洲和非洲、亚洲一些地方，我们发现一些政体同时是假专制的和准极权的。没有传统的自诩的精英们，虽然援引旧的价值，但是他们的所作所为，首先是忙于把新的财富塞到少数人的腰包之中。一项增加（经济的）供给的自觉的政策与同样是自觉地限制多数人的公民权利的行为结合在一起。这种中间形式可能比极权主义的政体稳定一些，但是，它不是稳定的。它总是摇摆于极权主义的封闭和民主的开放之间。布热津斯基提出的主意可能比科克帕特里克的主张好一些，他告诫不要上这类政体的当，如果它们讨好美国的话，也是因为在它们当中，毫无思想的企业家可能会损失很多金钱，而毫无思想的政府又会丧失很多善意。

至少在理论上，现代特有的统治形式会令人感兴趣一些。让我们从它们的风险开始吧。纵然有些国家已经跨越了托克维尔的现代精神的门槛，在它们那里平等的种子正在发芽，但是，那里仍然存在风险。实际上，现代政治的任何基本要素——领导、（公民的）参与与行政管理——本身都蕴藏着危险。现代精神并不排除专政，多数派的暴政的旧思想不容否定。蛊惑煽动、民粹主义、"雾月十八"时期的骄横跋扈，也就是说，统治者——或者女统治者——专

---

① 参见彼得·威尔士（Peter Wiles）：《不可逆性：理论和实践》，载《华盛顿季刊》（第8卷，第1期，1985年）。

横跋扈，他们都认为自己有权代表多数，同时却践踏蹂躏公民社会的英国式花园，这些都是极为现代的政治形象。这也适用于（公民）参与的更为极端的形式。自从1968年以来，如果不是说更早的话，"民主"这个词常常被滥用。有一种所有的人都持续参与所有事情的形式，它并不促进自由，即不推动通过冲突促使演变，而是妨碍着自由。其界线不易划分。难道大规模的群体大学是一种永生不变的药方，或者是已具形态的民主？通过全民公决和全民表决进行统治的情况又如何呢？

然而，最为严重的危险来自马克斯·韦伯的噩梦——官僚体制。它的最极端的形式是后极权主义时期的官僚体制，尤其与勃列日涅夫的名字相提并论。迄今为止，人们对这种最极端的形式本身几乎未做过分析。其原因也在于珍妮·科克帕特里克的一些简单化的范畴。恰恰不仅仅有专制和民主，更不用说只有极权主义和自由。苏联和东欧现实存在的社会主义在1989年的剧变开始之际，早已把斯大林的以及卫星国里斯大林式的紧急状态制度置之脑后。那不再是一个独夫式统治的灾难性的政体，而是一个高高在上的统治层掌握大权。它的手沉重如铅。它组成一个庞大无比的行政机构，控制一切生活领域，自己却不受监督。这个占据最重要职位的统治层首先对它自己的生存感兴趣，甚至是首先对自己的舒适安逸感兴趣。它把其余的一切人都保持在一种依附和贫穷的状态之中。对于多数人来说，现实存在的社会主义是一种它借口已经消除了的东西的相当纯粹的形式，即剥削的一种相当纯粹的形式，除非由于这个统治层在经济上没有能力，没有很多东西可供剥削。

这样一种统治形式在现代社会里能够保持这么长久，是如何发生的？一个原因是，它比它之前的极权主义好一些。这是不容低估的。人们的思维总是相对的。另一个原因是，官僚体制的统治，行政上的中央集权，保障了某种最低程度的社会生存，无论如何，它们为那些忠于这种政体的人提供了这种保障。第三个原因无疑就在于统治者无孔不入，无所不在，尤其是苏联的克格勃，民主德国的国家安全警察或者秘密警察，当然还有（苏联）老大哥的军队，处处都可以感觉到统治者的存在。还有其他的原因。然而，首先是这种统治形式最终同样难以维系,无法坚持。由于它没有提供像现代精神那样的一种选择机会,而是封锁了通往现代社会的福祉之道路,于是,人们也在同样的程度上要求这两样东西,即要求享有更多的应得权利和更大的供给,而且这是载入自由的宪法的。

现在,自由世界的国家看到了自己面临着自己的风险。带有某种推测,人们首先不得不担心由于官僚体制和民主的错误结合而产生"熵"(Entropie)①。倘若把理性管理生活的现实与民主参与的幻想结合起来,那么,就再也没有什么东西是活动的了。马克斯·韦伯在他忧郁的时刻,曾经陷入他自己的不可逆转理论,并称顺从依附的官僚体制的外壳是"牢不可破的"。的确,如果人们的意志和抵抗力没有转化为革新和战略性的变化,它是打不破的。单靠民主是不够的,不足以动摇或监督官僚体制。也许有些人过分夸大了20世纪70年代的硬化症,尤其是夸大了欧洲国家的硬化症,但是,很难否定一些民族的式微和没落与它们没有能力促进演变、探索新的道路息息相关,与它们没有能力既通过增进人人共有的应得权利,又通过扩大丰裕富足的供应来增加生存机会是息息相关的。

这是应该由自由的宪法来完成的事情。因此,仅仅用简单的套语是不够的,当我们在考察现实存在的自由的各种混合宪法之后,我们已经看到了这种情况。混合得好的宪法是罕见的,如此罕见,以致人们会乐于去理解珍妮·科克帕特里克的关于自由社会的排他性概念。然而在这种情况下,理解并不是原谅。断言存在不可逆转的倾向,是历史主义的做法,然而,从一开始就对传播自由的宪法的任务表示绝望,则是不负责任的。"建立和保持民主的机构"也许"特别困难",企图"对缺乏必要的政治文化、传统和社会结构

---

① 熵定律是热力学的第二定律。热力学第一定律是能量守恒定律。热力学第二定律表明,能量只能不可逆转地沿着一个方向转化,即从人类可以利用到不能利用的状态、从有效的到无效的状态转化。有人认为,宇宙的熵在增加,即越来越多的能量变得不再能转为机械功了,于是,宇宙将成为"热寂"。熵的世界观认为,我们的宇宙正在无可挽回地走向死亡,人类历史是江河日下的历史。对这种世界观的集中论述,请参见[美]杰·里夫金、特·霍华德:《熵:一种新的世界观》,上海译文出版社,上海,1987年。——译者注

的各种社会,强加错综复杂的、不熟悉的政治实践",甚至是错误的。但是,难以看出,为什么一个成功的国家不应该是"世界的助产士,帮助民主的诞生"①。自由的宪法不是一种特权,而是一种义务。

因此,各个伟大的民主国家也有幸看到,关键就在于此。在英国和美国,第二次世界大战后的时代,在战争之中就已开始了。各种重要的群体着手思考和平的秩序。从这种思考产生的战后时代的国际体系,被证明不是持久的;由于冷战的开始,它早就开始破裂,而当20世纪70年代和80年代美国对它失去兴趣之时,它就土崩瓦解了。不过,这个体系的思想还是一种重要的标志。联合国作为保卫和平和人权的组织,国际货币基金组织和关税与贸易总协定作为增长着的经济体之间游戏规则的卫士,世界银行体系作为促进发展的工具——在通往世界公民社会的道路上,都是不坏的里程碑。

1945年之后,帮助发展自由的宪法是同样重要的,1989年之后,这种帮助又再次变得重要。无疑,在这方面也犯过某些天真幼稚的错误。昨天的改造说教者也好,今天的民主的某些推销商也好,都于自由宪法的事情无所补益。的确,相信现代连同自由的宪法都不可逆转,导致了错误的判断和错误的投入。然而,持"谁不赞成我,谁就是反对我"这种目光短浅观点的人的愤世嫉俗、玩世不恭更为糟糕。只有各种独裁专制才会有如此简单的尺度。开放的、自由的社会能够同时既帮助其他的社会,又尊重它们的自身特点。这就是在极权主义时代结束之际突然闪亮起来的希望之一。

---

① 这些提法参见珍妮·科克帕特里克文章的第37页和38页。

第五章

30 年光辉的岁月

第一节 雷蒙·阿隆的世界

当第二次 30 年战争逐渐给**战后 30 年**光辉的岁月（trentes glorieuses）留下空间之际，幸存下来的人们似乎感到，他们仿佛经历完冬日里顶着狂风暴雨穿越北大西洋的噩梦，现在正在扬帆驶入加勒比海之春。起初，还雾气茫茫，终究谁也不知道，新的气候能持续多久。但是，太阳很快就照射在碧波粼粼的大海上。在人们的生活中发生了戏剧性的变化。经年累月，历时数载之久，时代的种种湍流把它们的节奏强加给大多数人，骤然，他们发现，更为可靠的环境使他们成为自己命运的主人。回忆所及，求生的要求曾经决定着日常的生活；现在，消费和社会地位的提高日益显得重要。生活的供应方面受到重视，跃居榜首。

一段个人的回忆尤其印证了这种经历。1918 年晚秋，我父亲在汉堡议会前，站在一个橘子箱上，赞扬民主社会主义的美德。他当时 17 岁，因此当他的党随后不久把他派到上西里西亚的一个矿上组织工会时，他激动不安。无论如何，他似乎卓有成效地完成了这项任务，因而能在党报《汉堡回声报》得到一个位置，得以进入工人培训班，随后开始成为汉堡议会议员的候选人，继而成为德国帝国议会议员的候选人。1933 年春，他投票反对希特勒的授权法之后，他同大多数其他的社会民主党国会议员一起被新的国家警察逮捕。释放之后，他决定与他的家庭一起，迁居到在他看来比较默默无闻的柏林。不过，正常的生活没有持续多久。他遭到监视和经常不断的刁难，之后，他终于在 1944 年 7 月 20 日有人企图暗杀希特勒的第二天被捕，在臭名昭著的人民法院受控告，并且判处七年监禁。他幸存了下来，目睹了战争的结束，被俄国军队解放。他随即被委任负责柏林的燃料供应，后来负责整个苏占区的燃料供应。同时，他成为东占区的社会民主党的副主席。这是在 1945 年 5 月。九个月之后，他拒绝赞同强迫社会民主党人和共产党人联合为所谓的统一社会党（SED）之后，英国占领区的军官用飞机送他由柏林返回汉堡，在那里再次开始一种新的生活。他只亲身经历过那个完全不同的世界的开端，他的孩子们就是在那个世界里长大的，因为他在 1954 年就去世了。他的一生的历史也是他的时代的历史。

雷蒙·阿隆比家父年轻四岁。他出生于一个不同的国家，一个不同的阶级和一个不同的"种族"（借用容易引起误解的当时的语言）。虽然只有 30 年代的环境才使他意识到这样的事实：他不仅仅是法国人，而且也是犹太人。他与让-保尔·萨特、保尔·尼赞和其他的人一起上过**师范学校**。不管怎么说，阿隆一生成功地抗拒了极权主义的诱惑。1924 年他 19 岁时，短时间加入了社会党。这是他唯一参加的政党。在随后的六年里，他上完大学的各个阶段和服兵役。阿隆相信法国和德国之间的和解，因此，他作为教授法国文化的讲师于 1930 年先到科隆，一年之后去柏林。就在那个时候，他找到了他的另一个职业，成为新闻记者。他开始撰写比如关于国家社会主义的"反无产阶级的革命"的文章。1933 年 5 月 10 日，他与托马斯·曼的儿子戈洛一起，亲眼目睹了纳粹在（柏林）菩提树下大街焚书的情景。"火焰是权力野蛮的象征。"那年 8 月，阿隆返回巴黎。他写了《**马克斯·韦伯和德国的社会学**》这本很有影响的小书,它表明阿隆是很多想追随马克斯·韦伯的人当中的第一位。然而,韦伯的理论和实践的爆炸性混合体对他和他的后继者们并不特别合适。战争开始之后不久,阿隆逃往英国。有一段时间,他在那里是《**自由法兰西报**》(*La France Libre*)的出版人。然而,他从来未能与戴高乐将军和睦相处,而戴高乐成为法国战后政治的统治人物。阿隆自己的政治生涯仅仅限于在安德烈·马尔罗(André Malraux)的私人官邸里的几个月。也许原因就在这里:马尔罗是 1945—1946 年戴高乐政府的情报部长。在这之后,阿隆也返回到在科学研究和政论之间的生活中。

阿隆经历了 20 世纪的两个 30 年时期,并且为同时代人描绘了这两个时期。他追随他所崇敬的老师哈列维(Halévy),并且直言不讳地指出暴政的时代,同时,他强调极权主义的纽带使得在希特勒—斯大林的盟约里"两个革命凑在一起"。然而,这仅仅是他知识分子生活中的一个主题。他的传记作者也许有点勉强地把他的一生区分为"历史里的哲学家"阿隆(1905—1955 年)和"社会里的社会学家"阿隆(1955—1983 年)。① 确定无疑的是,阿隆的前 40 年像很多他的同时代人的前 40 年那样,被深深地打上了历史的烙印,而且,后来他始终不渝地对发生在他周遭的事件进行深思。直到第二次世界大战之后,他才集中精力研究社会,把社会作为进程,这种进程允许理性的理解,因此,社会也作为理性的进程。很典型的是,从这时开始,他的生活变成他的著述和讲学的历史,而不再是为同时代的事件所累的历史(而唯一的例外是 1968 年,他当时没有思想准备)。在 1955—1956 年他的巴黎大学讲座三部曲里,他赋予"工业社会"概念一种新的、显著的意义。《**工作社会十八讲**》十分深刻地反映着时代的气氛。它们讲述着由于经济扩张而不

---

① 参见罗伯特·科尔奎霍恩(Robert Colquhoun):《雷蒙·阿隆》,第 1 卷:《历史里的哲学家》,第 2 卷:《社会里的社会学家》(Sage Publications 出版社,伦敦,1986 年)。这种划分是"勉强的"(尽管 1955 年阿隆在巴黎大学的任职肯定是十分重要的),而且各种描述也是如此。从根本上说,阿隆从来都不是一位哲学家,而"政治"一词倒是不可或缺的。不过,关于阿隆的著作方面,这部两卷本传记提供的信息非常丰富。人们该把它同阿隆自己的《回忆录》,也许也该与《热心观众》的长篇访谈录放在一起读。

断增长的供给的历史,从 20 世纪 40 年代末期至 20 世纪 70 年代中期,经济扩张是时代的主导特征。

诚然,增长并非是什么新鲜的经历。现代精神的历史从根本上讲是供给不断增长的历史。早在 16 世纪初期,埃拉斯姆斯就写道:"今天,占有欲如此上升,使得在大自然的王国里,再也没有什么东西不能被用来榨取利润了,不管它们是神圣的,还是世俗的东西。"发现的时代也是扩大商业贸易的时代。大量可支配的金银,期待的贸易发展,导致了银行业的早期蓬勃发展。莱奥纳多·达·芬奇(Leonardo da Vinci)成为几个世纪发明和革新的先驱者。新的企业形式建立了,据此,很多人都能拥有财产股份,全体股东都负有有限责任。农业的生产率提高了。

然而,这一切仍然不仅是困难的,而且也仅仅是 18 世纪的真正戏剧开始的前奏。人们可以说,工业革命表明一个民主增长阶段的开始。因此,这次革命是供给和应得权利的冲突和造形结构的一个范例。一般情况下,现代历史仅仅作为供给历史来叙述。沃尔特·罗斯托(Walt Rostow)汇集了自 1700 年以来世界工业生产和世界贸易的整个指数,尽管他搜集的数据中不可靠的数据可能要多于体现整个指数的准确性所需要的数目。但是,他的工作所提供的画面是十分明确的,以至于其结论是无可怀疑的。自从 1720 年以来,贸易增加了 500 倍。至于生产方面,罗斯托谈到一种"难以想象的数字":从 1820 年至 1971 年的一个半世纪里,"种种迹象表明,世界工业生产产量增加了 1 730 倍"。尽管罗斯托试图压低这个数字,他指出这个数字意味着年增长率"仅仅"为 2.84%,不过产量增加倍数仍然是很可观的。①

同第二次世界大战之后的发展,即"较新近的历史上最值得注意的 20 年里"的发展相比,甚至连这个数字也是低的。在今天的

---

① 参见沃尔特·W·罗斯托:《世界经济——历史与展望》(University of Texas 出版社,奥斯汀/伦敦,1978 年),尤其是第 5 章;同时参见彼得·弗罗拉(Peter Flora)著作第 2 卷:《1815 年至 1975 年间西欧的国家、经济和社会:数据手册》(Campus-Macmillan-St. James's 出版社,法兰克福/伦敦/芝加哥,1987 年)。

经济合作与发展组织的范围内，没有任何一项福利指数不显示在1945年以后有明显上升的。在20世纪50年代至70年代中叶，很多发达国家的社会生产总值增长了3倍或4倍，实际收入增长还要高。事实上，这是增长似乎能回答一切问题的时代。增长不仅是一种普遍的信条，而且也是一种扎根于个人和机构的思想的出发点。凡是什么地方有差错，或者需要做点儿什么，第一个回答总是生产得"更多一些"，而不是干点"别的"。

同时，人们总是设想，生产得"更多一些"至少在原则上是为所有人生产得"更多一些"。西蒙·库兹涅茨（Simon Kuznets）是第一个研究经济增长和不平等之间的关系的规律性的人。他认为：在现代经济增长的过程中，财富分配里的不平等起初在拉大，随后出现拉平的效果，后来事情的发展就颠倒了过来。也即人们谈到的U字形的关系，即在这样一种意义上，平等的指数首先下降，然后到达谷底，在后来的阶段里又上升。彼得·贝格尔（Peter Berger）根据可比较的数据，重新检验了这个理论，而且基本上证实了它是正确的："只要技术现代化和经济增长长期持续着，财富和收入的不平等首先是垂直上升，不过随后就迅速拉平，并保持在一个相对稳定的水平上。"① 贝格尔认为，发生这个过程的两个主要原因在于技术和人口，而不是社会和政治，虽然在增长和不平等的三个阶段中的第二阶段里，政治干预可能在某种程度上会强化拉平不平等差距的过程。

这当然是一些经济学家们的观点，它们与收入的可计量的不平等有关系，而与应得权利的门槛没有什么关系。也可以这样来讲同样的历史，U字形的发展，看起来毋宁说更像一个Z字形的发展。现代经济增长的一个前提是基本公民权利的存在。公民身份地位的力量必须发挥作用，以使资本主义能够繁荣昌盛，哪怕仅仅因为现代的劳动契约是以法律面前人人平等的假设为前提的。也就是说，

---

① 彼得·L·贝格尔：《资本主义的革命——关于繁荣、平等和自由的50点倡议》（Basic Books出版社，纽约，1986年），第44页、第211页的措辞略有不同。贝格尔不是经济学家，因此他的观点让人具有社会政治演变之感觉，然而，他却一直寻求在我们的意义上的经济学的答案。

Z字底下一笔表明人人共有的经济参与水平，因而也表明了同各种等级特权制度的基本区别。

然而，公民权利的发展能够伴随以极大的不平等，在历史上，实际情况也如此。第一，权利本身是不完善的，很长时间里，公民的平等仍旧是一种虚构。第二，那些被吸纳到工业增长的新的进程中的人，要么是事业有成，并因此达到相当的富裕，要么他们处于已经不再存在的过去和尚未存在的未来之间的真空地带，没有人烟的地方，正如今天在第三世界大城市边缘的贫民窟和铁皮小屋里，这仍然引人注目。在今天参与经济合作与发展组织的各国里，发生了两件事情。第一件是，公民身份地位的病毒在某种程度上正在蔓延。公民权利的这种扩大正是前几章的主题。第二件是，供给的增长。因此，在越来越开放的社会里，有着越来越多的东西可供分配。这是Z字斜向上的那一笔所指的进程。

彼得·贝格尔通过技术和人口的原因来解释这个拉平不平等差距的进程。这首先意味着在工业社会的发展过程中，劳动同时变得更加短缺和更加要求有熟练技术了。这是一些重要的进程，虽然在这些进程里贝格尔所称的"政治干预"的作用太少。必须再次强调一下本书的一个中心论题：这里并不假定在应得权利和供给之间存在着必然的因果关系，或者存在着**替换**（trade of）关系。与此相反，自由的胜利存在于战略性的变化之中，变化会把这两者结合起来。但是，历史并未显示出十分自由的特征，首先是在20世纪，战争、经济危机和各种极权主义，导致了应得权利结构的明显变化。整体而言，它们是一些拉平不平等差距的手段。实际上，人们可以谈一谈第二次三十年战争的一个隐蔽的日程，它的主要议题就是平等。也是基于这个原因，民主的增长的条件，也就是对大多数人而且原则上对所有的人都有好处的扩大供给的条件，从未像1945年之后这么有利。这些还不是经济奇迹的充分条件，但是，它们为大多数人能够亲身经历这种奇迹作出了贡献。

对于从那时以来所发生的一切，很多人已经做了描述，虽然其解释仍然存在着相当明显的区别。很久以来，按收入最高的1/5人口与收入最低的1/5人口来比较计算，收入差距并没有明显变小，对于这个显然的事实，人们的意见仍旧是一致的（甚至有些数字表明，最近一个时期有一种"新的不平等压力"，虽然它仅仅表明收入最高的 10％人口的收入有微小的增长）。① 社会差别的这种不变性意味着什么呢？有些人认为，它表明深刻的社会对立是持续长久的，社会对立只能从政治上化解；还有些人从中看到，这表明依然存在的收入差别是可以容忍的这样一种迹象，甚或断言，这种收入差异对于人们的上进和普遍的进步是一种必要的刺激。在本书里应用的概念为对这类意见分歧作出判断提供了一个标准。倘若不平等设置了应得权利的藩篱，从而剥夺了大的群体的权利，那么，它极有可能成为引发急剧纷争的契机。因此，关键的问题是这些门槛是否是单纯的统计值如"收入最高的 20％的人口"，或者是是否对于人的流动构成实际障碍。比如说，小学教师既不能成为校长，也不能离开教师的薪资档次。同小企业家相比，小学教师的活动自由受到更强大的力量的阻挠，小企业家虽然钱不多，但是如果他卓有成就，就可能成为一个富翁。无疑，在一个没有藩篱的整体之内，程度上的不平等也会造成一些麻烦问题。然而，这类问题可以用一般的政治手段加以解决。用 T. H. 马歇尔的概念讲，它们是"量的"阶级冲突，因此并不导致"质的"阶级冲突。在两者之间划分界线，并非总是轻而易举的。划分界线往往要求有关各方的当事者作出判断。美国梦看上去似乎是一些现实的可能性，实际上，也许由于存在看不见的应得权利的门槛，这些可能性仍然是实现不了的，而在其他地方，某一种广泛传播的阶级思想则可能会阻碍人们去感知和利用他们的实际机会。T. H. 马歇尔的论点意味着，在现代社会里，曾经有过一种从质的不同到量的不同的演变。至于这种演变是否是现实的和是否可能持久，这个问题将伴随我们，贯穿本书的后半部。

---

① 参见莱斯特·瑟罗夫（Lester Thurow）：《不平等中的巨浪》，载《美国科学》，第 256 卷第 5 期（1987 年 5 月），第 30 页："根据这些数据，在 1969 至 1982 年，［美国的］总人口中上层 10％的人口的收入占有份额从 29％上升到 33％，中层 30％的人口的收入占有份额 39％仍然不变，下层 60％的人口的收入占有份额部分恶化了，从 32％降至 28％。"在第七章中，将再次谈到所有美国人当中的 80％的人平均实际工资进一步急剧恶化的情况。

像雷蒙·阿隆一样，T. H. 马歇尔描写了20世纪50年代和那个时代能够认识到的工业社会。对于阿隆来说，工业社会可以"干脆界定为把像雷诺和雪铁龙这样的企业所代表的大工业作为典型的生产方式的社会"①。某些其他的界说从这个定义中产生，包括企业和家庭的分离、进一步的劳动分工、资本积累、合理的簿记，当然还有增长。增长是"现代经济学的中心问题"，因为现代的国民经济"其核心是进步的"。阿隆补充说："在大多数情况下，经济增长都伴随着某一种更好的分配。"这是他典型的谨慎措辞之一。如果它针对历史的平行发展而言，那么，在好些方面，它是对的；然而如果为两者确定因果关系，那么，它是错误的。增长本身并不带来"更好的"分配，即并不带来更公平的或更公正的分配。

阿隆对工业社会的分析的一个显著的和引人注目的特点，是他把增长假设为不言而喻的分寸，而并不是他为增长着了迷："我不相信增长是一种绝对价值。"然而，他认为增长在现代社会里是既定的，而且他喜欢用马克斯·韦伯的"理性"概念，来强调这种假设。当然，这并不总是对的。在一个世纪之前，现在毋宁说是在一个半世纪之前，理性的自动实现还是不够充分的。在19世纪，"乐观主义的核心是自由主义的；人们相信，财富作为科学、自由的首创精神和竞争的结果，将会增长"。那个时代的"悲观主义"是社会主义者的悲观主义。"与此相反，今天的乐观主义，例如福拉斯蒂（Jean Fourastié）的乐观主义，既不是自由主义的，也不是社会主义的，它基本上是技术性的。了解现代经济史的关键是技术进

---

① 在这里，对雷蒙·阿隆的《工业社会十八讲》的引文是根据 M. K. 伯托莫（M. K. Bottomore）所译的英文版（Weidenfeld & Nicolson 出版社，伦敦，1967年）摘引的。这些讲座产生于1955—1956年，但是1961年才以书籍的形式（用法文）出版。下面的论述主要引自第73、111、118、123、142、175、195、204、241页等。在1965年的《关于自由的随感》里，阿隆提出一个引自罗伯特·科尔奎霍恩（见前引书第2卷，第244页）的论断，它表明，他完全意识到在这里所探讨的问题："我们所生活的和上一世纪的思想家们所预见的工业社会，在托克维尔的消灭各种世袭贵族的意义上，基本上是民主的；它不排除任何人的公民地位并且倾向于为所有的人提供物质的福利，一般地讲，它在这个意义上是民主的，尽管并非必然是民主的。"

步……"①

正如我们还将看到的那样,这是一种具有重大意义的想法。它绝不仅仅局限在阿隆身上,或者仅仅局限在科林·克拉克和让·福拉斯蒂身上。丹尼尔·贝尔的"后工业社会"也是一种技术—科学变化的结果。而时至今日,很多人还相信,科学发现和技术应用是经济增长和社会公正的共同原因。笔者在本书中对这类因素给予较少的关注。这并非是由于疏忽,而是基于一种疑虑,在这种疑虑的背后,隐藏着一种简单的(也许是太过于简单的)观察。技术的演变并非自动进行,也并非是孤立和自动的过程。至少对研究的开发,总是一种对现实问题的回答,而发明则必须得到应用才有意义。技术治国论者正如官僚体制的人员执政、治理世界,既没有民主的后援,也没有政治和经济领袖们的明确的方向意识——这种情况时有发生,这类统治者只可能违背意志地采用外推法,根据过去推知未来,而不能相反,设法改变方向。倘若事关方向的改变,人们就必须找到社会的力量和行为主体,让他们负责应用科学和技术,或者也运用官僚体制,由他们确立应用这类工具的目的。仅仅理性永远不足以勾画自由的道路。

这一点,阿隆当然知道。他不仅读过他的马克斯·韦伯,而且也读过他的熊彼特。"为了让一种经济能够持久向前发展,必须存在一些条件,让经济主体能做出增长所必需的决策。"犹如要有技术进步一样,需要有企业家;犹如要让行政机构来落实政策一样,需要有政治家。事实上,阿隆的主要兴趣在于工业社会的未来。关于静止不前状态的风险,关于资本主义的自毁,关于欧洲国民经济的"社会主义化"(他把社团主义和福利国家的结合称为"社会主义化"),关于增长的放慢,等等,他都曾经做过沉思。他的大学生

---

① 提到福拉斯蒂,就有必要提及下面这四本书,它们与光辉的30年及阿隆的《工业社会十八讲》都有关系。科林·克拉克(Colin Clark):《经济进步的条件》(Macmillan 出版社,伦敦,第1版,1940年,第2版,1951年);阿瑟·刘易斯:《经济增长理论》(Allon & Unwin 出版社,伦敦,1955年);让·福拉斯蒂:《20世纪的伟大希望》(Plon 出版社,巴黎,1950年);沃尔特·W·罗斯托:《经济增长的阶段》(Cambridge University 出版社,剑桥,1960年)。

们以及他那些忙碌的同时代人，对似乎毫无激情的自由主义批评家日益感到阴森可怖，向他提出一些问题，迫使他对这些忧虑表明态度。然而，这些问题既未使他放弃他的结论，也未使他离开他的基本思路。工业社会具有一种"向着中间等级的形式发展和缩小收入差异的倾向。在生活水平得到提高的程度上，也许会有一种缓和专制主义的极端形式的倾向，而且要求增进社会福利的呼声会变得更加强有力"。无疑，并非总是会这样继续发展下去的。所以，经济增长并非就是一切，并非就万事大吉。阿隆仍然是所谓的波普尔主义者，无论如何，他是开放社会的辩护士。"无论如何，不管情况是好还是坏，我们根本无法预言未来。"

第二节　趋同、社会主义和现实的多样性

在为所有的人争取更多的富裕和福利的和平道路上，工业社会不断向前迈进，基于若干原因，它那田园牧歌般的景象容易把人引入歧途。原因之一就在于国际背景。阿隆对他的讲座三部曲最后又增补了关于发展中国家的第四个系列。不过，冷战为他提供了直接的背景画面。在第二次世界大战结束几乎不超过两年的时间内，美国领导的一方和苏联领导的另一方的两种制度的冲突，就席卷了整个世界。阿隆不仅机敏地意识到这个冲突，而且对他自己选择西方及其价值不容有丝毫的怀疑。他成为有关战争与和平以及国际政治规律问题的占据主导地位的理论家之一。因此，在所有这些问题上，他都绝不是天真幼稚的。

然而，《工业社会十八讲》把一个值得注意的分析性因素带到这场辩论中，关于这个因素，人们可能会认为，它违背作者的整个初衷。这一讲稿集不仅论述了经济合作与发展组织的世界，而且论述了整个发达国家，阿隆把苏联也纳入发达国家之列。"现代经济史的关键是技术进步"，在阿隆的一段语录里是这样说的，我没有整句引用，因为接下来的话是，"技术进步或者可能在一个资本主义的政体里实现，或者可能在一个社会主义的政体里实现；这是同一种转型的两个不同的例子"。阿隆从克拉克和福拉斯蒂关于从第一产业的经济活动过渡到第二产业的，然后继续过渡到第三产业的经济活动的命题出发，而且怀着疑虑的赞同态度联系沃尔特·罗斯托夫的"经济增长阶段"论，因此，如果他发现东西方工业社会的经济发展有着若干相似之处，那就再也没有什么可惊讶的了。他把他称之为"社会主义化"的东西与社会主义相互混淆起来，这有助于形成这样的观念：至少西欧的社会正处在一条与东部社会主义国家的道路不无相似的道路上。他的这种混淆，部分是从熊彼特的**《资本主义、社会主义与民主》**一书继承来的。人们回忆起关于"专制主义的极端形式的温和化倾向"的引语，它同样也是不完整

的，但是，接下去的一句补充道："现在，苏维埃俄国正在经历一种正在觉醒的要求富裕的初步困难。"①

这段话产生于1955年，而不是1985年。也就是说，它不是对戈尔巴乔夫总书记的**改革**的早期希望的反应，而是联系到他的前任赫鲁晓夫大叫大嚷要在可预见的时间内赶上美国的信誓旦旦的保证。今天我们知道，苏联的各加盟共和国即使在戈尔巴乔夫的**改革**之后，仍然还有漫漫的长路要走，才能去哪怕是犹豫不决地轻轻叩着经济合作与发展组织世界的门户，才能去争取其成员的资格。在50年代，这条道路还要长十万八千里！肯定无疑，所有的工业社会，甚至所有的现代社会都有某些共同的特征。人口统计和技术与这类共同性有关系，尽管在这方面仔细观察时，也是差异比共性更加引人注目。整体而言，做较仔细的观察时，会发现首先是经济和社会结构之间的差别特别明显。阿隆把"像雷诺和雪铁龙那样的企业"作为工业社会的体现，因为其中一个是国有的，另一个是私有的，但是，它们看起来却十分相似。不过，甚至那时以来的历史本身也给这个例子投下了怀疑的阴影，因为其中一个企业停滞不前，直至其生存受到威胁，而另一个企业在各种不同业主的手里却繁荣昌盛、兴旺发达。如果说，这在一个国家都可能发生，那么，俄国和美国之间，或者波兰和法国之间或者德国的东部和西部之间的差别，又要比这大多少啊！那些忽略这类差异的概念和分析，显然是无济于事的。在20世纪50年代至60年代，对于好些人而言还在这之后的很长时间内，有一种对工业社会的理解很流行。然而今天这种理解至少会使人提出一些严峻的疑问，如果不是说会使人对之作出激进修正的话。

也许，人们从一开始就应该放弃把苏联纳入一般范畴的尝试，

---

① 在1971年他的《工业社会十八讲》英文版的前言里，阿隆明确写道："苏联的社会和西方社会逐渐地越来越紧密地生长在一起，并且向着一种混合的形式趋同，莫斯科的批评家们把这种想法归咎于我，然后猛烈地大加挞伐，这种思想在最好的情况下充其量只能是一种假设。我只有作出很多限定的情况下才能接受这种假设，正如本书细心的读者将会看到的那样。"我根本不接受这个假设，特别是本书的一个主题就在于驳斥经济决定论的一切变种。

尤其是在它承认自身缺乏统一并从中得出某些结论之后，就不应该再进行这种尝试。然而，倘若人们还想做这种尝试，最好把苏联作为在特别困难的环境下后来发展的一种情况来描述。一个国家，它的上层是西方化的，然而却是狭隘的和专制的，国内的社会动荡日益扩大和尖锐，这个国家输掉了战争（第一次世界大战）；革命领袖们从在本国和国外的流亡生活中回到彼得堡，革命的解剖工作在进行着。革命使一个集团掌握政权，这个集团许诺要建立一个人人都能参与政治和人人都富裕的世界。然而很快就证明，人人都富裕比革命的理想主义者所预见的更难以实现，而人人都参与也比他们所预见的更加威胁着稳定性。因此，维持政权的政策就优先于一切其他的目标，很多次，看起来这种政策完全像是就要失败，也许如果没有斯大林，它就完蛋了。但是，历史就是历史，斯大林来了，与他一起而至的是极权主义和官僚体制的、占据最重要职务的特权上层。当斯大林死的时候，江山就留给了这个特权官僚上层。

在这里，谈的显然是社会主义。"社会主义"变成一个闪闪发光的词语，它要求进行一些区分，尽管今天所有这些区分都成问题。于是就有社会主义的幻景和社会主义的现实。当以一个幻景的名义所创造的现实的如此一大部分导致理想的反常变态时，对于这种幻景并不很有利，但是，当第一次世界大战结束之际我父亲在德国成为积极的社会主义者之时，或者当雷蒙·阿隆1924年短暂地成为法国社会党的党员之时，这种幻景支撑着人们想在自由中实现正义的希望。在社会主义的现实之内，有必要作进一步区分，即区分社会民主主义和现实存在的社会主义。关于社会民主主义，本章下一节还将谈到。对它来说，重要的是通过改革而不是通过革命，并且在经济和政治多样化的条件下推进扩大公民权利的进程。现实存在的社会主义则是一种完全不同的政府制度。在有些国家，这种制度是由苏联强加的。在它们当中的大多数国家里，人民一旦揭竿而起，苏联的坦克就不得不碾压暴动的人民，以维系这种不受人喜欢的政府制度。当坦克留在兵营里之时，当西纳特拉主义（Sinatra-Doktrin）取代"勃列日涅夫主义"之时，当每个人都可能按照自己的方式享受极乐之时，这个统治长达40年之久的政府制度被证明是一层建立在完全不同的结构之上的、薄薄的和能迅速破碎的贴面板。无论如何,在苏联的各卫星国里,官僚体制的专制,行政上的中央集权,不管人们怎么想,都远离社会主义的梦想十万八千里。也有少数几个国家,它们发展了现实存在的社会主义的一种独立的形式,其中有苏联自己,也许还有古巴以及在非洲和亚洲的这个或那个国家。

  这些国家的经济和社会结构模式完全背离一切意识形态的论断和要求,并非是一种有别于所谓的资本主义国家的替代选择。毋宁说,它们是后来的并且受到扭曲威胁的发展的一种现象。按照珍妮·科克帕特里克关于世界政治的观点,只有少数幸运的人才能荣膺民主的圣杯,他们可能要用几个世纪的时间,才能得到它。即使人们与她的有关世界政治的精华观念不一致,但是,仍然可以坚持认为,只有很少数的国家能成功地既提高了公民的身份地位,也增进了经济的富裕;既增进了应得权利,也扩大了供给,使它们达到生存机会的一个经得起严格考验的水平。本书就是以这种严格考验为基础的。大多数很晚走上现代经济发展道路的社会,被困扰在经济和政治之间的痛苦矛盾之中,自相矛盾,无法自圆其说,犹如本书开始时,一方面根据索莫查政权,另一方面根据桑地诺主义者早年的情况,对这类社会所作的示范性描述的那样。

  有其独立形式的现实存在的社会主义的困境在于,它所囊括的国家起初首先是从政治方面来界定它们的问题的。一个主要对保持政权感兴趣的、政治的阶级,压制公民的一切自发性的行动,并且动员公民作为(被委婉地称为同志的)臣仆。当然,专制者们和官僚体制的人员都乐于看到经济的繁荣昌盛,但是,这种愿望总是一再退让,让位于政治的必要性。政治的必要性与组织和控制息息相关,与接班人问题和招募机制、与顺从和教义化、与规范化和调整息息相关,也与马克斯·韦伯生动描绘的官僚体制化的种种手段息息相关。建立这样一种统治意味着经常斗争,去对付外行、理想主义者、批评者和竞争对手,去对付首创精神和独创性。任何对控制的放松都包含着高度的风险。然而,这就意味着,不可能产生一种现代的、有适应能力的、自身经常不断更新的经济。占据最重要领导职位的上层享有外汇支付的特权,外汇支付特权使这个上层能够过着相当于西方小资产阶级的生活;而很多人生活在一种灰色的日常生活世界里，基本物资的供应都没有可靠的保障。

1989年以来，一切形式的现实存在的社会主义提出了经济和政治现代化的关系问题。在苏联，鼓励发表政治意见和进行政治活动，更加深了经济的危机。在这些情况下，最终应得权利和供给的扩大，二者都受到威胁。因此，为了扩大人的生存机会，二者都必须抓，而且要同时抓，平行地抓。是否存在着能同时启动政治改革和经济改革的战略性杠杆，这个问题也许是通往自由之路的关键问题。

不过，抢先做这类观察是操之过急的，我们还在讨论50年代的世界，还处在分析各种制度趋同理论的思维错误之中。现在，一个中心结论是无可辩驳的。社会主义不是另一种工业社会，而是一种引入发展进程的方法。社会主义是一种发展中国家的现象。在那些实现初步的现代化和工业化的地方，社会主义特别有它施展身手的机会。显而易见，对少数人的供给会提高，而大多数人却未能赢得经济和政治参与的机会。而且，少数人还能长期保持对他们的统治所必需的结构，尤其是如果他们能够经常地满足人民的某些基本需求，甚或能够促成某种轻微的、现实的增长的话。这样一种进程还能持续多久呢？抗拒**既往**的理论的诱惑尽管十分重要，但是十分困难。勃列日涅夫的社会主义具有一种很棘手的**旧的政治制度**（ancient regime）的很多特征，即使不是一位喜欢冒险的总书记①给它致命一击，这个制度也会变得日益不稳定。

半道上两种制度相互趋同的思想既是不能相信的，也是不值得追求的。把工业社会这样一个概念既应用于美利坚合众国，也应用于苏联，是没有什么合理的意义的，更不用说关于这两种制度的要素相混合的理念了。现实存在的社会主义的发展中国家的经验，对于经济合作与发展组织来说，根本无关紧要，倘若苏联各个部分或者中国在数十年间建设为发达的国家，那么，它们也将会找到它们自己的形式，犹如在它们之前美国、欧洲国家和日本所做过的那样。

在一个方面，阿隆是一位关于两种制度趋同的非凡的理论家。

---

① 指苏共总书记戈尔巴乔夫。——译者注

他处理政治和社会经济发展问题时,几乎把它们彻底分开。于是,他能够把他对法治国家和民主的无限信仰与期望一切工业社会都将会发展出经济和社会的完全类似的——如果不是说相同的——结构结合起来。这里所建议的对这类假设的修正,适用于阿隆的立场的两种因素。这位伟大的社会学家高估了作为制度的社会主义,也低估了经济和政治之间的关系,无论如何,在 50 年代的社会学著作里,情况是这样的。

然而,阿隆并未犯过一个这里不得不谈一谈的错误,即认为制度趋同是好的,是值得去追求的。有一些人要求这样做,因为他们认为,只有一条共同的政治的、社会的和经济的道路,能够为一种和平秩序奠定一个坚实的基础;另外一些人基于种种原因,认为两种制度都有其好的和坏的方面,因此最好是把两者的好的方面结合在一切可能的世界中的最好的世界里。直至**能确保相互消灭**,亦即直至美国和苏联有能力相互消灭并消灭世界的其余部分的核威慑的历史,以及随之而来的谈判的历史,表明国际关系在某种程度上能为国内事态的发展所取代。这也适用于欧洲安全与合作会议(KSZE)赖以为基础的、更为广泛的题材。因此,和平秩序和制度趋异是完全可以相容的。

关于把趋同作为纲领的问题,人们也可能会认为,由于 80 年代下半叶现实存在的社会主义国家中的一些国家发生剧变,这个问题已经解决了。然而,还值得在这里指出的是,这样一种纲领从其胚胎开始就是畸形的。只有一种自由,尽管在现实的社会里,自由的表征形式变化多端。此外,用制度进行思维,本身就是在通往自由的道路上的一个障碍。如果在现实社会里解决现实的问题,要求扩大应得权利,以便拓展人的生存机会,那么,就应该扩大应得权利;如果必须扩大供给,那么,为此就必须创造条件。关键是要有些机构,它们许可做在某种既定的情势里认为必要的事情,而倘若多数人不再想要了,它们又许可放弃不干。至关重要的是开放社会。

这不是相对主义。开放的社会,人的生存机会,公民权利,富裕,自由,这是一些毫不含糊的价值。实现这些价值的现实社会的特殊条件,以及其方式、方法,是各不相同的。实际上,现实世界的多样性本身就是开放社会的一部分。50年代的冷战取代了第二次世界大战之后的短暂的开放阶段，冷战阻挡住很多人的视线，使他们看不见这种前景。它导致了价值的实体化，因而也处处危及了自由的条件，在自由世界亦如此。肯定有善有恶，然而在这个世界上，并没有恶的王国和善的王国。通往这种发现的道路曾经是漫长而痛苦的。它也曾是现代社会冲突的一个主题。

第三节　民主的阶级斗争

现在，是我们回头论述战后时代发展进程的时候了。现代的社会冲突与在一个日益丰富多彩和具有日益富足的选择机会的世界里为所有的人争取公民权利息息相关。冲突要用社会的归属性来阐述，它在政治的舞台上展开，又以多姿多彩的形态出现，这些形态又被打上了特殊的文化条件和历史情势的烙印。为了理解这些条件和情势，必须谈谈在第二次30年战争期间隐藏的再分配日程，谈谈各民族的经验的丰富多样性。现在，我们可以重新捡起对经济合作与发展组织国家进行政治—社会分析的线索。它们可以被描述为这样一类国家。1948年，为了管理马歇尔计划和协调欧洲的复兴重建，成立了欧洲经济合作组织（OEEC）。当这个目标得到实现和欧洲变为富人俱乐部的一部分之时，欧洲经济合作组织改建为经济合作与发展组织（OECD）。当1961年创立经济合作与发展组织之时，它承担的使命是，"在成员国里实现最高的和稳固的增长和就业水准，实现生活水平的日益提高"。这适用于美国和加拿大，欧洲国家，日本和澳大利亚以及新西兰。下述分析是否在同样的程度适用于所有这些成员国，我没有把握。尽管日本在某些方面是一种特殊情况，但是在经济合作与发展组织的多数国家里，为争取公民权利的阶级斗争，是一种社会现实和政治现实。

此外，20世纪60年代，阶级斗争是一种十分违背马克思预言的现实。S. M. 李普塞继承了D. 安德森（D. Anderson）和P. 戴维森（P. Davidson）早在1943年提出的概念。1959年，他谈到了"民主的阶级斗争"："在任何现代民主政治里，各种不同群体之间的冲突表现在政治党派里，政党原则上体现了阶级斗争的民主转换……政党或者建立在下层阶级的基础上，或者建立在中层和上层阶级的基础之上，这种情况在世界范围内可以说是基本普遍化的。"① 这种观念是简明而中肯的。有些社会对立会导致政治的冲突。然而，这种冲突并未变得日益诉诸暴力和日益具有破坏性，而是通过各种组织和机构得到抑制。通过组织和机构，冲突可以在宪法制度之内得到表现。政治党派、选举和议会，使得冲突成为可能，又不至于爆发革命。

有些人提出，在这种情况下，"阶级斗争"这种提法是否还适当。例如，雷蒙·阿隆（在巴黎大学讲座三部曲里的第二个系列讲座里）否认在资本主义社会里存在着一种"无法消除的斗争"，而且与此相反，谈到了在处境较好的人和处境不那么好的人之间的一种健康的"抗争"，虽然他也强调，民主意味着"接受冲突，并非是为了平息冲突，而是为了避免让它们以暴力的形式来表现"。相互区分对于争取应得权利，尤其是对于争取公民权利的伟大斗争和让那些已经享有充分公民身份地位的人逐步得到再分配的要求，是十分重要的。然而，因为更深刻的对立的痕迹依旧清晰可辨，为了民主的抗争也还要坚持阶级概念，这仍然是非常有意义的。

在50年代，很多作者忙于研究令事物达到这种新的水平的进程。当特奥多尔·盖格尔写作《熔炉里的阶级社会》时，他的基本出发点是经济民主的进步。资本和劳动原先是相互不可调和地对立着的，但是后来，它们愈来愈多地建立起它们的相互关系。关于工资和劳动条件的谈判，包括关于调解和排解对立的程序的谈判，被纳入一个完整的、由劳资双方协定的或者由法律规定的规则体系之中。资本和劳动之间的紧张被承认为劳动市场上

---

① S. M. 李普塞：《政治人——政治的社会基础》（增订修改版，John Hopkins University 出版社，巴尔的摩，1981年），第230页。D. 安德森和P. 戴维森的著作为《选票和民主的阶级斗争》（Stanford University 出版社，斯坦福，1943年），该书在论述民意调查数据时，应用了"民主的阶级斗争"的概念，但未作界说。

的合法原则。盖格尔把这个进程称为"阶级对立的制度化"①。

对于战后的一代人来说,这种制度化的过程具有某些政治后果,其特点是人们所熟知的。两个政治集团,在边缘状态下是两个政党,相互为争取多数的选票而搏斗着,人们对此业已习以为常。一方毋宁说是改良派,而另一方毋宁说是保守派;一方毋宁说是应得权利派,而另一方则毋宁说是供给派。双方的任何一方原则上都没有攻击对方的偏好,或者哪怕是企图撤销对方的决定。英国提供着最明确无误的范例。工党1945年获得竞选胜利,并且进行了广泛的改革;1951年至1964年,保守党执政,四位首相当中的一位告诉人们,"你们还从来没有过这么好的日子";工党又掌权后,哈罗德·威尔逊(Harold Wilson)提出一项"技术革命"的纲领;1970年,保守党人获胜,爱德华·希思提出了经济计划和欧洲纲领;1974年工党又上台,而且一直掌权,直至撒切尔夫人战胜哈罗德·威尔逊的继任者詹姆斯·卡拉汉(James Callahan)。李普塞指出,这个模式也可以应用到美国身上,在那里,1952年、1960年、1968年、1976年和1980年,美国总统的党派属性发生变化。法国的经验没有这么清楚明确,部分是因为戴高乐的角色不能直截了当地归入传统的党派范畴进行描述,部分是因为法国有过几届联合政府(以及最近一个**共同执政**②阶段),然而,在法国这里也发生了变化。1969年德国的"权力更迭"具有比所有提到的变化都更加富有戏剧性的特色。在这里,最初在1949年至1953年阿登纳的几届政府里,以及后来又在1982年"转折"之后,一个小党,一个第三政党,通过它决定参加联合政府实现了多数票。然而,德

---

① 特奥多尔·盖格尔:《熔炉里的阶级社会》(Kiepenheuer出版社,科隆/哈根,1949年),第182页等。稍后,若干德国的作者对此提出挑战,反驳了认为在西方已经建立了一种"拉平了的中产阶级社会"的论点(赫尔穆特·舍尔斯基:《分层的概念对于分析当前德国社会的意义》,1953年),或者反驳了认为在西方已经建立了一种"无阶级的社会"的论点(西格弗德特·兰茨福特:《用马克思的学说看当前》,1956年)。

② 原文"cohabitation"意为"同居"、"姘居",这里指在同一时间内法国总统和政府首脑分别属于不同的党派,进行左派与右派"共治",如1986年、1993年和1997年都出现过这种"共治"的局面。——译者注

国的经验也表明了民主的阶级斗争的一种变化形式。

这类事态的发展导致了值得一提的理论上的外推法的运用。首先在美国，约瑟夫·熊彼特把经济理论应用到政治上赢得了一些追随者。借助肯尼斯·阿罗的**社会选择**理论，民主的经济理论得到发展，这种理论的出发点是政治党派的几乎彻头彻尾的机会主义。①政治领袖们和他们的组织仅仅是一些企业家和企业，他们在一个特别的市场上行动，这个市场里的成就用选票而不是美元来衡量。各个政党把各种可能赢得多数票的纲领拼凑在一起，如果当选了就把纲领付诸实施；同时，它必然不可避免地会触犯某些特定的利益，这就为反对派提出一种与新的情势相联系的因此是一种不同的一揽子纲领计划提供了机会。舆论研究取代着思想意识的位置。政治归缩为争取选票的竞争。原则上讲，这种游戏可能永远继续下去。因为在缺乏群体团结约束即阶级约束的地方，还只有各种个别的主题，把这些主题结合起来，是一个实际效用问题，而不是社会必要性问题。

这种理论的创始者们也许也不会否定，它作为一种对现实的政治进程的描绘总是夸张的。甚至在美国，虽然很久以来政治就为经济或者供给主题所控制，但也有一种主张新政的民主党人的强硬派核心和一个鼓吹自由的共和党人的强硬派核心。在欧洲，还一直允许人们根据公民的职业地位和社会处境对选举行为做有用的预测。此外，民主的经济理论有重要的副作用，它对控制旧的阶级冲突不得要领，而且夸大新的情势的稳定性。

在特奥多尔·盖格尔的分析里，已经展示了这些副作用之一种。他在描述阶级冲突的制度化之后，转而提出一个在他的时代（1949 年）听起来令人惊愕的论点。即他断言，那些把他们的对立关系制度化的人，不仅因此使对立关系丧失锋芒，而且同时建立了

---

① 参见约瑟夫·熊彼特：《资本主义、社会主义和民主》（第二扩大版，Harper 出版社，纽约，1942 年），第 269 页；肯尼思·阿罗：《社会选择和个人的价值》（Wiley 出版社，纽约，1951 年）。正文中的提示首先当然适用于安东尼·唐恩（Anthony Down）的著作：《民主的经济理论》（Harper 出版社，纽约，1957 年）。

一种卡特尔，以便捍卫他们的共同利益。关于应该如何瓜分供给这块大蛋糕，缔约的对手双方可能会依旧有不同的意见，但是他们在这一点上是一致的，即蛋糕是他们的，他们要瓜分它。因此，那些不属于这个卡特尔的人，是真正的牺牲者。"与收入获取者同货物生产的差距相比较，贫困在增长着。"这显然是一种受时代约束的论断。盖格尔也不得不进行一些显然的曲解，才能辨识他所谓的"纯粹的消费者"，如果他已经认识到"生活各领域的差距"的思想①，那本来对他会有所帮助。后来有些作者发展了这种思想，即他们断言，重要的新的冲突既不太触及所有的社会群体或者社会范畴，也不太触及一切人或者很多人生活的方方面面。如果空气和水受到污染，那么，对使它们纯净感兴趣的就不仅是一个阶级，而是这种兴趣会导致很多人提出采取共同行动的要求，这些人在其他方面可能有根本不同的意见。这就是一种涉及课题而不是涉及阶级的政治的社会基础。

盖格尔的分析也提示我们注意一种到处都伴随着阶级斗争的制度化或者民主化的事态发展，即社团主义的发展。民主的阶级斗争的基础就是组织，方法就是意见一致。人们不是作为单一的个人行动的——在这方面，民主的经济理论也是不够充分的，而是作为多种形式的政党、工会、社团的成员参加行动的。斗争是由这些团体开展的，然而在实际上，这并不是斗争。毋宁说，这是一种某些组织多层重叠在一起的卡特尔。这些组织不断发展新的程序，把它们的特殊利益纳入政治进程。同时，它们发现，把大蛋糕置于监督之下是它们共同的利益。这当然是一块供给大蛋糕，不过在它的背后是通过所有权利要求者之间的协议对权力进行监督的。最后，政治

---

① 关于"生活各领域的差距"的思想，首先是由法兰克福学派的一些作者们提出阶级论与之相对抗的。参见约亨·贝格曼（Jochen Bergmann）、盖尔哈特·勃兰特（Gerhardt Brandt）、克劳斯·科贝尔（Klaus Koerber）、恩斯特·特奥多尔（Ernst Theodor）、莫尔（Mohl）和克劳斯·奥菲（Claus Offe）：《统治，阶级关系，分层化》，见《晚期资本主义或者工业社会——德国社会学家年会文集》（Enke出版社，斯图加特，1969年）。约翰·肯尼斯·加尔布雷思（John Kenneth Galbraith）（在他的著作《过剩的社会》里）较早对"私人的富裕"和"公共部分的贫穷"进行区分，也属于同一范畴。

党派、经济团体、形形色色的利益集团（包括要求代表"纯粹的消费者"的团体）和其他各种各样的机构，构成唯一的、令人捉摸不透的大麻团。它们发现，如果它们不参与，将对它们不利。公民再也不知道，谁得到什么、在什么时候以及如何得到，虽然对于那些一定必须知道的人来说有高工资的参谋顾问，对于那些很乐意知道的人来说有政治学家。

民主的阶级斗争的、社团主义的反常行为的风险在于，这种反常颠倒会带来僵化，而不是灵活运动。社团主义太容易同官僚体制进行结合，而二者均剽窃自由的宪法的本质核心，即不必革命也能实现演变的能力。时不时地会有一个新的角色，成功地挤进这个有组织的利益的卡特尔。因此，很多国家发现，越来越难以把环境保护者排除在外。然而从根本上讲，社团主义从民主进程中获得生命。协议取代了辩论，意见一致取代了冲突。

这样一类提示可能引导我们走得太远，走向不同的方向。毫无疑问，这里所描绘的情况对于经济合作与发展组织各国的大多数人来说，是完全有吸引力的。事实上，他们以前从未有过这么好的日子。传统的阶级冲突退居幕后，即使对它们的回忆，而且哪怕有些地方它们的现实还继续存在着。不同的利益由各种有组织的团体来代表，各种团体在事物的秩序里都有它们的位置，它们想方设法，只让少数人被完全遗忘。事物的运动虽然缓慢，但也没有大声疾呼，要求更迅速的转变。关于游戏规则和内容的广泛的意见一致，占据主导地位。对于这种意见一致的主要特征，民主的经济理论作了很好的描绘。有一段时间，看起来应得权利政策的日子可能已经一去不复返了。诚然，过去和现在都还一直有着把公民权利扩大到迄今为止一直被忽视的群体的热烈要求，不过，即使这类群体的边缘地位也证明，已经谈不上进行伟大的历史性斗争，更谈不上存在一种革命的潜力了。通过夸大和夸张而竭力把统计上的不平等变为政治上的大辩论，这类企图补益甚少。雷蒙·阿隆的世界是一个供给的世界。在它发生各种冲突时，涉及的是多得一些，或少得一些，然而并非是要么得到一切，要么什么也没有。对绝大多数人来说，在代表这种大的意见一致的政党中，哪一个政党执政，从根本上讲，并不十分重要。

这类说法可能会使思想更加激进的读者感到震惊。他们也可能会认为，在前面要求有一个精确的阶级定义之后，我在这里谈"阶级"时所采取的方式是相当宽宏大量的，如果不是说不准确的话。阶级涉及一些范畴，是指其成员们在统治结构里拥有一种相同的地位。它们典型地或者当权执政，或者没有，因此，它们相互间处于一种冲突的关系之中。如果冲突涉及应得权利的话，这类冲突在政治上就具有传染性。公民身份地位的历史同时也是阶级冲突的历史。这适用于资产阶级为争取法律面前平等的斗争，同样也适用于最近为争取社会的公民权利的斗争。倘若人们睁开眼睛，洗耳恭听，看看世界，谁也不会严肃地论断在经济合作与发展组织中的任何一个国家里，这些权利都确实普遍得到了保障。更为重要的是，还有新的应得权利问题。然而，如果有人不愿承认，在20世纪60年代或70年代的某个时候，一种伟大的、历史性的变革力量业已丧失其能量，因为它想确立的原则已经被广泛接受了，那将是奇怪的、扭曲的看法。

公民身份地位是进入这个进程的关键。在经济合作与发展组织各国的社会里，大多数人成为概念的充分意义上的公民的那一时刻，社会的不平等和政治对立就具有新的形态。人们再也不必同其他处于同样状态的人一起，去为他们的基本权利而斗争了。一方面，他们可以通过个人的努力；另一方面，他们可以通过在派系林立的然而混合在一起的利益集团的代表，扩大或至少保持他们的生存机会。不仅是旧的阶级归属性退居次要地位，而且产生了新的团结，这种团结囊括了社会全体成员的三分之二，如果不是说五分之四或者更多的话。在他们之间有很多差别，包括财产和收入的不平等，但是，也存在着一种基本的获得应得权利和供给的进入平等。新的阶级是公民阶级，如果允许有这种荒谬的措辞的话，不过，至少是多数派阶级。政治史和社会史的一章是以深刻的和潜在革命的阶级斗争为开端的，在经历了严峻的和痛苦的时刻之后，它导致了民主的或者制度化的阶级对抗即受到约束的冲突，结果是形成一个多数派阶级，那些属于这个阶级的人因此能够抱有希望，不必根本改变现存的结构，就能实现他们的很多生活意图。

第四节 1968 年

在很多经济合作与发展组织国家最近的政治史上,有一个年份特别引人注目——1968 年。这个年份部分是真实的,部分是象征的,而且它与在不同国家里的不同经验结合在一起。在美国,约翰逊总统在社会成就、国内动荡和政治不安定的爆炸性的混合气氛中,结束了他的任期。他出任总统,推行了经受时间考验的"伟大社会"计划,但是,他使国家愈来愈深地陷入越南战争之中,越南战争把美国推入一次最危险的宪法危机之中。在欧洲,1968 年,是否能由政府治理,或者用欧洲大陆人的更具戏剧性的语言来说政府治理是否有合法性,成为公众讨论的题目,而且对于很多人来说,合法性首先与对政治体制进行改革的能力相联系。在法国、德国和一些较小的欧洲国家里,这个题目首先被冠以"民主化"。这一部分意味着要实现赋予所有人公民权利的许诺,但是一部分却意味着人们迫不及待地固执坚持必须也能行使参与权利,认为这样才是切切实实的。1969 年维利·勃兰特(Willy Brandt)在他出任联邦总理时的第一个政府声明里说,"我们必须敢于推行更多的民主"。他这句话的意思是,民主不仅是一种状态、一部宪法,而且也是一种生活方式、一种行为和美德。

在美国也好,在欧洲也好,1968 年都与大学密切相关。大学生骚乱是政治骚乱的先兆,学生骚乱从伯克利蔓延到伦敦经济学院,继而蔓延到巴黎大学和柏林自由大学。有些地方,高等学校改革似乎是主题,至少对于那些误解时代特征的人来说,是议论的主题。雷蒙·阿隆也属于他们之列。他从未彻底从他在 5 月巴黎激荡的日子里的经历中恢复过来。其原因可从唯一的、悲哀的说法中看得一清二楚:"古老的巴黎大学是应当寿终正寝了，然而不应像1968年5月那样把它置于死地而后快。"①有些时候，人们的确不能立即对事物的进程表示赞成或反对。变革的能量十分强大，以至于它必然会启动事物的进程，甚至连改革家们本身都不能控制这类进程。也有可能，1968年的革命，用阿隆的话讲，是**很难找到的**（introuvable），即不易发现和捉摸的，难以作详细的描写，但是，它具有大雪崩的很多特征，如果一场雪崩开始发生，那么任何人都再也无法加以阻挡。

阿隆本人感到遭受1968年的打击，甚至几乎被伤害。当他说出，巴黎大学应当寿终正寝了，也许他心口不一，别有所指。他想说的是巴黎大学会在改善了的形式下重新繁荣昌盛、欣欣向荣。对于他来说，旧的大学的死亡是一种不可挽回的、个人的损失。这也适用于很多欧洲人，尤其适用于那些在经过巨大的努力和牺牲之后才在大学找到一席之地的人。我能理解他们的感受，虽然在德国有些人认为，对于谋杀旧的大学，我也一起负有责任。从历史上讲，这是错误的。当我主张把"教育作为公民权利"和参与制定高等学校向此前受忽视的群体开放的纲领时，对我来说，这只是极为事关进入机会的。我的目标是民主，而不是民主化。不过，在实际的政策上，这类区分无法立足，至少在欧洲大陆无法坚持下来。大浪淘沙，改革的浪潮很快就冲刷掉那些改革派，他们曾经相信，机会平等和结果平等的界线能够保持久远，相信可以存在没有民主化的民主。

阿隆在这些事件中的经历，在他生命的最后15年中，一直折

---

① 这句引语出自本书第123页注①所提到的罗伯特·科尔奎霍恩所写的阿隆的传记，参见第2卷，第342页。这部传记的第14章标题为"1968年5月"，整章包含着很多重要的信息。除了他的《回忆录》外，阿隆还给我们留下两个关于他对1968年的态度的证明：他试图分析《不可发现的革命》和在《热心观众》上发表的同1968年时两个感到有所失落、无所归依的孩子的长篇谈话。1968年之前和之后，我比较经常遇到阿隆，我愈来愈强烈地感觉到，"1968年"这个刺激的字眼经常使他的思考停滞下来。他从未真正把握5月的事件，结果是他对后来的事态发展的分析丧失其重要性。也许，1968年太过于伤害了他的法兰西的理性和盎格鲁—萨克逊的理性的奇特混合，因而同时揭示了一位伟大的自由主义者的局限。

磨着他,这个经历是一种承担义务和保持距离心态的奇特混合①。当1968年5月第一周骚乱的大学生们占领了大街之时,他沉默不语,未发一言,这很不符合他的性格。他甚至拒绝在电视台上露面。"面对人们的精神状态,我根本没有把握该说些什么。"5月14日,他启程前往美国讲学(戴高乐于同一天赴罗马尼亚进行国事访问)。然而,他很快就不再能够坚持滞留远方,而是飞回了法国(戴高乐也缩短了他的访问时间,并且开始他自己若明若暗的哑谜,包括匆促飞往巴登-巴登,以确保马舒将军及其部队的忠诚)。阿隆返回巴黎之后,首先感觉到的是他后来所描写的**愤怒**,一种粗暴的愤怒,"愤怒程度比我从前所亲眼目睹的还要大",这有几分说明了这位伟人的品格,无论如何,他在1933年成为柏林焚书的见证人。他试图把在他眼前展现的"精神病闹剧",作为一种"革命的闹剧"而不屑一顾,不去承认其中含混表现出来的真正的变化。不过,即使这种低调处理的尝试也仍然是不十分可信的。在他的稍晚的年代里,人们越是经常向阿隆谈及这些事件,他的痛苦回忆就越是沉重。也许在1968年5月的那些动乱日子里,阿隆的世界就到了它的尽头。

这说起来比较容易,但要阐述清楚理由可能就不那么轻巧了。时至今日,在经济合作与发展组织世界里的很多地方,人们对1968年的看法还众说纷纭,意见不一。它曾经确实有过什么样的含义?它是经济奇迹所造就的、新的富裕阶级的娇生惯养的孩子们所进行的暴动吗?它是公民揭竿起义,反对那些还不理解臣仆时代已经终于一去不复返的政府吗?它是那种随后很快就席卷西方各国社会的价值演变的初次爆发吗?它仅仅是使得太久保持不变的机构成为公众瞩目的中心的现代社会改革的一个阶段吗?对于这些问题,不可能会有最终正确的答案,不过,有了一段时间间隔,今天也许可能作出一个令人半信半疑的和保持一定距离的分析。

---

① 这一点肯定没有错。罗伯特·麦敦曾经提醒我记住"保持距离的忧虑"的想法,他在描写医生的作用时形成了这种思想。参见他的著作《社会学的矛盾心理和其他散论》(Free出版社/Macmillan出版社,纽约/伦敦,1976年),第18页。

战后的时代是一个让更多的人有更多选择的时代。倘若在为大家争得的公民权利里没有一个可靠的基础，就不可能创造更多的选择机会；反过来，人人都拥有公民权利，这部分是从前斗争的遗产，部分是战后年代社会契约的结果，以及部分也是供给迅速增长的平行产物。不过，量的和经济的进程开始愈来愈甚地主宰着局面。经济合作与发展组织各国的社会，变成一些"要求越来越多增长"的社会。这使得好些人希望得到另外一些东西。在60年代，很多人要求进行改革。"建设之后要改进"，这是当时的口号之一。要求社会变革的呼声越来越高，虽然并不总是很清楚，什么样的社会力量担当着这种要求。从一开始，知识分子就不仅用言论和文章来表现60年代的改革运动，而且他们也是这场运动的中坚，并且把它引导到一些目标上，同从前的各种社会和政治运动相比，这些目标具有一种毋宁说是学院式的性质。

在各种要求都集中到大学身上的地方（这适用于很多欧洲的国家），上述这种情况变得特别明显，而在涉及此前受到忽视的少数人的权利的地方（例如在美国），这种情况所起的作用微乎其微。公民权利的最后一次大扩展，可能是60年代社会运动力量所实现的最重要的变革。其他的一些变化更微妙一些，我们把这些变化描绘为学院式的，但绝不应该因此而小看它们的意义。在很多欧洲的大学里，权力无比的教授们从他们的台座上被请了下来，取而代之的是平等者之间的协作原则。在德国大规模的群体大学里，这种原则在机构设置上得到表现。至少有一段时间，有关教师、大学生和其他的从业人员属于同等级别的幻象，像幽灵似的在德国的群体大学里游荡徘徊。教会，尤其是新教教会，追随这一事态的发展，变成辩论的场所，而不是教堂的布道。天主教的**现代化改革**（aggiornamento）受到梵蒂冈宗教会议强有力的推动，天主教的现代化改革对类似的压力作出反应，直至把圣坛从它的遥远的高处移到某些现代教堂的中央，以免忘却信徒们对普世教会主义的希望和困惑。所有的国家对刑法和刑罚执行的通过，进行了严肃的审查。在很多国家里，人们希望受过刑事处分的人重返社会，以此取代较早的惩罪和威慑原则。在所有这一切的背后，隐藏着这样的思想，即认为个人是社会力量和社会环境的产物，因此，不能让他们个人来对他们的行为负责。人格化的统治丧失了它的光芒，对于很多人来说，它失去了存在的理由，甚至在军队（"穿军装的国民"）或者工业企业（实行"共决制"）这类难以想象会出现这种情况的机构设置里也同样如此。

时代精神浸入其他的政治领域。在很多国家里，社会政策又被继续向前推进一步，直至由对共同体承担义务取代个人的首创精神。至少在欧洲，这证明是在这样一条道路上所走的最后一步。特别是在好些国家里，是在已经再也不能承受它的时候，才迈出这一步的。我们今天在这里归纳的1968年这个年份的东西当中，有很多并非必然在那一年发生。它们在较早的几年里就开始了，而且继续深入到70年代。社会国家的值得骄傲的大厦在日益不稳定的世界经济风暴威胁着它的基本结构之际，被涂上最后一抹灰浆。（目标）实现的岁月同时也是威胁日增的年代。只有在少数的国家里，通过70年代的试验，成功地挽救了"1968年"所推行的国家调节和系统性再分配的措施。

这里所说的（目标）实现是社会民主主义的意见一致的实现。这种意见一致是多数派阶级的意识形态，为建立这种一致，持续了一个世纪，犹如形成这个阶级所需要的时间一样长。社会民主主义的意见一致的一切成分，都涉及在一个富裕的世界里社会方面的公民权利。它们首先包括在一种受到社团主义抑制的民主制度里的一个强大的然而是善意的国家，包括一种受到政治影响的然而是以市场为取向的经济——这种经济除了得到若干的支持和保护外，听任世界贸易和货币体系的游戏规则摆布——以及包括一个广泛团结一致的社会，广泛团结一致是通过应得权利和累进税实现的，两者体现了人们在普遍自由的状态下对平等的一部分普遍偏好。这听起来很复杂，而且要求很高，然而，这也符合社会民主主义的意见一致。社会民主主义的意见一致的本质包括它寻求一种合理的均势平衡。这就是社会民主主义的意见一致的魅力之所在。因此，它满足着很多不同的利益诉求。因此，多数派阶级对它是满意的。因此，它是易受伤害的。

因为我们的分析已经进入现代社会发展阶段，这个阶段实际上表明社会民主主义的世纪的终结。有些人认为这些说法是不能接受的，我能理解他们。"我一再扪心自问，"维利·勃兰特在他作为德国社会民主党主席的《告别演说》里说道，"那些认为社会民主党的世纪已经过去了的同时代人，他们记住的是什么样的数十年啊？难道他们对两次世界大战、法西斯主义和斯大林主义、经济大危机和新的生存威胁，都视而不见吗？"① 与写作本书同时代的人，肯定没有忽略第二次 30 年战争。他也并不怀疑，社会民主主义的模式提供着一种人道的和合理的政治前景。要阐明未来属于这种前景的一边，那就更为困难了。社会民主主义寿终正寝的命题，并不意味着多数派阶级的意见一致突然丧失其意义，更不是说，各国社会民主党再也不能赢得选举（虽然很多社会民主党已经感到在 80 年代要得胜比 60 年代和 70 年代更困难了）。毋宁说，这个论点意味着，一股历史的力量业已丧失了它的能量。所以发生这种情况，并不是因为它主宰局面已经长达一个世纪，而是因为经过一个世纪的斗争之后，它已最后胜利了。伟大的社会力量死亡于其胜利的时刻。如果未来不再属于它们那一边，它们的寿终正寝就临近了。

在 20 世纪 60 年代末期，哈罗德·威尔逊企图剥夺英国保守党人认为他们是"天然的执政党"的要求。之后不久，工党就输掉了选举。然而，威尔逊在一种更深的意义上是对的。一切政府不管它们的执政党的组成状况如何，有一个时期都显示出社会民主主义的特色。在国家、混合经济和从摇篮到坟墓的社会福利政策的行善角色方面，它们也统统都体现了多数派阶级的意见一致。1968 年象征着社会民主主义的胜利，然而同时表明是结束的开始。仰仗多数派阶级和社会民主政治十分合理的意见一致来进行统治，被证明是不稳定的。它们可能还会伴随我们一段时间，在那些刚刚为自己获

---

① 维利·勃兰特：《告别演说》（Siedler 出版社，柏林，1987 年），第 32 页。随后对"劳工界、文化界和科学界"——"也许不正好是中心，但是还总是多数"——的呼吁，并不特别令人信服。"文化界和科学界"不仅不是多数，而且由于这些文化科学活动的本质，在其政治的忠诚上是不同的，无产阶级（劳工界）的消失提供了一个原因，说明为什么社会民主党在选举中遇到越来越多的困难。

得了自由机会的国家里,它们甚至是伟大的希望之所在。在任何地方,人们都必然希望自己不会让80年代和90年代的片面的而且往往是原教旨主义的意识形态碾碎。然而,1968年以后出现的变化,已经改变了现代的社会冲突的场景和题材。

第六章

增长的极限

第一节 一种世界秩序在支离破碎

在20世纪,想要论述社会的发展,又不想联系国际的压力、作用和影响,其可能性是微乎其微的。数十年的战争、经济危机和权力的专横跋扈,把一切民族都吸入它们的旋涡。即使在1945年之后,对于世界的大多数地方来说,这种情况也丝毫没有改变。一系列国家,尤其是中欧和东欧国家以及东亚和东南亚国家,眼睁睁地看着它们内部发展遭受帝国主义强权干涉的残暴宰割。最近,若干中美洲国家也有类似的经验。非洲和亚洲的很多其他地区从殖民统治中觉醒起来,建立自己的国家,同时又不得不适应它们的外部地位的变化和解决内部发展的问题。除此之外,冷战影响到所有的当事者。冷战划分了界线,在集团内部以及在集团之间,这些界线都发挥了作用。尽管如此,但是人们可以断言,在经济合作与发展组织各国的内部,社会的、经济的和政治的发展有1/4世纪之久,相对而言不受外界影响的干扰。而且，一种稳定的世界秩序对于它们有所帮助。因此，当20世纪70年代这种秩序开始支离破碎之时，其后果到处明显可感。早在冷战结束之前，战后时代就已一去不复还了。

一种有组织的国际关系的体系是30年光辉岁月的一部分。这个体系的产生就已令人惊愕不已。当时，尤其是美国对国际联盟幻想的破灭，而且1944年和1945年盟国显然集中精力于作战任务，面对这种情况，当时的策划者和政治家还有时间自觉地草拟一项有关国际机构的方案，并且将其重要的各部分付诸实施，这是非常值得注意的。诚然，必须说明，这些机构的普遍的意图，在实践中并未超出联合国组织很远。1946年乔治·凯南（George Kennan）发自莫斯科的著名的"长篇电报"，证明斯大林缺乏接受经济合作规则约束的诚意。它特别指出，大国总是喜欢把国际体系作为一种本国特殊利益的工具加以利用。基于类似的理由，甚至连那些仍然坚持一种世界秩序的辩护士们，都很难就建立一个国际贸易组织达成一致。不过，这部分是一个形式问题。实际上，人们已经为货币、贸易和发展等问题建立了合作体系，它们在长达25年之久的时间内，一直运作得相当好。鉴于国际货币基金组织（IMF）、关税与贸易总协定（GATT）和世界银行成员国在经济上的巨大优势，人们甚至可以指出，稳定的货币、自由贸易和慎重的发展援助，也给这些组织的非成员国带来了补益。

在一个相对稳定的国际体系里，区域合作也相当繁荣。它的产生要求付出某些代价和痛苦，在有些情况下，如在安第斯国家的卡塔赫纳条约和东南亚国家联盟（ASEAN）框架内，区域合作仍然是发育不充分的。欧洲共同体则是一段颇有成就的历史，尽管它不得不建立在欧洲防务共同体的废墟和从前的若干一体化尝试的空壳之上。在贸易、热核研究和发展援助等领域里，以及在社会政策的各方面（人们也可以把共同的农业政策算作属于这些方面），早在1992年的计划之前，欧洲共同体就是一个由成员国共同行使主权的持久的楷模，起初是六国，后来九国、十国和十二国共同行使主权。欧洲共同体始于1952年的欧洲煤钢共同体。1958年又增设了欧洲经济共同体和欧洲原子能共同体。1967年，这三个共同体融合为欧洲共同体。两年之后，它们到了发展的十字路口。第一个伟大的工程，即建立一个共同市场的工程，至少在形式上处于作出决定的前夕。欧洲共同体（在1969年12月海牙首脑会议上）同意的下一个工程是它的扩大，让英国和其他国家加入。这一点也实现了，然而，合作的内容深化问题仍然悬而未决。这种合作应该通过第三个工程加以深化，即通过在10年之内建立一个经济和货币联盟加以深化。在欧洲共同体重新关注这个目标的时候，此时此刻回忆一下第一个这类尝试，可能不会有什么害处。在经过彻底的准备之后，1971年春天，欧洲共同体做出了一系列广泛的决定。它们持续不超过几周时间。当世界体系开始支离破碎之时，这首先把欧洲共同体的日程搞乱了，虽然欧洲共同体不是唯一的牺牲者。

关键的日期是1971年8月15日。那天，尼克松总统和他的财政部长康纳利（Connally）单方面宣布废除战后时代的货币和贸易秩序。① 他们宣布停止美元对黄金的自由兑换，加征进口附加税，并阐述他们采取这些措施的理由，认为美利坚合众国有权把它自己的利益置于为他国承担责任之前。这个世界上最强的大国，因此也是国际体系的保障力量，声明它对自己的了解无异于所有其他的国家对自己的了解。之所以作此宣布，是因为有一段前史，因此直接的当事者对于这些宣布并不感到十分惊讶。它们也带来后果，因此在谈判中又撤销了最粗暴地违反一切规则的若干措施。然而，由浮动汇率取代把美元作为对一切货币的稳定尺度的固定汇率制给世界经济造成了损害，直至今天，布雷顿森林体系尚未从中复原过来。而且自从1971年以来，关税与贸易总协定的贸易体系一直受到重重压力。

回忆这段历史不是为了讨论谁是谁非。在1971年8月15日以

---

① 苏珊·斯特兰奇（Susan Strange）在其论文《国际货币关系》中出色地论述了1971年8月15日事件及其后果，论文载于安德罗·桑费尔德（Andrew Shonfield）（出版人）所编的《1959至1971年西方世界的国际经济关系》第2卷（Oxford University出版社，牛津/伦敦，1976年）。也许我应该提一提，我作为欧洲共同体外贸和对外关系委员，直接参与了这些事件，并且率领欧洲共同体代表团参加了1971年8月25日关税与贸易总协定的特别会议。

后的紧张的几个月之内，指责已经够多的了，从 8 月底关税与贸易总协定特别会议的初步讨论，直至 12 月底华盛顿的史密森协定（Smithsonian Agreement），相互指责甚烈。争端给所有的参加者都留下遍体鳞伤，然而并未使他们变得聪明许多。在当中，关键的问题是一个显然已经变为幻想的国际秩序的支离破碎，使世界各国得不到保护，听任大国更直接实施强权的厉风洗劫。有时候，风似乎减弱一些，但是，很快又变得强烈起来，而且不止一次地上升为飓风。1971 年 10 月的斋戒日战争和由它引起的第一次石油危机仅仅是其中的两例。很难准确指出经济合作与发展组织各国通货膨胀开始的日期，但是归根结底，通货膨胀的深刻影响不会小于那两次石油大涨价。两次石油价格大暴涨反过来又直接关系到那些对第三世界发放的、不负责任的信贷，这些信贷构成 80 年代债务问题的直接原因。1971 年，还有几个人把放开汇率看做是一种市场药方。他们认为，货币最终体现着在其背后的国民经济的真正实力。20 年之后，只有少数人愿意为这种论点辩护。实际上，浮动的货币造成了币值和实际经济增长相背离，在这里存在着使 80 年代的赌场资本主义成为可能的诸多因素之一。

从根本上讲，80 年代在很多方面使这里所描述的进程问题更加尖锐了。美国在里根总统的领导下，对一切国际组织和国际协定采取愈来愈消极的态度。美国离开了联合国教科文组织，骤然结束国际海洋法会议的谈判，对国际法院的判决不予理睬，降低它在很多国际组织里的代表级别，威胁要退出关税与贸易总协定，如果后者不能更好地考虑美国的利益的话，限制世界银行的自由，让全世界知道，这些机构是多么令人不屑一顾，哪怕它们是由它在战后亲手创建的。在每一个具体的情况中，美国持这些态度可能都有一些可以谅解的原因，但是，首先是世界被其后果激怒了。原因就在于：美国从康德哲学又回到霍布斯哲学；民族之间发生的事情，是由权力而不是由法来决定的。人人都企图用自己的力量去实现他的利益，哪怕这样做要牺牲别人也在所不惜。1991 年海湾战争之后，布什总统试图建立一个新的世界秩序，不过在这种背景下，他从一开始就没有多少机会。

诚然，直至 80 年代，还有一种稳定的要素，它恰恰是那场冷战，冷战处在战后时代的实际议事日程的开始，排在首位。欧洲合作与安全会议在1976年赫尔辛基的最后公报里，仿佛把各种关于冷战的假设都制度化了，因而让它们不伤害人，消除了它们导致的可能恶果。战后的边界为大家所承认；德国和欧洲的分裂被视为协议的一部分；两种打算持久存在的体系，在尊重它们的势力影响范围的条件下，开始了它们的关系的正常化。

正如我们今天所知道的那样，打这种算盘时，戈尔巴乔夫还没有参与进来，也许当时还处于共产主义世界的那些国家的人民也没有参与进来。1985年3月戈尔巴乔夫就任总书记之后，后来在1989年这个命运攸关的岁月里，赫尔辛基的协定开始以令人窒息的速度迅速起伏波动。此前显得似乎很稳定的世界体系的一些重要的因素，起初陷入动摇，随后就崩溃坍塌了，其中包括德国的分裂、经济互助合作委员会、华沙条约。在美国70年代和80年代宣布废除由它控制的世界秩序，因而结束战后时代**美国统治下的和平**（Pax Americana）之后，苏联就着手开始摧毁这个时代熟悉的世界形象的最后的紧身胸衣托架。末了，它自己也成为这个瓦解过程的牺牲品。

想从这类发展中得出广泛的结论，为时尚早。而且首先这也不是一篇论述国际关系的随感。只要世界秩序决定着各国内部的发展，首先是发达国家内部的发展，世界秩序就在其间发挥影响。于是，作出这样的结论是可能的，根据人们的口味不同，它们听起来或者会令人欢欣鼓舞，或者会令人忧心忡忡。

这个结论是从康德到霍布斯的道路，走得比在80年代早期可预见到的要更远。我们生活在一个没有秩序的世界里，因此在这里，权力关系起着主宰的作用。而且，因为仿佛美国和苏联两个强权的霸权统治首先反映了热核战争的临界状况，所以形形色色的较小的强国能够决定着人的生存机会。在欧洲，分崩离析的中央集权国家制造着明显的动荡不安。伊斯兰教作为宗教进行着巨大的积极行动，旨在回复到往往是现代之前的价值中去，这给世界很多地方包括苏联的发展打上了深深的烙印。三大经济力量中心，即美国、欧洲和日本，在进行市场竞争，同时却很少关心规则。

这是足以令人深感不安的，尤其是这仅仅是一段要长远得多和复杂得多的历史的开始。然而，还有其他一些事情，令人心情沉重。像今天这样显然需要世界范围的规则，在历史上是罕见的。在经济上，随着大型跨国企业的建立以及伴随着它们一起发展起来的金融市场，产生了一种新的生产力，它带给很多人财富，然而也呼唤与新的经济市场活动范围相适应的游戏规则。贸易巨人的战争是对旧秩序的瓦解的最坏的回答。在军事上，集团的不稳定化意味着一种控制核武器和核知识的扩散的手段变得不灵了。人们不得不担心，"有限的"原子战争今天比以往更加可能了。而且，人类的生活环境问题具有新的紧迫性。有可能我们正在把我们所赖以生活的星球，变得无法居住。于是，只有世界范围的行动才能有所帮助。另外，我们不得不亲眼目睹第三世界各国正在愈来愈深地陷入到贫困、疾病、战争和独裁暴政的泥潭之中。

因此，对于世界范围的协作，不乏明显可见的任务。不过，这里是抢了后文中的话题。当本书结尾再次谈到世界公民社会之时，我们将会回到这个题目。在这里，首先是为理解（20 世纪）70 年代的内在发展准备场景的。70 年代中叶，雷蒙·阿隆的世界已经烟消云散了。持续增长比较可靠的、国际的前提条件，开始崩溃。**美国统治下的和平**由它的缔造者宣告废除了。于是，一个进程启动了，它导致了在（20 世纪）80 年代末一种在世界范围内的失范。这样一个没有多边规则的世界，对于生存机会具有种种后果。它首先是一个只能很少去促进人的应得权利的世界。尽管很多人不喜欢南非的种族隔离，但是却没有国际手段可以改变它，一位果敢的总统必须从内政方面去实现这种改变。还有赫尔辛基协定有关人权的一揽子规定，被证明效果是非常有限的，尽管有些国家的"赫尔辛基小组"还在援引它们。严格地讲，并没有国际法，只有少数的思路和开端，如在欧洲共同体里面，也在欧洲人权公约里面，它们许诺为将来提供国际的应得权利的保障。

然而，战后秩序的支离破碎也冲击了生存机会的供给方面。在国际关系中，总是首先涉及经济的供给。布雷顿森林会议和哈瓦那回合谈判的结果，即国际货币基金组织、世界银行和关税与贸易总协定，对于战后时代的经济奇迹，作出了它们的贡献。因此，国际经济机构和货币机构被削弱的结果是损害增长的机会。美国1971年8月15日开始推行的多元主义，到头来既未能报效于它的发起者，也未能服务于任何其他的人，反倒引发了10年的危机。

第二节 关于经济增长的争论

在（20世纪）70年代，各种夸张的议题一直排在日程上。大多数是牵涉到一些最黯淡的黑色画面的。自从20年代和30年代早期《群众的起义》和《西方的没落》发表以来，任何时候都没有像现在那样出笼了这么多书，其书名诸如《我们的世界有什么不对劲?》、《走出富裕陷阱的途径》、《未来的震荡》、《现代世界的没落》、《各民族的兴衰》、《现代精神里的不适》、《没有增长的社会》、《我们能在未来幸存吗?》。[①] 在这些著作里，某些单词经常反复出现，所以诱使我们现在稍微进行一些社会心理学分析，因为现在能够把70年代置于一旁，并保持某种距离对之加以观察。当时最重要的流行单词是"极限"（Grenze）。"极限的理念，"一本书名为《未来的极限》的德国作者说，"已经进入那些决定历史的理念圈子。"另一位作者也是德国人，他把自己对从文艺复兴以来欧洲历史的激情看做是显示人的克服极限的能力，但是今天，"人类正走向一些它至少在上两个世纪没有认识也不想认识的极限"[②]。也许没有任何一本书比丹尼斯·梅多夫斯（Dennis Meadows）等人致罗马俱乐部的第一份报告更好地切中70年代的气氛，给人以更加深刻的印象，报告的题目是《增长的极限》。

当1968年意大利企业家和人道主义者奥雷里欧·贝凯（Aure-

[①] 20年代的书目当然是出自何塞·奥尔特加-加塞特和奥斯瓦尔特·斯宾格勒；70年代的书目（依照先后顺序）出自米歇尔·山克斯（Michael Shanks），汉斯·宾斯万格（Hans Binswanger），阿尔文·托夫勒（Alvin Torrier），I.罗伯特·西奈（I. Robert Sinai），曼柯尔·奥尔森，彼得·贝格尔，曼柯尔·奥尔森（与汉斯·兰茨贝格尔合著），G. R. 乌尔班。

[②] 克劳斯·朔尔德（Klaus Schalder）:《未来的极限》（W. Kohlkammer出版社，斯图加特，1973年），第83页；同时参见艾哈德·埃普勒（Erhard Eppler）:《完结或者转折》（W. Kohlkammer出版社，斯图加特，1975年），第11页。

lio Peccei）开始在罗马召集一批重要的商人、学者和政治家之时，他的意图是从很多可见到的事件的表面之下找到可以认识的、相互间似乎没有关联的事实的共同点。贝凯本人（在他1976年即在时间上已经有某种间隔之后提出的报告里）列举了一系列这类事实——人口的增长和社会的不公正，失业和能源危机的冲击，货币危机和保护主义，文盲和异化，恐怖主义和贪污腐败，等等，随后阐述了他的论点。"这一大堆令人眼花缭乱的、似乎无法解决的困难，罗马俱乐部称之为**困难问题**。"对这些困难问题的解决，或者毋宁说，罗马俱乐部对梅多夫斯报告的较为沉闷的回答，是简单而富有影响的，即使不令人信服："如果在世界人口、工业化、环境污染、粮食生产和资源开发等方面，当前的增长趋势保持不变地继续下去，那么在今后100年内的某个时候，我们的行星，将达到增长的极限。"①

梅多夫斯的报告于1972年才出版。即使说它不能令人信服，也不应该忽视它所提出的问题的意义。罗马俱乐部自己很快也就发现，它借以运算的全球总数对于任何一种具体的情况都不确切，因此，在米哈伊洛·梅萨罗维奇（Mihailo Mesarovic）和爱德华·彼斯特尔（Eduard Pestel）撰写的第二个报告里，对这些数据又重新进行分解计算。不过，这两个研究小组都低估了世界粮食生产的能力。在任何一点上，没有哪怕是暗示一下在富裕之中可能会存在饥饿现象，即存在应得权利的问题（罗马俱乐部与一些人的定量分析癖好不谋而合，然而它却想持反对他们的态度）。20年后，我们能够更好地估计可供支配的资源。节约、新的方法、替代性资源被推至首要地位。环境问题到处都被提上日程，无疑，这部分是由于罗马俱乐部公布这两份报告，引起传媒舆论重视之缘故。当然，世界人口的增长还在继续，虽然在非洲和其他地方，新的死亡方式令人

---

① 在这里比较重要的著作是：奥利里欧·贝凯：《人的品质》（Pergamon出版社，牛津，1975年）；D. H. 米道斯：《增长的极限——罗马俱乐部的第一个报告》（Universe Books出版社，纽约，1972年）；米哈伊洛·梅萨罗维奇、爱德华·彼斯特尔：《人类处于转折点上——罗马俱乐部的第二个报告》（Reader's Digest出版社，纽约，1974年）。

不寒而栗，并且提出一些意想不到的人类前途问题。

致罗马俱乐部的报告的弱点在于它的极限观念。对于预见更加遥远的未来，外推法并不是十分明白易懂的方法，假设问题会指数式地而不仅仅是直线式地恶化，可能会吓坏一些思想较为简单的人，使他们惊慌失措，但是，无助于问题的解决。谁若把极限作为他的分析的中心，则他的思维是单向的。人们只能一直向前开车，急刹车和挂上倒车挡。很多人实际上就是这样思考的。各种习惯束缚着幻想。尽管前进道路上可能会遇到障碍，建议一如既往地做下去和要求彻底掉头返回，这是在既定的情势下，两种最为可能的反应，恰恰在人们面临意想不到问题的时候，会做出这两种反应。因此，在20世纪70年代以及在某种程度上直至80年代，正好发生这种情况。一些人在黑暗中鼓吹着增长的老调，另一些人则要求永远不能再做50年代和60年代所做过的一切事情。两者都很少能够提出有益的建议。实际上，历史以别的方式继续前进，也许像国际象棋中的马，先向边上走，再向前走，或者变换题目，或者采用一些使昨天的极限显得无关紧要的新的进攻方法，犹如在空战时代使得马其诺防线变得无关紧要一样。

这并不意味着，无所事事地安静等待，听任事物自己发展就够了（虽然我也同样怀疑人的计划的可能性，并且怀疑偏好市场，这两方面给现代的自由主义思想打上了深深的烙印）。这也并不意味着，在70年代没有发生后果累累的变化。与此相反，70年代的经验标志着在现代社会发展中的一个转折点。现在尚为时太早，不能十分肯定这个转折点有多么重要。有可能它就像100年前自由主义的世纪过渡到社会民主主义的世纪一样重要。不过，同时代人总是喜欢赋予一些转瞬即逝的事件以异乎寻常的意义，想在重要时代生活的刺激，对于知识分子是不可抗拒的。人们在1789年（这样或者那样地）看到戏剧性地推行了公民权利的原则；1889年即在英国**费边评论**（Fabian Essays）发表和非技术工人工会成立的一年，（这样或者那样地）标志着有组织的阶级斗争的开始，有组织的阶级斗争随后导致了制度化，更往后则导致多数派阶级的形成；1989年（这样或者那样地）由于在共产主义世界里的革命，再次提醒人们记住开放社会的基本价值，然而，这并不能掩盖其他一些尚未给予名称的世界性变化。

经济增长与这种变迁关系密切。当罗马俱乐部预言了经济增长之极限时，很多人可能会感到这是不必要的悲观。不过，一年以后石油危机的大冲击产生了一些值得回忆的画面。突如其来的动力原料短缺，使得很多高速公路空空如也；很多房屋电力定量配给；整个工业似乎受到危害。这无疑是过去了，而且毋宁说，部分具有象征性质，然而，这是天有不测风云的一些象征，有些可能性是意想不到的。20世纪70年代，大多数国家都经历过至少一年的"负增长"；在经济合作与发展组织各国，平均增长率大大低于过去的几十年①；如何适应新的时代环境，成为政治的主题。政治家们发现他们的职业艰辛，工作难搞。很多政治家输掉了选举。甚至经济学家们起初也感到困惑，目瞪口呆。他们当中的几个人抛砖引玉，提出一些理论来辩论，这些理论值得回味，尤其是因为它们为20世纪80年代和90年代占主导地位的想法提供了背景。这些理论应该用以解释新的增长问题，并帮助找到一条途径，走出明显的两难困境。它们当中的最简单的理论原来根本不是什么理论，而是呼唤所谓的"长周期"，仿佛这些周期是一种自然规律。沃尔特·罗斯托明确指出了发明这类周期的俄国经济学家康德拉捷夫（Kondratieff），后者列举了过去200年内的一系列"带有经济下行趋势的时段"：1790—1815年，1843—1873年，1896—1920年，1936—1851年。根据人们考虑的国家的不同，毋宁说，这些时段中的这个或那个时段会令人感到惊讶。然而，罗斯托的论点首先是，倘若一个新的这样一种时段于1972年开始，那是没有什么可惊讶的。它将会继续下去，并在25年后在一次经济高涨中结束。到2000

---

① 值得把这个戏剧性的过程记载下来。与1960—1973年相比，1973—1983年的整个国民生产总值的年增长率，美国从4.17%降至2.04%，法国从5.56%降至2.23%，德国从4.43%降至1.64%，意大利从5.30%降至1.80%，日本从10.43%降至3.70%。只有英国的年增长率保持稳定，而且是低的增长率：从2.28%降至2.22%。参见塞尔马·利斯纳（Thelma Liesner）：《1900—1983年的经济统计》（The Economist Publications 出版社，伦敦，1985年），表1，第127页。

年,"稳定的高增长率将与稳定的物价并存"①。

不过,另一些人感到这样一些未作解释的规律性是不够的。阿尔伯特·希斯曼(Albert Hirschman)以典型的幽默和怀疑态度谈到了"失望"的周期,"失望"的周期是人对非个人的矛盾的回答,而且是难以避免的,虽然人们必须设法别让它们使人完全丧失采取理智行动的勇气。② 曼柯尔·奥尔森走得更远。为了解释70年代明显的经济现象即解释"滞胀",他引入了他的"集体行动的逻辑",他认为这种逻辑是不可避免的。社会和国民经济越是能够长久地发展,不受内部和外部冲击的干扰,就越是可能发生这样的情况:它们会僵化凝固,既没有能力适应,也没有能力革新。特殊利益集团的卡特尔压制着企业家的首创精神。整个体制在沙滩上搁浅。如何才能使它重振旗鼓,扬帆航行?奥尔森的结论招致了许多批评,尽管在他的分析背景下,这些结论似乎是可信的。他援引杰斐逊的话:"进步之树必然会一再要用爱国者的鲜血来浇灌施肥。"只有战争和革命能够打破经济的停滞和扭转各民族的败落衰微。③

70年代关于经济增长辩论的核心并不太具有戏剧性,然而同样值得注意。它有两个主要特征。第一个特征在于问题的提出令人眼花缭乱,含混不清。一些人怀疑,从根本上讲,进一步的经济增长是否还能够达到;另一些人则怀疑,这样的增长是否值得期待。第二个特征在于提供非经济学的办法来解决经济学问题的奇特的倾向。问题提法的不明确,特别表现在埃德·米香(Ed Mishan)和威尔弗雷德·贝克曼(Wilfred Beckerman)之间的意见相左之中。早在1967年,米香就发表了他的著作**《经济增长的代价》**,后来又把它放入**《关于经济增长的辩论》**一书中出版。1974年贝克曼以

---

① 沃尔特·W·罗斯托:《世界经济——历史与展望》(University of Texas 出版社,奥斯汀/伦敦,1978年)。如果人们根据80年代的爆炸性繁荣来观察这些预言,那么,它们证明自己是对转瞬即逝事件作异乎寻常解释的一个极端的例子。

② 参见阿尔伯特·希斯曼:《变化着的卷入情况——私人的利益和公众的行动》(Princeton University 出版社,普林斯顿,1978年),第1章。

③ 参见曼柯尔·奥尔森:《大国的兴衰》(Yale University 出版社,纽黑文,1982年)。

他的论文《**捍卫经济的增长**》来回敬米香。米香从来就对经济增长不甚看重，或者说，从根本上说不太看重现代世界。"私人汽车肯定是人类所遭受的最大灾祸之一，如果说不是最大的灾祸的话。"这样一些浪漫主义的偏好，典型地说明他处处猛烈抨击"增长派人物"。与此相比，贝克曼采取温和的、社会民主主义的立场。不增长的代价高于增长的代价；要为所有的人提高福利，尚有很多事要做，任重而道远；当然，"整个收入的增长是收入分配的增进的一个必要的前提条件"。①

令人更加感到有趣的是，贝克曼也说："在世界上比较富裕的国家里，在经济迅速增长是否值得期待问题上，也许比从前的任何时代有着更多的缘由令人不快。"因此，他丝毫没有反对探讨福利指数，福利指数包含着其他的因素，而不仅仅包括国民生产总值和实际收入。事实上，公开辩论的语言发生了变化，这是 70 年代辩论的存留结果之一。经济合作与发展组织本身从前曾经是增长哲学的学院，现在也鼓励除了传统的经济学的测定值外，应用社会指标。政治家们甚至各国政府开始谈论"平衡的增长"或者"质的增长"，宣布他们的信念，认为简单地在 50 年代和 60 年代很多人走过的崎岖小道上继续慢行是不够的。

无疑，并非人人都跟随那些已经走得更远并要求对占主导地位的价值观念作根本改变的经济学家。蒂博尔·西托夫斯基（Tibor Scitovsky）（在其《**悲哀的经济学**》里）区分了新事物的刺激和习惯事物的安逸，并且贬低物质生活水平对于两者的意义。弗雷德·希尔施（在其《**增长社会之极限**》里）要求实行一种"新的社会伦理"，它要能促使人们把他们渴望的目光，从一种他们不能达到的供给上引开，因为增长从某一个特定的点上开始，就会破坏着它的固有目的。弗里茨·舒马赫（Fritz Schumacher）（在《**人的节度**》一书中）把希望寄托到在较易把握的经济活动规模范围内发展"新的忠诚"，当经济活动造成了增长时代的巨大狂热之后，理应如此。

---

① 这些引文出自埃德·米香的《关于经济增长的辩论》（Allen & Unwin 出版社，伦敦，1977 年）和威尔弗雷德·贝克曼的《捍卫经济的增长》（Jonathan Cape 出版社，1974 年）。

在这类和那类有关新的价值的建议中，一些特异反应要素是显而易见的。也许我们应该首先指出，根据这些一般带有严肃理性之烙印的社会科学学科代表人物的意见，70年代危机要求的不是经济政策的一般常规药方，而是另有所求。

在80年代后期，在危机中能幸存下来、劫后余生的人中，有些人对回顾他们在70年代撰写的文章，肯定不会特别感兴趣。旅行商人在悲观气氛中的景气证明是短暂的。事实也只能如此，然而，依旧残留着有益的怀疑。在经历80年代的10年赌场资本主义之后，这还是值得回味的。当70年代危机开始云开雾散之时，一种新的供给前景豁然开朗了。增长似乎不再作为解决一切问题的办法，而是同时也作为难题。它也不再是不言而喻的了。一方面，在某个地方，总有一个哈德逊研究所（Hudson-Institut），许诺要在地上建设（供给的）天堂；另一方面，官方的和非官方的经济学家们对于预言变得慎重起来。现在人们明白，增长总是困难的。正因如此，世界经济对于所有的参加者来说，也正在变得更加重要。

康德拉捷夫周期肯定不是有益的政治工具，这永远不是历史的必然。然而在70年代，广泛传播着这样的印象，仿佛过去的成就要对当前的问题负责。从另一种立场观察，社会方面的公民权利似乎是工资的附加费用（和税收），这些额外开支损害着国际竞争力。过去数十年之久，规模似乎在保证效益，而现在新投资的成本和缺乏灵活性的代价变得明显了。有一些从民主的阶级斗争产生的社团主义因素，现在很显然，这些因素对适应过程造成困难，因而也在同样的程度上，损害着增长和就业的机会。

因此，各国政府和公民们必须做出决定。一些人干脆打退堂鼓，甩手不干了，摇身变为绿党。这是一种奢侈，很多人承受不了这种奢侈，因此它也长久不了。另一些人企图重新复活最粗糙的、数量形式的经济增长的精神。他们想迅速发财致富。经济政策的理论和实践，转移到供给方面，即转移到对企业家友善的降低税收、激励就业人员和对新技术的补贴上来。人们很容易看出来，80年代的政策产生于70年代的困难，关于这一点，我马上将作更详尽的论述。于是事情也就变得很清楚了,这种变迁的破坏性方面,比起它的对立面建设性更加引人注目。为了使改变成为可能,人们不得不撤销很多社会民主主义的机构,但是,从它们的灰烬中涅槃升起的社会,迄今为止只能初见轮廓,而且可能不会持久。

第三节 新的漫无头绪

要描写留存下来的改革结果,并非易事。我把改革与一个其确切性毋宁说容易把人引入歧途的年份即1968年等同起来。这些改革中的有些改革仍然仅仅是空话,虽然语言的变化为价值的演变铺平了道路。在那些以改革意图推行的措施中,有些措施只不过是为社会国家的大厦增添最后几处美丽的装饰;在有些情况下,以为是改善,但实际上被证明是一滴让水桶漫出水来的水滴,简直多此一举。在德国员工生病时,工资继续支付到生病的最初一些日子,就属于这种情况。这样一来,一种本身很有意义的制度就为被滥用敞开方便之门,最终变为过分昂贵、无力支付。不过,倘若人们想要对那个时代的改革进行量化,那么,一个事实尤其引人注目。那就是这个时期的公务人员数目在猛增。1968年的革命(如果它是革命的话)是一次公共服务的革命。

这种情况表现在好几个方面,但是,它首先说明60年代和70年代初期的改革有着持久影响。1984年,在当时的德意志联邦共和国,有460万人直接或间接地在公共服务部门就业;另外有30万人处于类似的劳动关系中,120万人接受公共服务部门的退休金。如果把家庭成员人数也算进去,那么至少有1 500万人的生计靠公众机构,而当时全国总人口不到6 000万。自从20世纪70年代中叶以来,这个数字基本上没有变化,但是在此之前的10年即1965—1975年,它增加了35%以上。而且大部分增加人员是所谓的较高级的官员,他们享有特殊的优待和应得权利。较高级官员的数字在10年之内翻了一番。

德国的情况从某种角度看是一个例外〔诚然,瑞典的舆论研究所(SIFD)在1985年全国议会选举前计算,全部瑞典选民中的54%从国家获得收入,28%为公务员,26%是转移支付收入的领取者〕。在德国,教师、铁路员工、邮差和飞行员或者是官员,或者是与官员处于异常相似的位置上。不过,在英国和其他国家,如果人们把所有那些从地区、乡镇、卫生保健机构、学校和其他部门获得工薪的人都算在内，那么，这个数字也不再会有太大的差别，如果在这些地方就业，他们几乎是不能被解雇的，他们得到实际上指数化的收入，而且在疾病和年老时还享有某些优先选择权。只有在美国，情况明显不同。然而，在经济合作与发展组织的其他国家里，70年代中叶，所有的人当中，约有1/4从事带有公共服务性质的职业，他们当中的很多人是在过去的10年中得到这种身份地位的。

发生这种过程的种种原因是再明显不过的。根据各人的喜好，它们可以以或多或少带有嘲弄的口吻加以描述。60年代后期的某些改革能量，来自高等教育制度迅速膨胀的产物，即高校的毕业生。他们需要职业。同时，他们迫切要求进行社会改革，在他们看来，社会都被私人的经济利益所控制。对于他们来说，"公共的"就是意味着"值得争取的"。因此，他们必须在公共的领域里找到他们的职位。实际上，整整一代的高校毕业生都轻而易举地混进了公共服务部门的计划、教学、监察和行政管理等职位中去。紧接在他们之后，这个进入通道被双重关闭起来，一方面是职位编制膨胀的结束，另一方面是新的官员比较年轻，这种情况与80年代的政治气氛息息相关。

用不太玩世不恭的口气讲，当时的很多改革需要更多的政府行为，这是显而易见的。改革需要有人去管理。这也适用于使"民主化"这一口号流行起来的那种事态发展的无意的后果。这个口号不得不受到种种责难，代人受过，但是，荒谬绝伦的是，它多半是不得不替那些与其说导致人民掌权不如说导致官僚体制化的倾向背黑锅。民主化意味着建立新的决议机构和召开很多会议。然而，决议机构和会议不仅需要花费很多时间，而且也需要消耗很多纸张。民主化意味着任何一项决策都要建立上诉机关，因而也意味着文件的生产。民主化也意味着个人的决断为深入的和明确阐述的理由所取代，这类例行公事要求有报表、档案和管理人员。那么没有统治的交往和要求为一切价值判断充分申明理由的理想的追随者们可能会相信，他们可用所有的人参与所有的事情来取代不容置疑的权威，但是，他们首先把大家都置于官僚体制的难言折磨之中。

改革年代公共服务部门膨胀的另外一个原因也是重要的。官员心态与多数派阶级的偏好和信念密切相关。即使在多数人不靠国家的静脉滴液维持生命（不像在瑞典那样）的社会里，安全和有条不紊的升迁、可靠又不太紧张的职业工作和一种可预计的公事公办的统治关系等方面的价值，已经变成人们在很多生活领域里优先的期望。这里嘲讽又是不合适的。公共服务的生活可能不太会令人激动不安，或者哪怕是令人兴奋不已，它可能没有为革新和不寻常的生活旅程留下多少回旋的余地，然而，它是一种能满足很多要求的、相当重要的社会结构。

这也是有关现代精神的矛盾的又一个例子。马克斯·韦伯似乎用他的理性概念的模棱两可特性，充分阐明了这类矛盾。理性地实行统治，可克服从前的统治形式的一知半解和随心所欲，但是，如果它得到极端发展，它也构成产生顺从依附的外壳的威胁，在这个外壳里，一切首创精神和任何形式的个人主义都被窒息。这个抽象的比喻具有十分特殊的关联，尤其是如果我们想一想福利国家或社会国家的话。它首先证明，什么东西被描写为善良意图的代价，而这个代价是昂贵的。福利国家体现着社会方面的公民权利。为了达到一种充分的公民身份地位的目标，正式的应得权利、收入转移支付、医疗健康保险计划、教育计划等，都是必要的。这样产生的一揽子计划是必须花钱支付的，必须进行管理的。这本身丝毫不会令人惊讶或者成问题。但是，社会国家的机器破坏社会国家的意图的时刻就要来临了。

在开支方面，社会政策计划要求几乎无限制的义务。教育或保健医疗福利永远没有够的时候。医学技术愈来愈复杂和愈来愈昂贵，人口和社会的因素导致更高的需求，这个时候，保健医疗福利尤其超出一切现实的费用水平。在收入方面，除了很多人有着不再进一步提高国家开支的愈来愈强烈的愿望外，也有种种问题。如果退休人员在人口中比例增加，对学生的培养教育时间变长，而且很多人找不到工作，那么对现有的就业人员和企业的征税，必然会超过一切合理的界限，有时会超过可能承受的界限。罕见的荒谬出现了。人们的实际收入在上升，而他们的转移支付收入也在增长。它们不再是所有公民的基本的应得权利，而是多数派阶级的成员们所期望的供给的一部分。在这当中，很多人发现，他们从国家拿回来的，实际上与他们先前交纳的一样多。税收作为应得权利又返回他们原来从中掏出来的腰包里。

这是一些不充分的陈述。人们还可以补充，至少得补充这个过程的行政管理费用，还有应得权利款项流通的摩擦损耗费用，它们的名称就叫做"官僚体制"。官僚体制是社会国家的最大的矛盾。它意味着，那些应该关怀他人的人，如教师和护士，淹没在行政工作中。此外，它还意味着，接受服务的人不能要求简单的和明白易懂的权利，而是不得不忍辱屈尊。他们必须填写表格，公开他们的具体生活情况，排长龙等待，才能在某些机关办公室商议和讨价还价，到底国家哪个部门应该负责为他们提供大锅饭。作为一种起初似乎是不可避免的以及可能确定如此的官僚体制化的结果，个人的问题被普遍化、格式化了，并被归入档案卷宗或计算机硬盘中，变成非个人的事例了。这种结果是不好的，并导致不快和恼火。很多人没有行使他们的应得权利，整个程序令他们厌烦，或者他们对此一无所知，或者他们不想知道，因为它会令人厌烦。一种公正的体制变成一种不公正的现实。

无疑，这是一些夸张的说法，不得误解它们，不得把它们看做是在给社会国家拆台。然而，在这里，我们借助它们应该能够强调 70 年代的发现：事物不能简单地再像以往那样继续发展。这个发现甚至也不局限在政治权利方面。当约汉诺·施特拉舍尔（Johano Strasser）撰写他的著作《社会国家的极限吗？》之时，他对他自己的问号给了一个肯定的回答，但是，他主张更多一些社会的福利，而不是更少一些。人们熟悉的社会国家借以界定社会问题的方式、方法（他这样立论道），实际上制造着新的社会难题。贫困化的老人、社会边缘化的客籍工人、年轻的吸毒者、"文明病"患者包括心理障碍患者、事故受害者，他们都生活在窘迫困顿之中，然而却没有有效的方法可以帮助他们。施特拉舍尔不能完全抛弃传统的左派对善意的国家的信仰，不过，他在寻找增进人的"自决权和负责任的参与"的精神的可能性，因此要求更多的自助，强化社会福利网，这是一种新的团结互助。①

这类解决办法固然可以讨论，然而困难的问题是一清二楚的。70年代的危机之一是国家的危机。社会国家只不过是提供了一个在民主的公团里产生过分强大的国家的例子。国家公共开支的发展情况说明了同一段历史。在经济合作与发展组织的国家里，国民生产总值的国家占有份额在70年代增长到50%，甚至更多。官员情结的根基不仅在于就业结构，而且也在于国家在经济上的作用。凯恩斯主义，或者不管它叫其他什么名字，征服了世界。各国政府到处而且在任何一方面都要求让自己来解决所有的问题，而这也是它们所期待的。这既适用于经济不景气，也适用于自然灾害，从最小的村庄，直至整个世界，无不如此。

一方面期望在上升，想一步登天；另一方面，失望虎视眈眈，就在下一个街角等待着人们。70年代也是一个"民主处于危机之中"（这里借用1975年致由欧美日首脑们组成的三边委员会的一篇报告的标题）②的时代。倘若要在参加关于经济增长辩论的经济学家之后，再加上一个长长的政治学家名单，这并不难，这些政治学家们在70年代对关于政府能否执政的辩论作出了贡献。此外，两种争论的链条至少在一个方面相互衔接。如果民主对于多数派阶级来说，成为政治的企业家们争取选票的一种竞争，而在这个竞争中的成败取决于是否有能力至少提供若干许诺过的物品，那么，供给的增长也是这种博弈发挥作用的一个必要的条件。在这种情况下，民主正在变成一种正数总和博弈，倘若经济数字相加不再能够正好得出正数总和，这种博弈就有危险。

我已经试图指出，民主的经济理论哪怕在最有利的情况下，也有严重的缺点，不过，在绝大多数的政治文化里，它是不能应用的。然而，经济状况对于政府能否执政的问题甚至是合法性的问

---

① 参见约汉诺·施特拉舍尔：《社会国家的极限吗？》（EVA出版社，科隆/美因河畔的法兰克福，1979年），第113页。

② 参见米歇尔·克罗齐（Michel Crozier）、塞缪尔·亨廷顿（Samuel Huntington）、乔吉·沃塔纳普（Joji Watanabe）：《民主的危机》（New York University出版社，纽约，1975年）。

题，有着显然的影响。英国作者詹姆斯·阿尔特（James Alt）观察了一个相当长时期的民意测验数据。他发现，人们认为虽然人们对直接和遥远的东西有着不可调和的观点，但完全有可能在一起生活，并且会相信，他们本身虽然情况很好，但是他们的国家却在经历着一个毋宁说是很坏的时期。虽然个人是满意的，但是政治上是不安定的。这在正常情况下，也是很有趣的。不过在 70 年代，这种正常的时代已经结束。人们骤然发现了在他们个人的舒适和他们国家的舒适之间的一种相互联系，而且两种舒适似乎同时在减少。当时，通货膨胀是各国政府软弱无力的最明显的象征。如果我们附和阿尔特的看法，结果"并不是一种抗议的政策，而是一种令幻想悄悄破灭的政策"。人们不再对政府期望很多。他们压低自己的期望。① 庞大的国家不是被拆毁，而是被它的公民们所离弃。

在一些乐于使用分量更重的词汇的文化里，这类观察导致这样的论断，即认为各种民主的（或者资本主义的或者现代的）社会处于一种"合法性危机"之中。② 这是一种令人压抑的和授人以把柄的表述，因此我避免使用它，不过也由于内容的原因，我避免使用它。合法性危机描写的是一种对各种政治机构的怀疑使得这些机构本身的生存成为问题的情势。在 30 年代初期的魏玛共和国里有过一次合法性危机。在 50 年代末期的法兰西第四共和国也许也经历过这样的危机，虽然法国危机的确切本质提出的问题，比 1959 年建立法兰西第五共和国令人揣想的问题还要多。在 70 年代，越南战争和水门事件在美国导致人们对总统职位设置的广泛怀疑，但是，宪法危机很快就过去了。没有任何迹象表明，在可预见的时间内，在世界上的民主国家里会发生类似戏剧性的事件。因此，如果像罗马俱乐部预告未作具体说明的失败灾难那样来谈论合法性危

---

① 参见詹姆斯·阿尔特：《经济衰退的政策》（Cambridge University 出版社，剑桥，1979 年），尤其参见第 269 页等。

② 例如，请参见尤尔根·哈贝马斯的《晚期资本主义的合法性问题》（Suhrkamp 出版社，美因河畔的法兰克福，1973 年）和克劳斯·奥菲的《资本主义国家的结构问题》（Suhrkamp 出版社，美因河畔的法兰克福，1972 年）。

机，这同样也是会把人引入歧途的。有新的问题，也会有变化。90年代的执政意味着有些不同于 80 年代的执政，后者又不同于 70 年代的执政。不过，这些变化的特征，毋宁说，是不动声响、悄然而至的。

这也是这么难于给所描写的各种进程命名的一个原因。尤尔根·哈贝马斯急中生智，干脆称这种现象是**新的漫无头绪**。至少在这一节里，我在这一点上附和他的观点。① 19 世纪的守夜人国家面对扩大公民权利的要求失灵了。实际上，在任何地方都不曾有过这样彻底的国家，至少在德国不曾有过。在德国，社会主义者的领袖拉萨尔怀着论战的意图，提出这个概念。不过，国家愈来愈多地接受新的任务，新的任务要求愈来愈高的税收和愈来愈多的官员，这种看法仍然是正确的。守夜人国家守护着法律和秩序，公民——或者在这种情况下是资产阶级？——则睡安稳觉，毋宁说，国家从守夜人的角色，变为施主。施主没有一时一刻不用眼睛盯住他的公民——或者他们最终是臣仆？这就导致了被米歇尔·克罗齐和其他一些人称为国家职能"超负荷"② 的状态。这种庞大国家能否完成它所承担的一切任务，这永远不是十分可能的，更不用说，既要让它完成这些任务，又要让它维护自由的宪法了。事实上，社会民主主义的国家尽管有社团主义和附属于社团主义的一切东西，完成这件事情比所能预见的还好一些，然而，后来它发现自己身陷于我们这章里所探讨的种种问题的泥潭里。一种恶劣的世界气候与对经济增长的怀疑、动荡的社会国家和公民参与的种种矛盾结合在一起了。

对于好些人来说，对这一切问题，有一个简单的回答。它就是

---

① 参见尤尔根·哈贝马斯：《新的漫无头绪》（Suhrkamp 出版社，美因河畔的法兰克福，1985 年）。哈贝马斯首先把这种表达与"乌托邦的衰竭"和"社会国家的死胡同"相联系。

② 在本书第 171 页注①提到的《民主的危机》一书里，米歇尔·克罗齐这样说。此外，凯斯·米德尔马斯在他的《工业社会的政策》（André Deutsch 出版社，伦敦，1979 年）里也有类似的说法："犹如一个超负荷的电路一样，这个制度开始烧毁保险丝，烧毁的量在那艰难的 10 年里，大大超过电工们的维修能力。"

少一些国家干预。然而，即使这种趋势转折的追随者们，当他们有机会这样做的时候，他们自己也未曾去实践这种转变。例如，以供给为取向的经济政策是一种引人注目的干预主义的方案，特别是如果系统地支持大的研究和技术项目也属于该政策的组成部分的话，而不管它们是否属于军事项目。另外那些把约汉诺·施特拉舍尔的建议推崇到作为一种替代性生活变迁的高度的人，同样也没有多少贡献。在作用方面，他们听任统治的权力去发挥，也就是说，听命于多数派的利益和生存机会。因此，"漫无头绪"起初曾经是（而且也许现在还是）日常的主题。庞大国家还将会以这种或那种方式伴随我们一阵子，虽然公民社会及其固有的人的活动的中心可能日益重要，使国家的任务重新减缩为定定基调和作为仲裁法官发挥作用。在国家充当守夜人和施主之后，要给国家取一个名字并非轻而易举。它将成为什么呢？成为一位能给人们以良好的感觉的鼓动者？成为一位假装控制一切但人们偶尔也能甩掉他的导游？或者也许是一位运动员教练，他既是比赛的一部分，又负责分配角色和关照运动员的情绪？

第四节 后工业社会？

在这本书里，我一直优先注重分析社会和政治的结构，而不是去推测诸如各种价值之类并不十分明确的情况。决定这样做是有其原因的。在价值的世界里，几乎一切东西都是适用的，很容易作出一些论断，同样也很难赋予它实质，更不用说对它进行反驳了。我们越来越接近直接面对的当前，当然就越不容易回避要去研究人们能有什么意见、什么感觉，因此能做些什么。很多结构尚不十分清楚，尚未结晶定形，因此，人们不得不在一种从前的物态中观察它们。"后工业社会"的概念与这种无定形的状态有些关系。

而且，这种状态并非是完全没有明确形式的。早在 70 年代初期，在经济合作与发展组织国家里，就业结构的某些变化就已经很大了。在整个战后的时代，从事农业的人数在日益减少，在工业中的就业人数起初不断上升，随后就达到和越过了顶点，扩张主要发生在服务行业的各种职业里（在这方面，国与国之间也有相当大的差别）。在经济合作与发展组织的大多数国家里，这些情况的发展在 70 年代具有一种还要更加戏剧化的形式。凡是在还有可能的地方（如日本、意大利、法国），从事农业的人数再次明显下降。到1980 年前后，在大多数经济合作与发展组织国家里，农业人口已在 10% 以下，在其中一些国家里，甚至在 5% 以下。同时，工业就业人数所占的比例也开始下降，而且在像德国和英国这样的国家里，下降十分明显，从占就业人数的一半降到 40%，或者更低。也就是说，现代的服务业经济在进一步扩展。1980 年左右，在经济合作与发展组织各国里，整个从业人员的 50% 以上是在服务行业的各种职业里工作——应该承认，服务行业职业这个范畴有些混乱——也就是说，既不是在第一行业里工作，也不是在第二行业里工作。这种趋势又继续发展了。

这种趋势只能在技术的意义上，为"后工业社会"的说法辩解。如果工业意味着生产，而社会以占主导地位的职业活动来表示其特征的话，那么工业社会已经为服务社会取代了。多数派阶级也是一个服务阶级。但是，"后"字的辩护士们的语言则有别的意图。它与认为职业结构里的变化伴随着价值演变的论点有关。对于价值演变，我们已经采用若干方式描述过了，这些方式是不能毫无困难地调和起来的。

丹尼尔·贝尔提出了"后工业社会"的概念，他首先感兴趣的是就业结构的变化。现代的社会逐渐疏远货物生产，新生的进步力量在同等程度上出现了。这些新生力量首先与知识和信息有关。而且，这些力量及其科学基础已经经过了试验和错误阶段，并且达到了一种标准化、系统化的程度。反过来，这意味着，科学家和技术人员业已变成了一种扎下根基的和不可或缺的社会范畴。正如贝尔所指出的那样，他们表示着一种"新的社会分层原则的出现"。他们的世界是一种很自觉的世界，如果不说是一种理性的世界的话。"计划提供了一个特殊的决策场所，它同市场较为非人格的和非集中化的作用恰恰相反。"倘若人们重新阅读贝尔的书，那么，他的基调特别引人注目，毋宁说，它基本上是一种工业社会的语调，尽管是一种由生产向着由信息推动经济增长发展的社会的观点。

虽然这部著作发表于1973年，但是《后工业社会》也是一部60年代的作品（有些人会认为它是一部80年代的作品，在80年代，作为新的可能的经济增长火车头"信息社会"已经成为时髦用语）。它诞生于某种对2000年怀抱的偏执观念，然而这种偏执观念从来没有超出对从前趋势的外推分析。贝尔是当代最敏感和最杰出的社会分析家之一，他完全意识到了这个事实。1976年，他又为从前的研究增添了一部完全不同的著作，即《**资本主义的文化矛盾**》。在该书中，他立论道，虽然社会结构可以称作一种"技术—经济秩序"，但是，西方文化取向是一种完全不同的方向。勤俭节约、艰苦劳动和先苦后乐等新教伦理，决定了数世纪的资本主义的经济增长，最后却毁灭于一种直接消遣的文化。不是生产而是分配，不是创造而是销售，主宰着生活，而销售会鼓励铺张浪费。经济建立在效益和合理性的基础之上，文化则是由松弛的（和毫不紧张的？）乐趣和娱乐决定的；文化已经变成"基本上是享乐主义的，这些由贝尔在 70 年代所暗示的发展,在 80 年代达到顶点。10年的赌场资本主义是靠负债滋养的。必须拿未来作抵押,而不是花销过去积攒的储蓄。在股票交易所里,还在进行期权和**期货**的交易,而这类未来的价值可能永远不会成为面前的东西。推迟消费意味着人们今天劳动是为了以后某个时候享受成果,而现在新的气氛是先享受(也许)后劳动的气氛。而且,这不仅是一种单纯的气氛,甚至是一种时髦。倘若没有缔结愈来愈复杂的信贷协议,个人的生活也好,整个国民经济的成就也好,都将无法维系。于是,一些新的外推法分析专家看到在这条道路的尽头会有更多的灾难。他们以企业破产、银行丑闻和股市暴跌的例子为证,然而,他们最终很可能将会同他们在罗马俱乐部的先驱者们一样误入歧途。无论如何,有迹象表明,文化态度会有所变化。

而且,由新教伦理向着享乐主义的转变,不是一般与"后工业主义"相结合的唯一的演变。不如说,还有罗纳德·英格尔哈德(Ronald Inglehart)的整个"静悄悄的革命",它同样也发生在 70 年代。英格尔哈德喜欢把他的各种结论与罗马俱乐部的难题和丹尼尔·贝尔的理论联系起来。然而在其核心,他干脆断言道,在西方的社会里,有一种缓慢的然而肯定无疑的从"物质实利主义的"价值向"后物质实利主义的"价值转变。② "西方社会公众的价值业

---

① 丹尼尔·贝尔:《后工业社会》(Basic Books 出版社,纽约,1973年)和《资本主义的文化矛盾》(Basic Books 出版社,纽约,1976年),第 70 页。很难不提醒大家注意,当贝尔谈到社会经济的结构和文化的"对立"时,他实际上是在描写他的这两本书的对立。只有少数作者像贝尔那样对社会发展有着如此生动的感知,因此,他的著作是战后时代的里程碑。不过,它们也暴露了它们的时代局限。《后工业社会》属于 60 年代和 70 年代,《资本主义的文化矛盾》属于 70 年代和 80 年代(以及《神圣的回归》属于 80 年代和 90 年代)。

② 参见罗纳德·英格尔哈德:《静悄悄的革命:西方公众的价值和政治风格的变化》(Princeton University 出版社,普林斯顿,1977 年)。引文见第 3 页和第 285 页,定义见第 40~42 页,图表 2—6 归纳了"西方公众的目标"(见第 49 页)。对 1970 年、1973 年和 1976 年的比较见表 4—1(第 104 页)。

已从占主导地位的强调物质舒适和人身安全转向更多地强调生活的质量。"各国之间和各国内部的不同群体之间存在着区别。不过，一种现象特别突出。老的工人阶层"资产阶级化"了，并且在政治上向右移动，年轻的中产阶级之中的一个新左派变成一支社会和政治力量，它赞同"后物质实利主义的"价值。这也许是建立在雷蒙·阿隆的世界的富裕与和平之上的，因此，这是一种价值模式，这种价值模式在迅速传播，在可预见的未来，完全可能主宰天下。

英格尔哈德没有用这些话语，然而，这是他的论点。人们可能怀疑，他的民意调查数据是否足以作为证明的手段。事实是，英格尔哈德的"物质实利主义"（Materialismus）和"后物质实利主义"（Postmateriasmus）的关键概念仅仅各自涵括和归纳了六个调查项目。而且按照英格尔哈德的理解，"物质实利主义"既包括偏爱法律和秩序，也包括经济稳定，这至少让左派和右派的划分问题变得更加错综复杂起来；而属于"后物质实利主义"的不仅有对爱美，而且也有言论自由和更强烈参与政治进程的愿望。此外，在所有被调查的国家里，即在欧洲共同体的九个成员国和美国，"物质实利主义的"价值在等级排列上排在"非物质实利主义的"价值之前并保持若干的距离。在 1973 年，除了丹麦和卢森堡以外，反对通货膨胀到处都是占主导地位的价值。在丹麦，秩序的必要性具有更高的价值；而在卢森堡，经济增长排列在第一位。平均而言，经济增长处于第二位，虽然在抽样调查中，意大利人认为同犯罪作斗争十分重要，而法国人则首先渴望一种"不太是无人情味的社会"，一种后工业的社会。

按照英格尔哈德的观点，一种新的趋势开始了。"经过长期的几乎不间断的经济增长之后，政治辩论的主轴从各种经济主题向着生活方式主题推移，其中包括一种那些寻找改变的人组成的社会的变迁。"他的材料与其说是令人信服的，不如说是引人深思的。他一再重提 1970 年、1973 年和 1976 年的问卷调查，从中显示出，在一系列国家里，在 1973 年（估计在该年 10 月石油危机冲击之前）人们比 1976 年少些"物质实利主义"。换言之，我们在与摇摆不定的价值打交道，这些价值处于更为转瞬即逝的影响之下。也许，"后物质实利主义"的气氛不太像 70 年代的一种特征，不太像是一种新的趋势。它完全可能是 10 年的危机的征兆，而不是事物有一种新方向的迹象。

在经济合作与发展组织的世界里，20 世纪 70 年代也是一个令人眼花缭乱的时代。对于某些人来说，这 10 年正好带来了那种目标的实现（我在这里已经把那种目标的实现与战后光荣的 30 年岁月联系在一起），即带来了公民权利和相当的富足。事实上，有些人回忆起 70 年代，总是把它看做首先是在应得权利问题上取得重大进步的一个时代。妇女运动的女性积极分子们做这种估计肯定有其道理。另一些人有着不太令人满意的经历。实际工资被通货膨胀钉住不动；就业变得日益困难。在这 10 年中，这种情况开始首先触及 1968 年的那些孩子们。他们的"后物质实利主义"与其说产生于偏爱，不如说是产生于绝望，虽然他们的基本情绪有助于唤起保护环境、为少数派争取权利和争取裁军的新的社会运动。

到了 70 年代，政治家们有了特殊的困难。在德国，改革政治家维利·勃兰特让位于实干家赫尔穆特·施密特（Helmut Schmidt），施密特的社会民主党在这 10 年末尾之时，与他渐行渐远。在法国，瓦莱利·吉斯卡尔·德斯坦（Valéry Giscard d'Estaing）徒劳无益地通过中间派，把手伸给了左派，他首先失去公众舆论的支持，随后于 1981 年的选举中败北。在 1970 年哈罗德·威尔逊出人意料地竞选失败之后，爱德华·希思 1974 年在英国也遭受到同样的命运（"谁治理这个国家？"）。在经历了 1979 年的"令人不舒服的冬天"之后，威尔逊的接班人詹姆斯·卡拉汉的日子也没有好过些。在美国，早在 1973 年理查德·尼克松的辞职就把这个国家在很大程度上置于动荡不安之中，之后，两位在职总统于 1976 年和 1980 年竞选连任失败。在这些事件的每一件的背后，都有一段特别的历史，然而在 70 年代，人们可能经常会听到那些有权势者说，在艰难的时代，重新当选连任几乎是不可能的，因为太多的期望落空了，令人失望。在 80 年代，执政者们总是而且似乎不费吹灰之力就能在选举中当选，80 年代是多么不同啊！

如上所述，对于过早地评价社会发展的转折点，应该小心谨慎为好。也有一些东西，如颠倒事实关系的因此也会把人引入歧途的具体性。1970 年 1 月 1 日也好，1979 年 12 月 31 日也好，在我们论述的上下文关系中,都没有什么意义。不过,必须指出,几十年的经济增长和社会进步是在一个漫无头绪、扑朔迷离的阶段中结束的。过去的成就制造了一些新的难题,对于这些新难题不再能够采用那些久经考验的方法加以解决。外在的和内在的因素结合为一种不安定的综合病症,有些人开始相信,末日即将来临,咄咄逼人。假如70年代靠20世纪末更近一些,那么从这10年中也许已经诞生出一个新的千年王国之统治(Chiliasmus)①。很多人看到停下来好好思考的时代已经到来。如果说在这一种价值观念的讨论中,含有某种嘲讽,那么,它并不意味着这个题目没有现实意义。当经济增长和社会进步同时受到了压力之时,价值也受到了挑战,而且发生了变化。过去曾经多次要求要有某一种趋势的转折。在近代历史上,第一次出现并非来自左派,而是来自右派的关于政治和社会的创新性的思想。② 此外,很多混乱的思想出自政治派别。人们从这类观察中得出的各种结论,必然会有某种个人色彩。我的基本出发点是,返回到社会民主主义的甜蜜现实之路是不存在的,虽然由于缺乏可信的替代性选择,社会民主主义的残余起初可能是一种可以接受的次优答案。而且,返回到昨日痛苦的梦幻之中去的道路更是不存在的,即不能回到社会达尔文主义及其代价之中去,这种代价为整整一个世纪的演变提供了契机。前进的道路要求重新确立公民权利、生存机会和自由的内容。

---

① 这里借用《圣经·新约》里的传说。Chiliasmus 原指期望基督复活之后统治千年王国,见《新约·启示录》第20章第1—10节。——译者注

② 德国人喜欢用的时代的概念是"趋势转折"的概念,1982年的政治"转折"到来之前,关于这个题目的文章已经汗牛充栋。在美国,罗纳德·里根当选总统之前,围绕着《评论》和《公共利益》等杂志展开的关于知识分子的新保守主义的讨论,情况也类似。

第七章

阶级斗争之后

第一节 失业

"滞胀"是70年代种种难题的症候:除了人们愈来愈高的期待外,似乎什么东西都不行了,这一矛盾变得令人有切肤之痛。80年代有另外一些症候。其中之一似乎人们可以从中窥见,似乎一切都行,而且直至能做的都做,有时还超出这个限度。赚得很多,但是也冒了很多风险,而最后也损失很多。在引起轰动的崩溃之后,随之在那些过于大胆猛冲勇闯的人当中,出现一些不太能够看得出来的恐惧。供给的曲线变化迅速异常,几乎无法观察其全貌。但是,这里应该把注意力放在应得权利上,即注意在雷蒙·阿隆的时代之后,在那些改革和新的漫无头绪之后,是否产生了一个可能决定着未来冲突的、新的社会问题。也就是说,我们的目光必须转向80年代的另一种症候,即相当可观的经济增长和居高不下而且持久的失业之间奇特的矛盾。

在70年代,失业率就已经上升了。谁也不会对此感到惊讶,初看起来，这是经济活动放慢的一种正常的伴随现象。因此，当经济合作与发展组织各国的经济开始从70年代的危机中复苏过来之时，失业人数也下降了。然而，下降幅度比人们预期的要小一些，而且很快就完全停止，不再下降。在80年代经济景气的时代，失业率几乎到处都很高，在一些国家里，甚至有所上升。在像德国、法国和英国这样的国家里，政府起初相信，100万失业人数会使它们的落选成为不可避免的结果，但是，很快这类担心就被忘得一干二净。2%和3%的持续的经济增长率，就把人们的视线引开，使他们不去注意在一些5 000万到6 000万人口的国家里失业人数超过200万大关的事实。5%的失业率开始被视为正常的，而10%的失业率开始被视为可以忍受的。

这并不同样适用于美国。在这一章里，首先特别要讲一段欧洲的历史（不包括像瑞典和瑞士这样的欧洲国家）。如果对在欧洲、美国和日本的劳动和失业作比较研究，将会清楚地发现令人目瞪口呆的差异：欧洲的僵化性、美国的流动性和日本的家丑不外扬的做法。①不过，我们的讨论还是暂时留在欧洲。

在一个经济增长时代的高失业率，向我们提出了经济发展的问题，提出了劳动和公民身份地位的历史的问题。为了从经济发展问题开始分析，首先必须再次强调80年代增长的特殊品质。这种增长对于很多人来说是令人惊讶的。奥尔森不是已经给我们讲过，要打破"滞胀"的僵化，必须有一场战争或一次革命？革命是占主导地位的经济政策的一种向供给方面的转折，而战争则用民主的手段进行，针对工会，也针对福利国家的某些利益。转折的发起者首先根本不是在严格的熊彼特的意义上的企业家，而是一些政治家，如罗纳德·里根、玛格丽特·撒切尔和其他一些在经济政策上追随这两人的不同政治色彩的人。

80年代增长的历史发展绝不是直线形的。对于很多国家来说，这个10年开始于一个深深的低谷。1982年之后，才可以在整个经

---

① 这是经济合作与发展组织的一份《关于劳动市场灵活性的报告》的最重要的研究结果（经济合作与发展组织，巴黎，1986年），这个报告是由笔者主持下的一个小组委员会提出的。

济合作与发展组织的世界里，谈论经济的高度景气。这10年行将结束之际，首先是在1988年和1989年，经济景气的程度达到了令人头晕目眩的高度。比如在大多数国家里，国民生产总值的年均增长率为3%。这是一个巨大的数字，如果人们考虑到这里谈的百分比对应的国民生产总值相当于1950年的4倍。倘若把增长率折算回每年增加的货物和劳务的数量，那么，这个数量比50年代和60年代增长得快得多。80年代是经济奇迹的10年。

但是，这是什么样的一种奇迹？苏珊·斯特兰奇提出了已经多次引用的"赌场资本主义"的概念。① 80年代的奇迹是靠债务和大胆冒险的资金运作滋养的，如果不说是靠投机的话。华尔街和伦敦的股市打破一切纪录并非偶然，其他地方的股市稍事犹豫后也紧随其后。有些人赚得的然后又投入的钱，其规模超出一切想象，首先是超出从前的经验，是从前闻所未闻的。也许，这在某种程度上适用于一切经济高度景气的阶段。然而，80年代似乎是特别棘手的年代。大西洋两岸的经济分析家，如费利克斯·罗哈廷（Felix Rohatyn）、彼得·杰伊（Peter Jay），早已看到经济合作与发展组织各国的经济已经处于"深渊的边缘"。1987年春，一本未来学派的著作《1990年的大萧条》成为美国的畅销书。② 这年10月，股市经历了第一次大危机，两年后又发生一次大危机。股市崩溃不一定意味着衰退，有时候股票的市值似乎脱离了企业的发展业绩。然而在这10年结束之际，现实的国民经济向我们提出了一些问题。在这10年间，究竟可持久增长的成分有多大？奇迹到头来是一种错觉吗？无论如何，暗中的怀疑伴随着飞黄腾达者们刚刚得到的新鲜的财富。

其中一个原因，肯定在于明显存在的不成功者们，因而也在于

---

① 苏珊·斯特兰奇：《赌场资本主义》（Blackwell出版社，牛津，1986年）。斯特兰奇教授并不是乐观的："因为如果纯粹的幸运开始占主宰地位，并且越来越多地决定着人们身上发生的事情，而技术能力、努力、首创精神、目标明确、努力奋进和艰苦劳动，越来越不算数，那么，对社会和政治制度的信赖和信仰就不可避免地迅速减少。"（第2页）

② 参见费利克斯·罗哈廷：《谈边缘》，载《纽约图书报》第34卷第10期（1987年6月11日）。杰伊大使尤其在演讲里发表了自己的观点。畅销书出自拉维·巴特拉（Ravi Batra）手笔：《1990年的大萧条》（Simon & Schuster出版社，纽约，1987年）。显然，不乏对1987年10月19日的灾难的警告。

失业。在欧洲，80年代的增长对失业者几乎没有什么帮助。也许，认为它在某种方式上是建立在失业之上的论点，甚至也能说得过去。是的，有两种提高生产率的方法。一种方法是同样数目的劳动力生产更多的产品；另一种方法是由较少的劳动力生产同样数目的产品。在80年代，后一种方法被广泛传播。各国政府为其国家竞争力忧心忡忡，它们允许雇主们把其就业人员缩减到必不可少的最低限度。减负后的企业的产量与从前一样多，如果不是更多的话。关于人均国民生产总值和人均劳动量（用劳动的总时数来衡量）之间的关系，德国有令人信服的数字。① 直至50年代后期，两者都在提高，虽然当时国民生产总值的提高已经比劳动量的提高更快了。不过自那时以来，两种曲线就分道扬镳了。今天它们呈反向发展关系。如果1950年国民生产总值为100，1986年则上升到400，而人均劳动量起初上升到110，后来在同样这个周期内则下降到66。从少得多的人的劳动中，产生了高得多的供给。

根据这类观察进行外推法分析，历来就有。因此，政治家和经济学家们几乎还不能为它们所动。特别是认为技术的发展会使人的劳动成为多余，这种思想在过去的200年间已经是老生常谈，比起50年代关于自动化大辩论时，今天这种思想更难找到官方的追随者。然而，那些认为他们对这一切已经至少听过一次的人来说，应该小心谨慎为好。劳动的本质和作用已经发生了深刻的变化，这些变化给个人生活和社会结构打下了深深的烙印。今天，劳动不再是对社会问题的公开回答，而是本身成为新的社会问题的一部分。

劳动是工业世界的普遍的主题。一些重要的作者们长久以来就认识到这种情况。② 他们也发现了一种荒谬的现象。现代社会是一些劳动社会，是围绕着劳动伦理和职业角色构建的，但是，它们也被一种幻景推动并向前发展，甚至可能是被一种日益变为现实的没

---

① 这些数字是波恩经济和社会政策研究所的迈因哈德·米格尔（Meinhard Miegel）研究得出的，报告发表于1987年2月20日《时代报》上。

② 这个主题有着一段很长的历史。最近我从两位与社会领域新学派有密切关系的作者那里学到很多东西，得益匪浅。汉娜·阿伦特：《人的条件》(University of Chicago 出版社，芝加哥，1958年)；罗伯特·海尔布伦纳：《劳动行为》(Library of Congress 出版社，华盛顿，1985年)。

有劳动的世界的前景推动向前。人们在成为公民之前，有职业，至少有临时性工作，无论如何，在他们出生之前，他们是作为消费者的。通往供给的世界，有别的道路可走，有各种歪门邪道，但是，正常的道路是从事职业工作。职业工作决定着收入（包括转移支付收入）、社会威望、自尊自爱，以及人们组织他们生活的方式、方法。从事很长时间的连续数日的沉重劳动的日子被视为无法忍受的重荷，自从几世纪以来，尤其在工业社会里，享有特权的阶级是一个饱食终日、无所事事的悠闲阶级，很多人带着惊奇和嫉妒的眼光注视着这种特权阶级。

这种荒谬现象以某些方式发展着，有着令人惊讶的影响。在劳动的社会里，人的生活有一种清楚的结构。在那里，孩子们在正式进入职业世界之前，处于生命的早期阶段；在那里，在每天、每周、每年，从事职业的人员都有一些时间不必劳动；最后是生命的黄昏到来，即从职业上退休。在100年前，甚至在50年前，生命的所有这三个方面都与第四个方面相联系，即职业劳动。童年就是通过学习技能和熟悉各种价值，为劳动作准备；闲暇就是从劳动中得到休息，恢复体力和精力，为了能够接着劳动；退休就是对长期的劳动生涯的奖赏。今天，这三个不必劳动的阶段，统统都有其自己的意义。它们的范围都扩大了，而且往往被作为独立的范畴来界定。教育和培训的世界有着它自己固有的价值观念。有些人认为，教育和培训的世界主宰着现代社会，是以牺牲劳动为代价的。闲暇产生了一个自己的、新的经济部门，不少人从业余活动中至少得到与从职业工作中得到的同样多的个人满足和社会承认。退休业已成为生命的第三个年龄段，它对于很多人来说将持续20年之久，或者更长，产生了它自己固有的结构，而且从"第三个年龄段的大学"直到政治舞台上的"头发灰白的豹子"，都是这样。

这种事情的发展对于劳动已经有了意料不到的后果。烦躁不安的新的保守派在赞扬劳动的美德方面，与惊吓得目瞪口呆的社会党人携手结为同盟，而同时，二者都不能为所有的人提供就业。实际上，他们关心的是社会和政治控制，迄今为止，除了职业劳动纪律外，还没有发明其他的机制可以进行这种控制。劳动骤然成为一种特权，而不太像一种重荷。最近，甚至连上层的各种群体都很难被描写为一个饱食终日、无所事事的悠闲阶级；毋宁说，它们是一个**因怕遭辞职而过度劳累的工作狂阶级**（workaholics）。它的很多成员经常抱怨，说他们的工作日和星期天几乎没有什么差别，他们好几年没有真正度过假；然而事实上，这类埋怨只不过是"炫耀性消费"的一种形式，即公开炫耀在劳动方面的新富。

一个小小的数字游戏能说明已经发生的情况。在经济合作与发展组织国家的社会里，今天 20% 的人口未达劳动市场向他们开放的年龄，另外 20% 的人口处于退休的状态，10% 的人口在教育机构里度过他们的时光（这些平均值当中，有些毋宁说，定得太低）。所剩下的 50% 人口当中，一些人找不到真正职业活动意义上的工作；另外一些人不管出自什么原因，总是不能工作。如果设想这两部分人共计占 15%，极可能是不会错的。如果我们再设想一下，还有 10% 的人失业，那么就只剩 25% 的人口了。这 25% 的人口一年大约有一半的日子是在他们的劳动岗位上度过的，而在这些日子里，他们的职业要占用他们清醒时间的一半。① 我们还真正生活在一个劳动的社会里吗？

回答是肯定的，而且失业者的命运提供了证明。他们是一个不适合放进我们的计算里的群体。我们丝毫不反对有人是大学生，或者是养老金领取者，或者是在世界各地旅行度假的职员，或者甚至是在无授课任务的年份中的访问学者、客座教授；当家庭妇女，对

---

① 另外的一些数字游戏可以补充这个情况，有些还从令人惊愕的角度提供补充。就拿产业工人每年工作小时的数字统计来说吧。日本在经济合作与发展组织的排行榜上以 2 156 个小时位居榜首，这是谁也不会感到惊讶的；不过，德国以 1 708 个小时排在榜尾，倒是令人诧异的。瑞士（1 913 个小时）和美国（1 912 个小时）排位很高，法国（1 771 个小时）和英国（1 778 个小时）则排位很低。参见 1987 年 2 月 13 日的《时代报》（安格斯·麦迪逊在本书第 188 页注①所引用的论文里提出一些不同的数字）。乔纳森·格叔尼（Jonatha Gershuny）把这里讲述的宏观史应用到微观史上，并且通过劳动过程的最近的发展，计算出人们每天"节约"了多少小时。他也思考了这类变化对个人和社会的后果，而且也考虑了如何能够赋予这样赢得的闲暇时间以意义和重要性。例如，请参见《生活方式、革新和劳动的未来》，载《皇家艺术协会杂志》第 85 卷第 5371 期（1987 年 7 月）。

于某些人来说是侮辱性的,哪怕对于另一些人来说是很舒服的;作为智力或体力残疾者,不能参加劳动是很悲伤的,然而又不可避免。但是,失业却另当别论,这是不能接受的。它损害人的自尊,使他们的日常生活陷入混乱,使他们依赖国家的救济。失业把他们排挤出公民的共同体,因此又制造着新的应得权利问题。

这一分析的命题意味着,80年代的失业,在一些重要点上有别于同一现象的从前形式。很久以来,人们就曾为他们的工作岗位而忧忧忡忡。他们往往是季节性变动或者企业家任意专断、随心所欲的牺牲品。在19世纪晚期,第一次发现经济上系统性的失业原因。① 充分就业变成社会和政治改革的主题。充分就业被解释为值得期待的,并且要求政府采取措施,争取实现充分就业。尽管在这当中所应用的是应得权利语言,所有这些都是建立在健康的经济增长会带来充分就业的假设之上的,而且反之亦然。从以前要求把临时工正规化,到通过国家财政预算和公共劳动工程来进行需求管理,直至广泛的"在自由社会里充分就业"计划(而在英国,所有这些措施都与威廉·贝弗里奇和约翰·梅纳德·凯恩斯的名字联系在一起),那时毫无疑问,都认为失业不仅是有失尊严的,也是浪费劳动力的,而宏观经济的扩张是解决这个难题的一个不可缺少的部分。自从1980年以来,这一切就不再是十分清楚明确的了。有迹象表明,经济增长在某种程度上与就业发展脱钩。因此,一种充分就业的政策也许必须走完全不同的道路。

这并不意味着,没有很多事情可做了,而应该意味着,工作的分配已经变成困难的问题,而且也意味着,在一种能使大多数人维持体面的生活标准的收入水平上,也许没有足够的职位。这种事态发展的种种直接原因可能是技术性质的。几十年来,人们发明了越来越新的、越来越节省劳动力的机器和装置,不断取得进步。不过,似乎缺乏职业岗位的更深层的原因是社会性质的。新的发明转

---

① 参见何塞·哈里斯(José Harris):《失业与政策——1884年至1914年英国社会政策之研究》(Oxford University 出版社,伦敦,1972年);亚历山大·凯萨(Aloxander Keyssar):《丧失工作——曼彻斯特失业100周年》(Cambridge University 出版社,剑桥,1986年)。

化为产品,其原因在于新发明能降低成本和增加可靠性。而这些原因又与有组织的雇员们捍卫实际收入(有时凭借立法的帮助)息息相关,与难于控制和稳定人的行为举止息息相关。如果我们还更深入地挖掘,那么,我们很快又遇到现代劳动的历史。

这肯定是一部成功的历史。以更少的劳动创造出更多的东西的能力,创造着很多新的生存机会。自从1870年以来,在今天的经济合作与发展组织各国里,经济的总产值也许至少增长为10倍,然而同时,人均劳动工时的数字却下降了一半。① 建立一种他治劳动和自治活动的新关系是可能的,它将克服工业劳动社会的较麻木的做法。劳动的质本身可以得到改善。劳动世界里的上下级关系中不可避免的问题要素,可以通过从业人员的代表制和共决制加以缓和。一些人工作狂热、劳动成瘾,另一些人则可能在他们不必在其劳动岗位上度过的时间里,施展他们的天赋。不管在劳动世界之内和之外,到处都有更多的活动空间。② 然而,这并非对大家都适用。用较少的人力的投入,生产出更多的东西,这个事实意味着劳动是可以变得短缺的。这反过来也有这样的结果,即在某些特定的条件下,有些人最终会被挤出劳动力市场。

那么,这是一些什么样的条件呢?要求"自然"失业率为6%或者另一百分比,不会有多少帮助,尽管"自然"一词意味着所理解的失业率是指没有通货膨胀危险的也不可能再降低的失业率。在最近发表的出版物中,经常谈到劳动力市场是细分为两个或者更多的相对孤立的局部市场,这些孤立的局部劳动力市场有着它们自己的技术资格要求和进入通道。这类进入障碍的存在有助于我们理解,为什么没有一个完善的劳动力市场,为什么某些特定群体在经

---

① 参见安格斯·麦迪逊:《先进资本主义经济的增长与衰退——定量评估技术》,载《经济文献杂志》第25卷第2期(1987年7月),第686页。

② 这里提出了概念问题,但是还有更多概念问题。汉娜·阿伦特(参见本书第184页注②)区分了(为了生活的)"劳动"(labour)、(为了制造东西的)"工作"("work")和"行动"("action")。罗伯特·海尔布伦纳用"工作"("work")代替所有这三个概念。在这里,我采纳了马克思对(他治的)"劳动"和(自治的)"活动"的区分,这种区分与亚里士多德的"实践的"生活和"理论的"生活的活动有着遥远的联系。

济波动发生影响之时，总是首批离开劳动力市场和最后一批返回工作岗位，但是，它本身却并不能解释长期失业。与此相反，实际工资是否存在灵活性却能提供这样一种解释。如果工资在实际上富有刚性，不可能创造在一种其收入水平大大低于现有各种职业普遍收入水平的就业，那么，在一种狭义的货币意义上，失业（对于整个社会）就比充分就业更便宜一些。

不过，还有其他的因素。其中之一是，失业并未触动经济的很多核心功能。很久以来，农业已经是一个高劳动生产率和低就业率的部门。在作为货物生产的第二产业意义上的工业，紧随农业之后，也迈步在这条道路上。工业生产在增长，工业就业则在萎缩。在第二产业里仍然留下来工作的工人们，从合理化的某一个特定点上开始，拥有相当可靠的工作岗位；无论如何，他们的报酬不菲。然而，其他人会发生什么情况呢？

于是，首先有一个必要的第三产业，我们需要在那里工作，以保持第一产业的生产和第二产业的运转。在传统的行政管理和分配部门里的就业增多了，而且它也必须增多，以满足人们的日益错综复杂的变化多端的趣味和需求。外加某些其他的活动，尤其是与组织收入转移支付或者社会方面的给予权利有关联的活动。在所有这些领域里，生产率是一个比在农业或工业里更为复杂的概念。新的领域的扩张迫使一般生产率指数下降，然而，这并不十分重要。第一产业、第二产业和传统的第三产业里的工作，构成可以称之为社会经济核心领域的东西。这个核心领域在明显低于充分就业水平情况下，还是能够维持下去的。

因此，如果人们想要充分就业，就必须创造一些比较无关紧要或者可有可无的职业。这显然是一种很成问题的想法。谁来决定，一种职业在严格意义上是否有必要？个人的服务职业曾经大量存在过，随后它们又几乎完全消失。最近，它们又作为有组织的服务行业重新兴起，作为洗衣公司，"在轮子上供餐"的企业，或者也包括擦鞋店铺。不过很显然，这种企业并非处处以同样的规模存在。倘若人们编写整理出一份维持一个现代国民经济运行所必不可少的职业的清单，那么，人们不必收入这类明显具有社会特异性质的服务。

其他的一些例子还要复杂一些。有人说过，"信息社会"产生了太多的信息，超过任何人能够利用的数量，然而，这里包括各种需要相当高技术资格水平的职业。人们一再听到关于公共服务机关职位明显过多的报告；人们只要想一想帕金森定律①以及在英国海军中船舰数目和从业人员数目之间的反向关系就知道了。有时人们也提出疑问，经营管理咨询公司的繁荣是否大大改善经营管理，更不用说改进生产了。因此，产生了形形色色的职业，它们在时世兴顺之时为那些富裕的人的富裕作贡献；而在时世艰难之际，它们是可有可无的。实际上，其中有些职业会首先被裁掉，如果不得不严肃对待竞争能力的话。

然而，提供这类形式的就业可能也是值得追求的，虽然还将谈到它们的社会代价。在这个问题上，多数派阶级的看法是有分歧的。一方面，它的成员们睁着敏锐警惕的眼睛，关注那些"真正的"职业或者至少如此标榜的、仿佛就是"真正"职业的职业；另一方面，他们并不喜欢失业的无序。无论如何，在那些拥有可靠的、高工资的和显然很有意义的就业工作的人和那些不拥有这一切的人之间，开始形成一道新的界线。在那些存在实际工资刚性和多数派阶级目光短浅的国家里，长期失业就是症候之一，虽然真正的分界线与其说划在从业人员和失业人员之间，不如说划在低收入的那一半从业人员的中间位置。

由于这样一些事态发展所造成的应得权利问题是严重的，它绝不简单。工作岗位作为劳动社会里的生存机会的关键，很长时间不仅作为进入供应世界的入场券，而且也是公民身份地位的前提条件。职业仿佛就是通往应得权利世界的针眼。例如，选举权往往是以人们是纳税人和后来又是某些特定的职业等级的成员为前提的。一般地，社会方面的公民权利过去是（而且今天仍然是）与职业工作相关联的，尤其是为了社会方面的应得权利而规定的保险原则，是与职业活动相联系的。在给公民身份地位下定

---

① 所谓"帕金森定律"是英国历史学家和新闻记者西里尔·诺斯古德·帕金森（Cyril Northcote Parkinson）1958年提出的、关于官僚体制扩张的规则，他认为纯官僚体制的工作将扩大至它把整个供支配的时间填满时为止。——译者注

义时，我曾经强调指出，公民身份地位不是一种交换契约的结果，因此也是不能够出售的，即公民身份权利是不能交易的。基于这个原因，公民身份地位同职业分开意味着进步，尽管劳动世界的主人们多么希望他们能够扭转这种进程，使之倒退。不过，应得权利派在企图确立某一种劳动权利时，它很快就开始犯着它的固有的错误。这既不是一句空话，也不是滥用"权利"一词。为所有的人找到工作，这可能是值得争取的，而且对此作出许诺的政治家们可能也会被认为是有益的；然而，没有任何一位法官能够强制雇主去雇用失业者。无论如何，在自由的国家制度下，情况就是如此。而且，为就业而就业，就是一剂没有经济效益的药方。为了自由的利益，更为重要的是确立不劳动的权利，因此，政府就不能强迫任何人，陷入一种他或者她想摆脱的依附关系之中。这样说绝对不是开玩笑；毋宁说，它是明确一方面是权利和应得权利、另一方面是政治和供应的概念的结果。

因此，持续长久的失业就提出应得权利问题。只要通往市场的进入通道因而也是通往供给的进入通道仍然取决于就业，那么，失业就意味着这条进入通道仍然被阻塞。哪怕失业救济金和失业补助保护人们不受极端贫困化之苦，情况也还是如此。在欧洲，已经开始了关于劳动和公民身份地位日益分开的辩论。有些作者和政治家，把从劳动中解放出来视为通往解放道路的必要一步。在美国，也有一些激进的作者持针锋相对的立场，并且论证道，劳动，包括它所带来的权力关系和依附关系，是文明的一个前提条件。① 辩论重拾古老的话题，而且由于劳动世界发生了那些我已暗示过的变化而具有了现实的意义。不过，对于失业者来说，它很难令人感兴趣，对于在经济合作与发展组织各国的可预见的冲突来说，也不会令人感兴趣。

---

① 关于欧洲的立场，请参见托马斯·施密特（Thomas Schmid，出版人）：《从错误的劳动中解放》（第2版，Wagenbach出版社，柏林，1986年）。美国的立场例如由罗伯特·海尔布伦纳（参见本书第184页注②）代表。

第二节 关于定义（1）：下层阶级

新的社会问题的历史尚不完整；尤其是还缺少美国方面的历史，诚然，在美国也有长期失业的问题。而且，经济学家们对他们在也许是不可避免的失业方面的假设作了更正，往上调高了，即调至6％或7％，然而在最近几十年内，美国创造了数以百万计的新的工作岗位，谁也不谈工作岗位的短缺，或者仅仅是理解这一概念。其原因不仅在于美国人的生活里劳动伦理及其语言的普遍适用；它尤其与我已经提到过的失业和工作岗位短缺的条件之一息息相关，即对实际工资作出灵活下调的反应。美国的实际工资事实上是下降了。这就意味着，虽然不少人找到工作，然而依旧贫穷。长期贫困是美国对欧洲长期失业的对应物。

美国实际工资水平的下降始于70年代中叶。这样一来，一个持续长久的趋势被打断了。自从50年代以来，对于全时制工作的男子来说，平均工资总是不断提高。在60年代，靠工资为生的人当中的1/4低收入者的平均工资开始下降；在80年代，在所有美国的男子中，不少于80％的人在他们实际收入方面，遭受相当可观的损失（在这段时间里，就业妇女的平均收入保持不变，或者略有上升）。在同一时间内，自从40年代以来不断下降的在官方贫困线之下的人数，从11％上升到15％以上。① 而且，这些数字绝不仅仅反映那些在这个阶段的开始和结束时都在同一个工作场所就业的人的收入下降，后者在美国不是一般规律。毋宁说，这些数字是裁减收入相对较好的职位，并且创造新的、较低工资水平的职位的

---

① 这些数字出自人口普查局的出版物。在这里，对较晚的时期，我依靠查理斯·舒尔茨（Charles Schultze，布鲁金斯研究所）的资料，对较早的时期，则依据弗朗克·列维（Frank Levy，马里兰大学）的一篇未发表的文章《贫困与经济增长》。参见他的著作《美元与梦想——美国人收入分配的变化》（Russell Sage/Basic Books 出版社，纽约，1987年）。

结果。如果考虑到没有同时计入附加开支诸如医疗供应的应得权利或者劳动场所安全的应得权利，那么，这种形势还要更加严峻。

这种进程的影响显然是令人沮丧的。如果有大量的人不得不预计到在今后的10年里收入会下降，那么，有关的当事者就不会非常乐观地展望未来（弗朗克·列维计算过，自从开始有统计以来，平均年龄为40岁的美国人，不得不预计在他生命接下来的10年里，他的实际收入会下降14%）。当然，总体情况掩盖着一些特殊的发展情况。有些人日子过得很好，而且他们可以期望，好日子会保持下去。但相当数量的人处于下层的边缘。他们有时可以忍受，有时十分艰难。如果说，第一次世界大战之前贝弗里奇曾经建议采取"正规化"来作为对付失业的药方，即定期雇用部分计时制工人或者临时工来对付失业，那么，今天可以观察到一种与此背道而驰的发展情况。这种发展情况从就业者的立场上看，并非总是不自愿的。然而，它提供着引起人们广泛感到不安全的契机。在美国，就业情况对于人的一般经济地位的影响比在欧洲要强烈。很大一部分人徘徊在贫困线上下。其中有很多人有工作，他们是"有工作的穷人"。人们可以用两种方法来描写他们。对他们来说，充分参与社会生活显然是困难的；同时，他们并非不可挽回地丧失了他们的公民权利。不仅回忆比较美好的日子对他们有所帮助，而且技能资格也于他们能有所补益，借助技术技能，他们就会摆脱穷困。

这不再适用于那些情况还要糟糕的人，即下层阶级。美国的"贫民窟"下层阶级已经变为优先的研究项目和公众讨论的题目。但是，还存在着些许怀疑，它究竟是一个由社会学家构想的范畴，还是一种社会现实。没有任何一个工业社会不残存着没有劳动能力者、好逸恶劳者和四处游荡的流浪汉。然而，巴黎的无家可归者及其在伦敦的相应的同路人，并非是下层阶级。要产生一个下层阶级，就必须有招募其成员、确立与其他阶级的界限和形成其行为举止特征的系统进程。在美国的大城市里，仿佛存在着这类东西。对这种现象的描绘，细节上千变万化，但是，都集中在"少数群体"的广泛相同的特征上，"他们生活在我们的大城市里的贫民窟里，其特征是与劳动市场的联系脆弱，滥用毒品和酗酒，有私生子女，长期依赖社会救济,以及——至少在男人当中——有犯罪行为的倾向"①。换言之,这里谈的是一种社会范畴,社会病理学的特征集中表现在这个范畴里,以至于形成一种异化的持久状态。它的特征是缺少技术技能专业资格,居住条件恶劣,依赖国家帮助。下层阶级的很多成员属于少数民族,而且生活在不完整的家庭里。他们的举止行为多暴戾,偏离常规。

有不少作者曾经企图确定下层阶级的规模。显而易见,这在很大程度上是一个定义的问题。理查德·内森(Richard Nathan)曾调查过美国的百大城市。他的最狭义的定义仅仅包括贫困的黑人和伊斯帕尼亚人的群体,他们集中生活在穷人区里;这总还是已占 8.7% 的城市人口,或者说超过 400 万人。大多数的估计数字在 10% 和 5% 的总人口之间摆动,虽然有些数字比这高得多。② 如果包括所有那些在诸多社会或经济方面处于不利地位,而且摆脱国家政策掌握的人,那么在实际上,5% 与其说是一种过高的估计,毋宁说是一种过低的估计。

不过,这类从人口普查数据和其他的统计资料得出的结论,依旧必然是不能令人满意的。如果说"下层阶级"这个概念应该有某种含义的话,那么,这个含义就必须描绘出一种社会地位和社会行为的可以辨认的范畴。实际上,内森谈到了一种"牢固的残余群体,它很难把握,很难用关系与它联系起来"。在这个问题上,被引用最多的作者是社会学家威廉·朱利叶斯·威尔逊(Willian

---

① 这个定义出自国家科学院的一次讨论会上玛丽·乔·巴尼(Mary Jo Bane)和保尔·雅戈夫斯基(Paul Jargowsky)的一份讨论稿《城市的贫困——基本问题》。

② 参见理查德·P·内森:《下层阶级将永远和我们在一起吗?》,载《社会科学和现代社会学报》第 24 卷第 3 期(1987 年 3—4 月)。罗伯特·雷绍尔(Robert Reischauer)在为布鲁金斯研究所撰写的一份讨论稿里写道:"如果把下层阶级界定为这样的居民,他们贫穷,缺乏技术资格或教育,与劳动市场只有有限的联系,那么,它可能占全国居民的 6% 或者全国穷人的 43%。如果从这个群体中除去那些非黑人或者非伊斯帕尼亚人以及不生活在大城市里的人,那么,下层阶级就缩减为占全国人口的 1.2%,或者全国穷人的 8.7%。"

Julius Wilson)。① 他是下层阶级这个科学概念的真正的发明者，虽然他在最近发表的著作里更乐于谈到"真正受到歧视的人"，并把社会因素估计得高于民族或者种族因素。他原来的论点入木三分，是很有说服力的。部分作为公民权利运动的后果，部分作为相对有利的经济条件的后果，很多少数民族和种族的成员离开了美国城市的城区。这样一来，他们就仿佛拆除了在包容与排斥之间的桥梁，因为随着他们的离开，较缺乏专业技术的人和较缺乏参与动机的人的"角色模式"也消失了。留下来的人处于一种"社会孤立"的状况。很快就出现一种（歧视对待的）"集中效应"，它使得在"贫民窟"和其他城区之间的界篱越来越难以克服。下层阶级不是站在一个角色阶梯的底部，也不是至少在一个行进队伍的末尾被拖着一起前进，它发现自己在社会方面已经脱了钩，而且处在一种越来越不能避免的受歧视循环之中。

在欧洲，下层阶级迄今为止受到较少注意，如果撇开英国不谈的话。在英国，这种现象在某些方面与美国的经验类似。然而，即使在英国，威尔逊所描绘的脱钩进程也还远未走得像在美国那么远。各种观察和报告几乎都得出这样的结论：在英国内城的受歧视区域里，人们尚有很多毅力、技术素质和参与动机；缺乏现实的可能性是一个比歧视对待的"集中效应"更大的问题。在英国以外的其他欧洲地区，这种属于下层阶级定义的组成部分的有形的集中，毋宁说是罕见的，无论如何，远远没有像在美国的百大城市里那么明显。即使是长期失业者，也往往是分散的。这不会使他们的生活状况变得轻松些，但是增加了把他们描写为一个阶级的难度。

诚然，对于美国的下层阶级，也有概念的问题。自从这个概念变得普遍流行以来〔也许是1982年肯·奥利塔（Ken Auletta）在

---

① 威廉·朱利叶斯·威尔逊在这个题材上的现在最重要的著作是：《真正处于社会不利地位者——内城的灾难和公共政策》（University of Chicago 出版社，芝加哥，1987年）。从前威尔逊所应用的术语清楚地表现在《剥夺的循环与关于下层阶级的辩论》一文里，文章载于《社会服务展望》第59卷第4期（1985年）。我在这里引用的是1986年他的一篇讨论稿：《社会政策与少数群体——过去的情况可能是什么以及我们未来可能看到什么》。

《纽约客》上发表系列文章的结果],大多数人应用它,并没有考虑太多术语的准确性。理查德·内森试图克服这个缺点。他说,他得出下述结论是相当犹豫的,"**下层阶级**这个词描绘着一种我们必须解决的、现实的和新的社会状况。这是一种用**阶级**的概念恰如其分描绘出来的状况"①。在这个意义上内森这样说可能是对的,即种种现象表明,被描写为下层阶级的社会范畴与社会的其余部分是由一些界线分割开的,人们必须把这些界线称为应得权利界线。官方的、国家的正常措施,到达不了这些人身上。当整个经济蓬勃向上之时,他们仍然滞留在后面。即使在他们的住宅区有学校,孩子们也不上学;学校关闭并非罕见。甚至工作位置,原则上讲往往也是存在的,但是,它们并未被接受。在这种地方谈应得权利的藩篱,有些人就迟疑难决了。官方的社会还一直指责穷人的生活状况。不过实际上,我们看到一种定义的过程,人们划出一条界线,把某些人放在界线的外面。

这并不是说,下层阶级不要任何提供补救、帮助摆脱困境的尝试。美国的一个特点是:在总是出现问题的地方,试验各种解决办法。美国的另一个特点是:强调劳动。因此,大多数治疗药方最终的结果是如何把下层阶级的成员吸引或者挤到劳动世界里去,这也就不足为怪了。不过,威尔逊告诉我们,把社会救济和劳动相结合的所有这些形式,在这个群体身上都不灵验,因为"集中效应"太过于强烈。首先必须打破这种效应。在社区一级的工程和首创精神至少部分显示出成效(尽管在一个有问题的群体里,只要对25%或者哪怕仅仅是10%的成员产生效果,就不至于使美国人丧失勇气)。我有时也建议,建立一个企业,把它叫做"魅力有限公司"(Charisma GmbH)。魅力有限公司将鼓励各种能够在地方层次感化和激励他人的人。这可能是教师,或者医生,或者物业管理人

---

① 参见本书第194页注②所引用的文章。不太能够证明,罗伯特·内森(原文如此,似应为理查德·内森。——译者注)在他的论断里还补充提示了社会学家拉尔夫·达伦多夫在其著作《工业社会的阶级和阶级冲突》中所作的阶级的定义。肯·奥利塔的文章也汇集成书发表,即《下层阶级》(Random House,纽约,1982年)。

员，或者足球教练，然而，他们必须有能力找到和争取那些大多数人都不能企及的人。也许有一些别的方法，但是，它们的共同点是，不能简单地动用宏观过程。新的失业也好，新的贫困也好，都不能通过经济增长来消除。补充性的和最广义的政治行动是必要的——这是一种可靠的迹象，表明我们与之打交道的是一个应得权利问题，而不是一个供给问题。

也许这还没有做到必要的事情。另一种评论是重要的，它冒着这样的危险：这种评论在这种情况下还会加剧阶级概念的不明确。多数派阶级对于打破歧视那些降至下层阶级地位的人的圈子感兴趣，这绝不是虚构的。与此相反，多数派阶级尤其在社会经济不安定的时候，乐于把他们周围的几个人挤出圈子，使之留在外面，以保护在内部的人的地位。无论如何，多数派的机构和组织很少帮助下层阶级。教育机构对于所有能够企及的人都有益处；技术资格证书是进入现代的、由高技术决定的经济的最有效的入场券。然而，那些不能获得教育机会、缺乏动力或者屁股长刺、缺少坐功的人，仍然完全留在外面。其中，有很多功能性的文盲，他们没有能力做有规则的工作。虽然工会喋喋不休地抱怨失业和贫困——于是，回忆过去也发挥了作用，在过去就业和过一种体面的生活直接取决于经济增长；但是实际上，工会很少为下层阶级做事。在有些国家里，失业者自动丧失他们的工会会员资格。民意测验往往指出，失业居很多人的忧虑之先，谁也不喜欢贫穷，但是，如果进行选举，那些许诺给从业人员多几个马克、英镑或美元的政党，比那些要求作出牺牲或者进行再分配以帮助被排除在外的人的政党，获胜的机会更大。

多数派阶级保护着它的利益，犹如其他的统治阶级在它之前所干的那样。区别在于范围的大小。马克思认为，打着资产阶级烙印的社会是第一个被压迫阶级——有前途的阶级——包括绝大多数人的社会，因此，被压迫阶级能够把自己大规模地组织起来，并且把处于统治地位的少数派从他们的宝座上拉下来。在某种方式上，发生的情况恰恰相反。绝大多数的人没有进行政治革命，却找到了一种完全可以忍受的生存方式。无论如何，大多数人发现了生存机会，他们的父母和祖父母对这种生存机会连做梦都未敢去想。但是，对于美好的日子是否将长期持续下去，他们绝没有把握。他们开始设槛划界，把有些人留在外面挨冷受冻。像他们之前的统治阶级一样，他们有种种可能的理由来这样划界设槛，他们也准备让那些接受和实践他们的价值的人进到里面来。而且他们也拍着胸脯满怀信心地断言——尽管并不十分令人信服——不该再有阶级的藩篱了。他们想看到藩篱被拆除，然而，他们并不采取任何步骤来拆除它们。一个阶级生活在供给世界里，因此认识不到其他人的应得权利要求，这样一个阶级缺乏幻想，这是与关心保障自己的地位结合在一起的。情况尚不至于这么糟糕，但是，长期失业和严重的贫困现象表明一种凶兆。

第三节 关于定义（2）：公民和分离主义者

如果说在探讨美国的下层阶级时，我仅仅是附带地提及种族和民族属性的问题，那么这并非有意认同"政治的正确性"；毋宁说，这个题目很重要，它要求作专门的讨论。如果说多数派阶级划定属性的界线，那么，它不仅向下划界，而且也向侧面划界。一些人丧失了他们的社会方面的公民权利，但是，另一些人则从一开始就被拒绝而不能享有这种权利。这个进程有深刻的根源。即使在最有利的情况下，它也是痛苦的。关于这一点，在前面几章里，尤其在引入公民身份地位的概念时，已经作过论述。在公民社会的希望一再被唤醒又破灭的一个世纪结束之际，寻求同质性——部落思维——重新变得具有现实意义。现在有一种社会的保护主义的迹象，它像一团丛林野火，四处蔓延，不仅引起很多人的苦难，而且也带来一些暴力的形式，这些暴力形式无法用解决冲突的通行方法来克服。

对于这种现象，还没有任何人作出有说服力的分析；因此在这里，我不得不局限于几个暂时的和小心谨慎的说明。首先，我们联系社会排斥的问题来谈。美国的下层阶级肯定不单单是美国黑人的一个特征。诸如农村地区的贫困具有类似的后果，从这角度看，它主要是一种白人的现象。伊斯帕尼亚人移民在城市的穷人当中占有相当大的百分比。然而，"贫民窟"基本上是黑人区，或者按最近的叫法，是非洲裔美国人的居住区。传统家庭崩溃和单独抚养教育子女的母亲占多数，这在美国的黑人当中，比在其他的群体当中更加突出。这两种情况导致很多人显然没有能力或者不愿意接受凌驾于涵括了所有群体的社会的各种价值。随着60年代公民权利运动的推动，出现了大的社会分类进程，一些黑人在这个社会分类过程中踏上了中产阶级生活的道路，然而在很多重要的方面，他们仍然是局外人。由于这个事实，区别变得尖锐了。那些走上中产阶级道路的黑人已经变为市长和经理以及别墅和游艇的所有者，但是仍然有很深的文化的藩篱。很少人谈到他们的体验，也许如果人们谈及这种体验，也不会有很多补益。① 显而易见，公民权利是一回事，而充分的参与则是另一回事。要持续很长时间，人们的观念才能适应新的环境。因此仍然存在着这样的事实，即如果我们谈论社会病理学以及社会疾病四处泛滥，我们就不得不认为黑色的肤色是受歧视的一个因素。

英国从前殖民地移民的经验，其历史较短，在某些方面，方式也有所不同。从最重要的说起吧：亚洲人和西印度群岛人是自愿来到英国的，不是作为奴隶而被贩运来的（有明显迹象表明，在美国，较晚时期的西印度群岛移民的日子比老的非洲裔美国人家庭的孩子们好一些）。然而在英国，导致下层阶级的种种因素也有明显的社会病理学特征，其中种族也起作用。而且多数派阶级划下了敏感的和不那么敏感的界线。这尤其适用于传统的工人运动，表现在入住社会住宅、加入俱乐部和协会的成员资格上，甚至也表现在工会会员和工党党员的地位方面。诚然，根本没有必要"血流成河"[用右翼保守党人伊诺克·鲍威尔（Enoch Powell）的话讲]，但是，"多种族社会"的魅力并未赢得多数人的欢心，多数人宁愿划定边界，而不愿意开放为怀。

对于全体公民的发展来说，这是一种退步。它要求重新活跃公民权利的力量。这也包括针对某种程度的正面的歧视（用一种令人不快的德国的表达方式），即试图通过正面的行动和有意识的规则，以保障参与来遏制那些由于其历史长久已经变为牢固的社会结构的歧视。这类耳熟能详的药方虽然没有丧失其任何价值和紧迫性，但是，它们忽略了一个新的要点。越来越多的人（似乎是这样的）不愿意在一个多种族的或者哪怕是多文化的社会里生活。而且，这不仅适用于舒适的多数人，而且也适用于受害的少数人。他们要求有

---

① 如果谈及这种经验，则往往采取能把人引入歧途的形式。鉴于像阿道夫·詹森（Adorf Jensen）或者汉斯·艾森克（Hans Eysenck）这类作者不负责任地轻率谈论"遗传学"，读一读克里斯托弗·詹克（Christopher Jenck）的文章《遗传与犯罪》是一种享受，文章载于《纽约图书报》第34卷第2期（1987年2月）。不过，詹克也指出："我相信，对于为什么文化会有不同或者它们为什么会随着时间的改变而改变，今天我们对这个问题的了解，也并不比39年前的了解更为详细。"

自己的"小安乐窝",如果不是说他们自己的地区、他们自己的国家的话。"分开,但是平等",这是 60 年代自由党人提出的、受到很多指责的要求;然而在 80 年代和 90 年代,它变得非常具有现实意义了,同时,更经常强调的是分开而不是平等。有一种对同质性的要求,它反对首先建立各种公民社会,然后让不同的文化在它们内部繁荣发展,企图以此建立文明化的公团。

由此引发的冲突有时是微妙的,但表现总是激烈的,它们历历在目。倘若在比利时佛兰德地区的一位当选的市长被政府罢免,因为他只说法语,这可能会使遥远的观察家们感到很有趣,但是,这并不是滑稽。瑞士最终不得不接受汝拉地区从老的伯尔尼州分割出去。在加利福尼亚,一次公民表决以微弱多数决定,坚持英语为唯一的官方用语,但是很显然,很多加利福尼亚人继续操西班牙语,而且操西班牙语的加利福尼亚人在下一次公民表决时将会获胜。(作为少数的积极分子获胜的可然率,也属于这个题目)。爱尔兰的内战有一段很长的历史,但是,这段历史最近使现状变得更糟糕,因此,权力分割的前景是极不可能的。巴斯克人的自治要求伴随着爆炸和枪炮的隆隆响声。在经济合作与发展组织里,几乎没有一个国家在其领土之内没有某个群体要求过承认某地区的分开生存。

在经济合作与发展组织的世界之外,特别在 1989 年的革命之后,这种要求具有一种新的特质。要求"自决"的含义模棱两可,施展着固有的活力。在过去的德意志民主共和国,通过稍加改变莱比锡星期一大游行时的口号,就可很好地显示这种自决的模棱两可:"我们是**人民**!"也就是说,人民不想被奴役和被压迫,而是想由自己决定谁来管理他们,首先是谁不能统治他们。"我们是**一国的人民**!"这是召唤民族的感情,而且也很快招致复仇。在分崩离析的南斯拉夫,在土崩瓦解的苏联,这种"自决权"的位移变化不仅引起形形色色的有争议的独立声明,而且首先引起对少数的压迫,随后又引起暴力。我们突然面临着公民社会的大堆破碎玻璃,然而,自由的种种希望是建立在公民社会的基础之上的。

重新发现民族特性,即各种具有深刻的、历史共性的群体的文化特性,本来可能会是文明进程中前进的一步。它意味着越来越了解这样一种事实:共同的公民权利与文化差异并不矛盾,相反,会为文化差异开拓新的回旋空间。然而，幸运的和谐不会持久。很多地方利用差异作为武器，来对付公民身份地位。这种武器由于社会的感情冲动而强化，我们已经习惯于把这种社会情绪称为原教旨主义。原教旨主义意味着，属于某一个群体的归属性具有非同寻常的影响，获得一种几乎是宗教的重大意义。在以色列，作为其生存的理由，许诺凡是回到这里来的一切犹太人，都给他们提供一处住所。甚至在那里，人们探讨正统概念上的犹太教，而正统是排斥改良派犹太人的（以和平的方式维系以色列这样一个多文化的犹太人—阿拉伯人的国家，显然是不可能的，这就是当前富有爆炸性的问题之一）。一种原教旨主义的民族主义的征兆在扩散蔓延，在西欧，人们可以听到"请买英国货"、"法兰西属于法国人"、"中欧"等口号。在各种社会里成员资格，不是被理解为一宗有关各种可能扩大的权利的事情，而是被理解为一些不可改变的、被赋予的特征，这些特征必须得到保护，使之不受外人的任何污染。

一种新的文化悲观主义的原教旨主义在自由飘荡，它具有类似的影响。50年代和60年代的倾向是好大狂，认为要有效率就得要求规模越来越大，反对这种倾向是可以理解的。在70年代，各种要求符合人性、有节有度和以小为美的口号听起来很悦耳。① 不过，很多人打着这些口号，虽然放弃了不必要的大规模，但是背离了一种正处在通往世界公民社会道路上的国际共同体的力量，最后甚至连由民族国家保障的公民权利也沦为改变了的气氛的牺牲品。一种新的、对真实可靠性的渴望，滋养着一种对"现实的"联系而不仅仅是"形式的"联系的浪漫主义的寻求，即一种对通过热烈的感受不断的讨论，而不是通过法和根据法设置的机构来得到合法性的寻求。

这样一些观察使人回想起现代精神和根系联结的题目。在某些方面，现代世界似乎也是一个冷静的地方，它提供了新的机会，因为它砸碎了旧的约束关系，然而，没有旧的约束关系却很难生存。"一切固定的和持久的东西都烟消云散了，一切神圣的东西都被亵

---

① 《小即美》（Blond & Briggs 出版社，伦敦，1973年）由弗里茨·舒马赫译为德文出版，书名为《人的节度》。

溃了。……"在前面有一章里，托克维尔和马克思的语录的"拼凑"描绘了这种情况。① 在这里不应该认为，民族主义、原教旨主义和其他虚假的神明的产生，只有唯一的共同原因。我仅仅认为，它们当中有许多在某一方面是共同的，即同围绕着公民身份地位和生存机会的现代社会冲突有着直接的关系。它们以民族的、宗教的、文化的自治的一种被错误理解的自决权的名义，对有关公民权利的促使文明化的力量进行攻击，甚至是以少数的要求的被错误理解的名义进行攻击。此外，有些人对此有更多的了解，因为他们过去曾经为公民身份地位斗争过，他们至少也部分地对这种攻击的卓有成效负有罪责。一种温和的自由主义广泛传播，它把为一切人争取到的公民权利和应得权利的共同基础的伟大成就孤注一掷，以迎合少数人的分离主义。于是，少数的权利首先被误解，然后一反常态，变为少数的统治。最后，这样一种态度甚至不再反抗积极分子们的原教旨主义，因此，吵吵嚷嚷的少数可能要求沉默的多数的所谓的支持。

这是在公民社会历史上的一个大倒退，我们正在为此付出高昂的代价。这种代价首先在于一些冲突，谁也不知道有什么办法能解决这些冲突。在民主的阶级斗争所产生的组织、制度化和调节的经验中，没有任何经验能应用到积极活动的少数身上，他们或者要求脱离一个现存的整体，或者企图把他们的原教旨主义的信仰强加给所有其余的人。恐怖行动和内战的威胁，一般都伴随着这个进程，即使二者不是糟糕到没有任何被遏制的希望的话，二者也会浪潮般出现，这些浪潮似乎是不可能中断的，是不可预见的。这一切并非偶然。

最昂贵的代价在于损害生存机会和阻止全世界迈向公民社会。显然，只有当一切有关参与者都能理解普遍的公民身份地位并不会消除一切差别时，迈向世界公民社会的目标才能达到。提升公民身份地位的进程并不使机会变得均等，而是创造机会。它使社会经济方面的各种不平等变为可以容忍，因为它把它们约束在一个共同的公民之家里（而如果它不能做到这一点，对发生的改变，可以以公

---

① "拼凑"指第一章中对马克思和托克维尔的引文的拼凑。

民资格原则的名义提出指控)。公民身份地位以类似的方式使文化的多样性变得可以忍受。标新立异、与众不同的权利，是各种社会成员的基本权利之一，但是，它也包括放弃一些会危害共同公民身份地位原则的贯彻方法。经验表明，这说起来容易，做起来难。分离主义者与公民权利拥护者不同，他们有其他当务之急的事要办。他们首先想要一个拉脱维亚人的拉脱维亚，或者一个信奉天主教的爱尔兰，很久以后才会想要在拉脱维亚的俄罗斯人的公民自由或者在爱尔兰的新教徒的公民自由。分离主义者、原教旨主义者和浪漫主义者想要同质性，然而自由党人需要异质性，因为异质性是在一个多样性的世界里通往普遍公民权利的唯一道路。因此，我们必须做的选择是明确的，它令人回想起卡尔·波普尔为开放社会所作的辩护：我们可能返回到部落生活中去，但是，如果我们想要文明的话，那么，我们就必须迈向公民社会。

第四节　社会失范的风险

　　现实的冲突总归是看得见的冲突。事后议论某些社会结构有深刻的分裂，如果没有由于这种分裂而引发明显可见的社会的和政治的纷争，那么这种事后诸葛亮就没有多大意义。因此，显而易见，在当前经济合作与发展组织各国的社会里，并不存在在概念的经典意义上的阶级冲突。无论如何，大多数观察家看不到在权力和应得权利的一般障碍两边的各群体之间的政治斗争。无疑，存在着一些旧的冲突的残余。多数派阶级继续进行着他们的小规模的再分配战斗。有些地方，还在应用阶级冲突的语言，而人们理解这种种原因，如果人们想到某些差异的话，诸如意大利的南北差异，或者英国的南北差异。不过，即使在这些国家里，阶级也不再是冲突的占主导地位的基础，倘若开始形成新的分界线和对抗，它们暂时也并不导致新的有产者和新的无产者之间有组织的纷争。

　　之所以如此，有一些原因。原因之一就在于一个压倒性的多数的规模实在庞大，因而具有沉甸甸的分量。对于相对强大的群体来说，不值得建议它接受多数派阶级，对于被排斥的人来说，接受它是根本不可能的。在开放的社会里，社会冲突的个体化提供着另一个原因。也许在任何时代，在有组织的群体里，团结一致的行动仅仅是实现自己利益的次优方法。它是十分耗费力量的，需要付出高昂的感情的代价，它要持续很长时间，其后人们才能有所收获。因此，只要有可能，人们总是试图自力更生，奋勇前进。在美国，很久以来，这已经就是排解冲突的占主导地位的方式。今天，在大多数国家里，至少在发达世界的大多数国家里，这也是适用的。个人流动取代了阶级斗争的位置。

　　只要人们在有组织的群体里采取行动，那么，这些群体与其说是阶级政党，不如说是特殊利益集团或者社会运动。正如我们在前几章里所见到过的那样，这种情况可以用社会的演变来解释。在公民权利几乎变为普遍的时刻，生活领域的不平等取代了普遍要求公民的、政治的或者社会的权利的位置。人们为要求承认妇女同工同酬而斗争，或者反对某些特定形式的环境污染，或者要求裁军，但是，他们这样做是建立在公民身份地位的共同基础之上的。在这个意义上，社会的运动完全是在公民社会的界限之内形成的。甚至也只有在有可能以一个稳定的公民权利总架构以及服从法律的义务为前提时，公民的不顺从才有意义。

然而，仍然存在着这样的问题：为什么那些长期失业者和长久贫困者，不集合在一起，进军他们各自的首都，在那里要求他们应该充分分享公民身份地位？为什么没有诸如失业党或穷人党之类的东西？而如果这种要求太过分，为什么下层阶级不至少借助暴动，去捣毁那座多数派阶级在其中过得舒舒服服的房子里的动产呢？

有时，他们也确实这样干。可怕事件的画面经过多年之后，还令人记忆犹新、令人痛苦。当 1985 年在布鲁塞尔海泽尔体育馆里的欧洲足球锦标赛变为凶残的暴力冲突之时，甚至连那些如醉如痴的球迷们也转而离开"体育运动"。斯卡曼勋爵（Lord Searman）撰写的关于 1981 年"布里克斯顿骚乱"的报告，富有人道精神，引人深思，但是，它不能抹掉电视画面上怒气冲冲的脸孔，袭击警察的石块和燃烧弹，以及抢劫和破坏。在美洲，暴力和暴乱具有悠久的传统；不过，1984 年费城一架警察的直升机轰炸了好斗的占领房屋者，依然令人记忆犹新。头戴钢盔、身背盾牌、全副武装的警察对付示威者，这种画面已经几乎成为晚间新闻司空见惯的组成部分。富裕家庭的孩子们聚集在一起，成立组织，冠以辞藻华丽的名称，诸如"红军派"、"玫瑰旅"，他们绑架企业家和政治家作为人质，直至人们最后在放置于被抛弃汽车内的行李箱里发现人质的尸首。而且，这里还根本没有谈到在大城市街头袭击、破门而入和谋杀等日常习见的暴力。当巴巴拉·图季曼（Barbara Tuchman）用 14 世纪那面"遥远的镜子"映照 20 世纪时，她找到了很多读者，而这就不会令人惊讶了："瘟疫、战争、苛捐杂税、拦路抢劫、政府腐败无能、反叛起义和教会分裂"，是当时"堕落沉沦的奇特的和巨大的源泉"①。人们对这份清单可以轻而易举地加以更新：艾滋病、战争、苛捐重税、恐怖主义、政府腐败无能、起义暴动和历历在目的核威胁。

这里我想起了另一种思想。在《共产党宣言》里，马克思和恩格斯附带地提到他们称之为流氓无产阶级的情况。犹如马克思和恩格斯不友善地表达的那样，"这种社会的渣滓"（正如有些人也把"流氓无产阶级"这个词转换成其他的语言那样），是"旧社会的消极的腐化"。无论如何，这不是搞革命的材料。流氓无产阶级的成员虽然最终也被卷到革命的洪流里，但是，他们的社会状况毋宁说使他们成为搞反动阴谋勾当的一支后备军。特奥多尔·盖格尔在20世纪30年代又拾起这个题目。社会的最下层"在经济和社会方面没有立足之地"。他们的精神状态不会导致建立有组织的利益代表机构，而是导致无阻无挡的造反。在这个群体里，共产主义者和国家社会主义党人比社会民主主义和工会的现实政策更容易与之打交道。"众所周知，在工人中"，有"一种沉淀渣滓，[它]不能在职业生活中立足，心理上不能适应一种稳定的生活方式，按照地道的雇佣兵受雇的方式去进行冒险、去战斗，而且不会太多过问，[它]就把拳头、棍棒和指节连环铜套随便借给人"②。

然而，这一切并未说明 20 世纪末的社会冲突。这仿佛是人们把 1+1 加起来，然而惊奇地发现，并不等于 2 一样。实际上，有很多情景冲突（正如人们也许可以这样称它们一样），即没有相互联系的公众暴力行动，它们除了让参与的当事者疼痛和让周围的旁观者惊恐外，不会有多少收获。不过，即使是暴力游行者也往往不是下层阶级的成员。实际上，在北美也好，在欧洲也好，下层阶级并不特别喜欢暴力行动，他们对官方的社会甚至并不特别敌视。倘若持续贫困的穷人和长期失业的人一般去参加选举，他们选票的分配也不会与其他的选民有多大的不同（这也适用于盖格尔所描写过

---

① 巴巴拉·图季曼：《一面遥远的镜子——14世纪的灾难》（Knopf 出版社，纽约，1978年）。

② 特奥多尔·盖格尔：《德国人民的社会分层》（F. Enke 出版社，斯图加特，1932年），第 97 页和 111 页。

的30年代。帮助希特勒上台掌权的恰恰不是失业者,虽然他们的命运与中产阶级的歇斯底里有关系)。一位作者根据经验的研究报告说,下层阶级"被异化了,并且信仰民粹主义,但是并不激进"①。下层阶级本身是分裂的,因此,它的大多数成员在寻求自己的、完全是个人的摆脱苦难的出路。对公众讨论的大题目,他们相当无所谓,并置之不理。下层阶级倾向于冷淡麻木,对一切都漠不关心。

但是,它被异化了。在此,不管是实际的生活状况也好,还是主观的感受也好,都同等重要。对下层阶级和长期失业者来说,至关重要的事实是,他们在社会的博弈里可以说是没有加入。这个博弈在进行,但没有他们的参与。在一种非常严肃的意义上,"社会不需要它"这个在道义上不能容忍的论断,是适用的。在多数派阶级里,很多人祝愿让下层阶级最好干脆从画面上消失。如果它真的消失了,那么,几乎没有任何人会觉察到它的不存在。有关当事者清楚地知道这种情况。对它来说,社会尤其离得远远的。警察和法院,从根本上讲,国家机关和官员,是社会的象征。人同官方的社会分割开来,其程度很少能像这类说法所道明的这么彻底。对于很多人来说,除了记恨和进攻,个人在社会方面的升迁仍然不失为一种可行的选择。他们的生存情况包括:虽然属于下层阶级,处于游离状态,时而逃脱出来,时而掉落进去,但是,在他们重新掉进下层阶级之前,他们有时可以逃脱它。另外,没有加入社会的感觉,似乎只是传播扩散到那些以失业和贫穷为特征的群体的界限之外。青年人尤其有一种倾向,从社会的边缘引申出他们的价值观念,尽管他们能有工作,在舒适的多数人家里能有一席之地。这样,就出现下层阶级的文化和中层阶级的对立文化的奇怪的趋同现象,或理应这样说,两者不应混同在一起。不去关心官方社会的准则和价值,这已经成为广泛传播的习惯。

这种习惯也许是20世纪最后20年里经济合作与发展组织各国社会的最重要的、单一的特征。而且,它有一个名称,即"失范"。

---

① 劳伦斯·M·米德:《超出应得权利——公民身份的社会责任》(Free出版社,纽约,1986年),第22页。

倘若涉及的是表现各种社会的紧张和对抗，那么对这些社会的想象力是无边无际的。街道巷战和暴力罢工、选举和集体工资增长率的谈判、集体和个人的流动，这些统统都是同样这些基本的力量的表现形式。今天，我们必须为它们补充一种新的变化形式。冲突似乎不是作为在一次革命战争中的战斗部署，或者甚至也不是作为民主的阶级斗争，而是作为失范。

这个概念很重要，必须停留片刻，对它稍加阐述。希腊文"失范"或者"毫无法纪"（Anomie），它往往作为无政府状态（Anarchie）的同义词加以使用。（无法无天！）在巴巴拉·图季曼用镜子映照那个时代之后不久，一位英国作者写道，失范"带来一切都无序、怀疑一切和对一切无把握"①。在现代的社会科学里，这个概念归功于埃米尔·迪尔凯姆（Emile Durkheim），他谈到失范，是为了描写由于经济和政治的危机使得社会的规范失去效力。失范的结果是人们失去一切约束，直至他们把自杀看做是唯一的出路。罗伯特·麦敦为我们对失范的理解补充了他自己的说法，他把失范描写为"文化结构的崩溃"。倘若人们不能在他们的社会地位的基础上，遵循他们的社会的各种价值，这样崩溃会发生。如果年轻人被告知，若想平步青云，飞黄腾达，就应该有耐心和努力工作，但是，最能取得成效的发财致富方法是在期货交易所里进行投机，这样就会产生失范。②

在描写现代社会的一种奇特的特征时，这个概念会有所帮助。有人说，暴力犯罪（"严重犯罪"）的数字最近有所上升。事实却不能十分明确地支持这种论断。针对财产的犯罪和与毒品有关的犯罪肯定变得更频繁了；谋杀（和自杀）的频率总是波动的，起伏不定的，今天也是如此；严重犯罪（伤害身体、重大抢劫、强奸等）的

---

① 在这里，兰巴德的定义是根据《牛津词典》里关于"失范"的条目引用的。关于这个定义以及这个重要概念的整个历史，马科·奥鲁（Marco Orru）写了一本书：《失范——历史与意义》（Allen & Unwin，波士顿，1987年）。

② 这些提示牵涉埃米尔·迪尔凯姆的《自杀论》以及罗伯特·麦敦的论文《社会结构与失范》和《社会结构与失范理论里的持续性》，载《社会理论与社会结构》（再版，Free出版社，格伦科/伊利诺伊州，1957年）。

数目在一些国家里，从20世纪50年代到80年代增加了一倍，而在另一些国家里，基本上保持不变。然而，有些别的东西比单纯的犯罪数据更为重要，这就是公团对解决犯罪问题无能为力。在20世纪晚期的规范的世界里，产生了某些"没有法的空间"。在英语里，有"非通行区"（no-go-area）的表达方法，用于一些人们不得进入、首先是警察不得进入的区域。当局当然否认这种说法，但是实际上，在一些内城的某些地方，也包括地铁和火车站，它们（用根据汉堡经验的形象语言讲）已经变成"港口大街"①，因此，在里面发生的任何事件，都不隶属于法的共同体的规范性惩罚。有时，人们不得不扪心自问，由于有些学校，包括大学，占主导地位的准则在它们那里似乎已经失效，也许在这个意义上，它们也已经变成"没有法的空间"。

我们的社会有这些象征性的"没有法的空间"，这还向我们提出了一些更为严肃的问题。它们与法和法律的实践或恰恰是不实践的方式、方法息息相关。在当前的各种社会里，"有罪释放"（正如一位英国法学家所称的那样）业已成为一种熟视无睹的现象。② 我们知道，有人触犯了法律，他们甚至公开承认；然而我们也知道，他们并没有因此而受惩罚。与此相关，青少年罪犯向社会提出了特别紧迫的问题。经过几十年之久，一种倾向占据了统治地位，即在谋杀和故意杀人后，也还要让"社会"为他们的行为负责。在同样这几十年之内，半数的传统犯罪以及半数以上的暴力犯罪，是21岁以下的人——大多数是男子——干的。青少年的规范性的"没有法的空间"，也许是后果最为严重的事情，因为它把青少年排除在他们应该学习的、维系社会团结的规范之外。

按照这种观点，失范是一种违反规范不受惩罚的社会状态。这

---

① "港口大街"是汉堡濒临港口的一条大街。这里指的是港口大街一些房屋被长期非法占住，当局干涉亦无济于事，最后调动包括从其他州借用的警察数千名，才终于把非法占房者赶走。——译者注

② 参见米歇尔·赞德尔：《法和秩序有什么迹象？》，载《新社会》第50卷第897期（1979·12月17日）。赞德尔认为，仅仅在英国每年就有百万起这类案件。

部分是一种下层阶级中出现的现象。美洲有很多非婚的母亲，孩子们"缺少"父亲，这就提出了一些问题，必须找到一个答案。阿马蒂亚·森提出他的戏剧性论断，认为法和法律处于物品的可支配性和要求得到物品的应得权利之间，他的这种论断也并不总是对的。有些缺乏应得权利的人，他们干脆去夺取可以支配的东西，而警察和法律却很难有什么办法来对付他们。除此之外，失范还描写着一种浸透到社会生活的所有领域的状态。虐待儿童、婚内强奸以及偷税漏税和其他各种形式的经济犯罪，就属于这种状态。人们没有加入社会，他们在社会里没有用武之地，因此也感到可以不受它的规则的约束。这是问题的一面。问题的另一面是社会对自己的规则的信赖减少了，不再能够简单地强制人们遵守规则了。

如同往常一样，我在这本书里也不想由于夸张而贬低我的各种论点的价值。从前，规范也总是被违反的，一切社会都曾发现，很难强制人们遵守它们的规范。某种程度的违反规范，甚至可能是健康的；众所周知，再也没有更可靠的办法，能比一切都照章办事更使一种经济停滞不前了。严格遵守规章制度提供服务，这个经验可能对所有社会都是普遍适用的。然而，依旧必须审视一下，看看最新形式的社会冲突是否以社会契约本身有问题作为主题。我这里所指的不是通过社会方面的公民权利来对社会契约作一些较微妙的补充，尽管社会的公民权利可能也十分重要。毋宁说，指的是涉及法和秩序的社会契约的一些首要的和基本的条文。自由党人不喜欢这些词汇，因为它们常常被用来通过法律文字扼杀法律精神。不过，我们这里遇到一个题目，它允许我们暂时把关于现代社会冲突的论述束之高阁。

从前的冲突的残余，在当前还多方存在着。其中包括人们所熟知的阶级冲突的各种形式。不过，并未产生可以与之同日而语的新的冲突。多数派阶级和下层阶级之间的关系，不可能而且也不会产生可与资产阶级和工人阶级之间的冲突相比较的有组织的冲突。但是，它提出了一个有严重影响的问题。倘若种种迹象表明，一个社会准备接受一个没有真正加入它的并在其中发挥作用的群体的持久存在，这个社会本身就会有问题。这种措辞十分抽象，犹如社会失去了对它自己的规则的信赖的论断一样。也有人谈到，多数派阶级正在丧失它的自信。它对自己的地位不再感到有把握。因此，它在不应该有界线的地方划出界线，而如果要强制实施它的规则，它就犹豫迟疑，难下决心。

也许，这描写的是一个暂时的阶段。是的，对于很多国家来说，本章里的很多提法，只有在特定的条件下才适用。瑞典或瑞士，还有日本以另外一种方式很长时间以来走着自己的道路。或者它们只不过是迈向失范的道路上的姗姗来迟者？我们曾经十分强调各种社会之间的差异。不过，在美利坚合众国和西欧，自我怀疑的迹象是不难看出的。我把这一节冠以"社会失范的风险"的标题。有些风险是一目了然的，使一切"无序、怀疑一切和对一切无把握"，这就够糟糕的了。然而，还有更大的风险在另一些事情上。失范不可能持续存在。它是向篡夺权位者发出的一份请柬，让他们把一种错误的秩序框架强加于多数人。自由党人由于缺乏主张建立机构的坚定意向，自己恰好招惹了一些十分妨碍自由党人捍卫"法和秩序"的东西。失范的风险就是形形色色的专制暴政。

第八章

一种新的社会契约

第一节　90年代初期的欧洲

那些在这里往往作为经济合作与发展组织世界来描写的国家，其内部的发展本身也有一些把人引入歧途的、令人惬意的东西。雷蒙·阿隆的世界确定了战后时代重视供给的基调；60年代和70年代的改革补充了所缺乏的应得权利因素。因此，产生了一些能解决几乎所有难题的公团，甚至也能解决石油危机冲击和"滞胀"的难题。一种潜在的然而从未完全变为现实的对立的世界气候，使经济合作与发展组织的世界保持团结一致，对解决问题也有补益。富国俱乐部仍然可以孤芳自傲，又不必为此大吵大嚷。不过，最迟自1989年以来，这种舒适惬意一去不复返了。自从1985年戈尔巴乔夫上台执政以来，就宣告了共产主义世界的革命，这些革命最后超出了他自己的意图，把旧的确定性撕得粉碎。冷战的坐标不复存在了，而自由政策的种种任务显示比从前更为重要了。那么，90年代初期的欧洲是一幅什么样的景象呢？这种画面如何放进可能的和值得追求的有关欧洲前途的电影里呢？

　　旧的西方的欧洲打上了一种可称之为社会民主主义的基本宪法的烙印。一种善意的而且也是行善的政治一致性笼罩着各种公团。不管在它们的宪法里也好，还是在它们的政治文化方面也好，各国都是民主的。它们捍卫着它们的公民身份地位，包括社会方面的公民权利，并寻求内部的所有群体的理智协作，以及对外寻求一切志同道合的国家的理智协作。凡是公民社会受到威胁的地方，人们总在自由和法的方面找到意见一致的先驱者们。这类社会民主主义者有着各式各样的名称，如德国的社会民主党人、基督教民主党人和自由民主党人，英国的工党党员、自由民主党人和保守党人。意大利的天主教民主党人和社会党人的联合政府伙伴的整个**五党同盟**（pentapartito）和法国（而且正如我们已经看见过，它也像美国一样走上了一条有些不同的道路）两大政治阵线的最大部分的人都属于社会民主党人。对于那些并不追随社会民主主义的意见一致的人，那就更难直呼其名了。

　　实际上，人们可能会提出这个问题：为什么人们会不想成为社会民主主义者呢？然而，对此有一种答案。这幅漂亮的画有另外的一面，根本不那么有吸引力的一面。它的名称就是官僚体制（一种对社会民主主义不友好的描述，把社会民主主义说成是社会官僚体制）。韦伯的噩梦以多种多样的形态出现。其中之一是阶级合作主义、社团主义。政治学家们洋洋自得地描绘了阶级合作主义、社团主义（korporatismus），而且最近从阶级合作主义转而着迷于"新社团主义"（neokorporatismus）。不管怎么讲，这里涉及的是通过协议来施政，如果不说是通过卡特尔的话，这样一来，也就涉及既放弃对领导动力的寻求，也放弃对一种民主的后援的寻求。官僚体制的另一个形态是旧的福利国家。于是，麻烦的资源转移就不仅仅是指资源由 A 转移给 B，而且也指由 A 转移给 A，同时，在这过程中要填写表格，不管 A 也好，B 也好，都必须在形形色色的窗口前面等候。高额捐税是官僚体制的手段之一，事实上，高捐重税是维持官僚体制生命的长生不老药。没有捐税就没有行政管理。一切社会民主主义的道路不是以这种就是以那种方式，最终都终止在国家之处，而且也许应该说得更确切一些，都终止在软弱的政府和强大的行政之处。社会民主主义世界的英雄们，与其说是革新的领袖，不如说是超级官僚。马克斯·韦伯关于理性统治的形式概念，战胜了他在民主政治里对领导所怀抱的希望。

这样就几乎把问题颠倒了过来：为什么人们会想成为社会民主主义者呢？回答是，所描述的状况过去在很长时间而且对大多数人来说是非常舒适的。事实上，这些状况代表着多数派阶级的利益。诚然，失去革新和首创精神的勇气成为难题的时刻到来了。骤然，再也没有什么东西能行得通了。在20世纪80年代，甚至多数派阶级的成员们也开始怀疑，情况变得更加漫无头绪、扑朔迷离了。两股政治运动力量自告奋勇，起来打破由多数人所支持的、社会民主主义现状的僵化。其中之一是撒切尔主义，另一个则是绿党。

这两个概念被用于由其中最杰出榜样的名称来标识的那些政治力量。在80年代，不仅有撒切尔夫人的政策，而且也有**里根经济学**（Reaganomics）和"市场伯爵"兰布斯多夫（Marktgrafen Lambsdorff）的纲领等。所有这一切的特点都是强调经济层面。在这里，我们面对的是供给派的极端形式。它在英国取得的成就毋宁说是令人惊讶的：这种成就是建立在撒切尔夫人的个性与保守党人的忠诚和选举法的特殊结合之上的，保守党人甚至思想完全不同，也仍对党保持忠诚不贰，英国的选举法使几乎不超过40%选票的少数派也能够变为强大的议会多数派。然而，不管这类特殊的解释圆满与否，撒切尔主义以令人信服的方式描绘了一种激进变革的纲领。

纲领的核心在于许诺不顾社团主义的所有僵化结构，要提高选择机会的数量和多样性。这类供给机会大部分是经济方面的。实际上，有些撒切尔主义的辩护士们提醒人们记住在"市民国王"路易·菲力普统治下的法国大臣基佐（Guizot）的话："**发财致富吧，我的先生们**，还有你们，我的女士们，也去发财吧，巾帼不让须眉！"迅速挣钱被用国家的和社会的荣誉加以美化，有时恰好还很及时，赶在整个纸糊的房子坍塌之前加以美化。这类例子，不胜枚举。谁还谈论弗雷德·莱克勋爵（Sir Freddie Laker）？一些美国大学已经悄悄撤走了由伊万·伯斯基（Ivan Boesky）捐赠的建筑物上的纪念碑。马克斯韦尔（Maxwell）帝国的崩溃以旋风般的速度把这位皇帝形形色色的好朋友,变成了解帝国的宿敌。然而,"赌场资本主义"创造了相当可观的财富。苏珊·斯特兰奇以世界末日的昏暗色彩看待这种财富,她描绘1999年12月31日的一次除夕晚会,在晚会上,"只剩下那些在高耸于资本主义世界各大城市中心的巨大的摩天写字楼里幸存下来的、玩金融交易的人,还在举杯祝贺,弹冠相庆"①。这种批评听起来有点儿带有传统的——社会民主主义的——反对新的成功药方的腔调,因为很显然,80年代发财致富的那些人是一些新富,是一些暴发户。

经济活动的新气氛出人意料地在知识分子中找到很多辩护士。当然,在他们当中,没有任何一位的重要性可以与约瑟夫·熊彼特相提并论,熊彼特的通过企业家精神进行革新的理论在80年代经历了一次再生。熊彼特本人最后甚至也怀疑由他广泛传播的信念,即相信"有时候由比较少数的、毅力非凡的企业家所进行的革新",这种企业家应用科学知识,发展新的组织形式,征服新的市场,从根本上做着非同凡响的事情。② 正如韦伯预见了官僚体制的命运一样,熊彼特也对他称之为"社会主义"的东西信誓旦旦,也许人们面对撒切尔主义的反革命,应该小心谨慎,别仅仅见到一只燕子就当成新的夏天来了。无论如何,在"面向供给的经济学"里,重要的是鼓励首创精神,而这同样适用于"拉弗曲线"(Laffer-Kurve),拉弗曲线告诉我们,从某一个特定的点上开始,提高税率反而使税收减少。人们同样也喜欢把时髦的新技术用于为供给革命服务,丹尼尔·贝尔的"科技等级"必然会听凭很多庸俗版本出现。在80年代,这一切都建立在这样一种广泛传播的信念上,即认为"转折"或者"趋势转折"要么正在发生,要么应该促成它到来。知识分子的新保守主义和撒切尔主义之间没有必然的联系,但

---

① 苏珊·斯特兰奇:《赌场资本主义》(Blackwell 出版社,牛津,1986年),第 193 页。稍后引用的关于"连续不断抽烟的青年人"见该书第 1 页。

② 这句话源自约翰·梅纳德·凯恩斯在他的《货币论》里关于熊彼特立场的讨论(Cambridge University 出版社,剑桥,1971 年),第 2 卷,第 85 页。它之所以令人感兴趣,是因为凯恩斯在这种情况下"毫无保留地接受"了熊彼特的立场。

是对二者来说，都涉及对已接受了的基本态度作出一种激进的背弃，因此，用"保守的"这个词肯定是不恰当的。就此而言，知识分子和政治家结盟并非偶然。

为了理解这种"激进的"保守主义的成就，人们必须看到，供给的爆炸绝不仅仅局限于几个"连续不断抽烟的青年男子"，他们的"眼睛死死盯着计算机的屏幕，屏幕上价格在迅速更新变换"。不仅这样的人数目众多，与其说是数千人，不如说是数十万人，而且他们的行为举止在很多方面，也被坐在工业控制室或者库房里、顾客窗口和旅行社里的计算机屏幕旁的人所模仿照搬。由于新的选择机会不仅仅局限在赚钱上，人们对撒切尔主义的兴趣就更大了。旧的垄断被打破；对各种僵化体制的管制被减少；国有企业被出售给私人经济；特殊利益集团的卡特尔被解散；工会的权力被限制。教育制度里的选择机会成为议论的话题。公共服务，包括卫生健康事业都听任竞争兴起的风浪的摆布。在所有这些方面，没有任何一位政治家像英国的玛格丽特·撒切尔走得那么远，虽然罗纳德·里根在美国从一开始就得到了更易于接受的即更少一些社会民主主义的公众舆论的支持。也曾经有过形形色色的撒切尔主义的文化变种，直至包括贝蒂诺·葛兰西（Bettino Craxis）的意大利"社会主义"和大卫·朗格（David Langes）的新西兰"社会主义"。

谁在支撑这种演变？肯定不是多数派阶级，尽管它的某些成员认为这些新措施中的某些部分是有吸引力的。在法国，为争取学校选举自由的大游行把数百万人带上街头；其他国家也有类似的例子。成千上万的人从已私有化的企业购买股票。很多人为他们不再被看不透的组织或者无名的官僚体制推来推去而兴高采烈，欢心雀跃。然而除了这类观察外，很难认定有一个特殊的群体已发现社会民主主义的世界如此令人窒息，以至于它想要一种激进的转折。用**雅皮士**（Yuppies）这个词来描写那些年轻的、身处大城市的（或者在社会方面正在崛起的）、受过大学教育的人，他们说，他们需要更多的首创精神的空间。对于某些人来说，情况无疑是这样的。事后观察也一目了然，在经济合作与发展组织世界里官僚体制化的社会中，隐藏的企业家精神，远比60年代和70年代人们所能猜测的还要多。然而，一方面人们可能明确指出一些对撒切尔主义几乎完全具有免疫力的群体,如受到严重歧视的人,也可能包括那些刚刚讨论过的公共服务部门成员;另一方面,它以含糊的方式招呼着其余的人。它是供给前景与一种领导形象和很多人头脑里的某一种捉摸不定的不舒服感觉的结合。

这样一来,就提出一个问题,撒切尔主义是否将长久。它是一段插曲还是一种新的社会力量?这个问题可能提错了。有一些插曲具有持久的影响,而撒切尔主义可能属于这类插曲。撒切尔夫人已经离开唐宁街,但是,英国还将长久地感受到她的影响。她打破了各种"阶级结构"(实际上,它们毋宁说是等级结构,如果不说是种姓结构的话)和社团主义的英国式的奇特结合。同时很多其他的东西,包括公民社会的一些部分也被打碎了。在美国,里根时代的撒切尔主义使很多人缅怀传统的、美国的价值(与撒切尔夫人的论断相反,这甚至也不是维多利亚时代或者任何其他时代的英国的传统价值①)。后来,那里甚至有一种党派的意见一致,使得民主党人按照他们自己的方式,成为美国梦想的代表。② 在像法国和德国这样的国家里,情况就不那么明朗了。撒切尔主义的比较温和的形式,使社团主义的结构保持得相对完整一些。

不过,90年代初期,不仅撒切尔主义的大多数先锋人物离开了职位,而且有很多迹象表明,在过分强调供给之后,将会重新把应得权利问题推到中心位置上。里根总统的继任者谈到一个"比较友好的、比较温和的"美国,而撒切尔首相的接班人甚至在谈论他对"无阶级的社会"的梦想。到处都可以看到,在撒切尔主义意义上的更多的选择机会,一般都是为少数派创造更多的选择机会。于是就提出问题,旧的多数派是否又重新在贯彻自己的意图,并宣布社会民主主义的另一个插曲已经开始,或者是否一种新的自由党人

---

① 撒切尔夫人也许没有读过马丁·威纳尔(Martin Wiener)的书:《1850至1980年英国文化与工业精神的衰落》(Cambridge University 出版社,剑桥,1981年)。在她整个执政期间和落选之后,她在美国人当中,比在国内"受欢迎",因为她呼吁弘扬美国的开放边界的传统。

② 例如,自从科奥莫(Cuomo)总督1987年得到一份题目为《一种新的社会契约》的报告以来,这种情况毫无改变。实际上,对于社会政策来说,这份报告与其说是社会契约,不如说是私人契约。

的激进主义正在扬帆启碇，开辟航道，这种激进主义接受更大的供给多样性的收益和为有进取心的人创造更广阔的回旋空间的收益，同时把政治注意力瞄准新的应得权利问题。

如果说撒切尔主义是英国的一种特殊现象，那么，绿党则尤其是德国的现象。诚然，在很多欧洲国家里都产生了绿党，而欧洲议会里的"彩虹党团"则给那些稳固的政治集团以思考。但是，在大多数情况下，绿党只不过是把一种社会运动变成一种政治组织。社会运动的渊源就在于人的社会地位的巨大不平等，即在于一种很多人共有的兴趣，尽管他们在其他方面迥然不同，但都对营造一个可接受的环境感兴趣。因为环境遭受各种威胁事关一切的人，所以为抵御环境破坏而形成的"政党"本身是一种矛盾。尽管这个政党既未因此变得不具有现实性，也未因此变得更不具有必要性；然而，这意味着，最后必须得到多数，才能限制毫无顾忌的生产和毫无顾忌的消费所造成的危害。多数派阶级是不容易被动员的。为了实现这个目标，就必须有一些组织和方法。尽管如此，但是它们将仍然被视为麻烦恼人的事。最后就没有什么理由质疑为什么一种有效的环境政策不应该在社会民主主义的日程上找到它的位置，就如现在偶尔已经发生的那样。

但是，德国的绿党企图把生态与两种其他的利害关系结合在一起。绿党变成为被异化的少数而设立的总组织，而且他们把那些想瓦解多数派阶级的整个"体系"的人都聚集在自己身边。属于前者的有重要的社会运动，如女权运动和为社会边缘群体争取权利的运动，直至儿童保护运动。它们之间的联合是困难的，因为女权主义者们最终不会满足于让一个小小的政党来代表她们的事业，而儿童保护者们则会让这个政党陷入相当明显的尴尬境地［犹如与所谓的**疯狂的左派**（loonv left）类似的团体与英国工党，尤其是在伦敦曾经干过的那样］。这就只剩下对于绿党来说在一段时间内起决定性作用的"原教旨主义的"一翼，它恰恰是把自己描写为要消灭一切政党的政党。在这里，核心是企图在社会里，也就是说包括在绿党里，瓦解一切固定的权力结构。为达此目的，有关"基层民主"教科书里的任何花招都被用到极致。人们回忆一下：担任职务者要定期岗位"轮流"；无论如何，他们要服从对所有成员敞开的大会的命令性授权；这类大会经常举行，而且大会将变成地地道道的家庭节日，人们带着孩子、家养动物等参加大会，好不热闹。

在80年代，生态学、少数派和民主化的结合在德国相当流行，尤其是在各大学城里。在那里，20％或者更多的选票投给了绿党的候选人。哪怕撇开整个运动的明显中产阶级的——如果不说是学究派的——性质不讲，对此，还可以举出若干原因。原因之一已经谈过。60年代和70年代迅速膨胀的大学的那一代毕业生，在公共服务机关里找到了他们的职位，因为当时公共服务机关也类似地迅速膨胀，但是，接下来的一代大学毕业生发现这条道路已经被封锁起来。在70年代，由于国家限制财政支出，公共服务机关的膨胀戛然而止。同时，公共服务机关的很多职位由青年人占据，他们还可以在位20年或者更长时间。这种封锁导致失意和异化。我对受过大学教育的人的失业没有做过专门的探讨；然而只要这种失业会产生一些积极分子，它就可能具有完全不同于一般失业的影响。① 它也产生了一些"永久的大学生"，他们多年游荡、挂靠在那些大学里，也产生了一些其"替代性的生活作风"而实际上仅仅是一种深度贫困的形式，这也正好产生了绿党。

不过，这种状况持续不长。接下来的一代人要么根本不上大学，要么不在公众服务机构寻找职位。这不是证明绿党不稳定和最后很软弱的唯一原因。它的某些成员认为大的政党能更好地代表他们的利益，他们准备被吸纳而加入这些大党。另一些成员毋宁说属于议会之外的社会运动，而不属于议会里的各政党。原教旨主义者终究无法逃脱"寡头政治铁律"。在他们建立一个政党之前，他们要是读过罗伯特·米歇尔的著作该多好啊。组织具有某些前提和后果，这是谁都未曾逃脱的。与撒切尔主义相比，绿党更加明显地是一种插曲。反过来，这并不意味着这段插曲没有任何后果。不管是否作为政治党派，在很多国家里，绿党改变了政治日程。而且，他们还把"后物质实利主义的"价值观念的一种因素，引进到政治的

---

① 无论如何，在20年代是这样的。参见特奥多尔·盖格尔：《德国人民的社会分层》（F. Enke出版社，斯图加特，1932年），第100页等，关于知识分子无产阶级的内容。

思维里去。① 这也许是他们最持久的影响。

也就是说，这就是90年代初期西欧即在欧洲的经济合作与发展组织成员国中的景象：一种占统治地位的、社会民主主义的基本气氛，大多数的政治党派代表着这种基本气氛；有些插曲性的尝试，企图通过革新和企业家精神，或者通过基层民主和替代性的生活方式摆脱大的意见一致；从80年代占主导的以供给为取向平缓地转向一种更加强烈地意识到为所有的公民争取应得权利。这就是一切吗？气象学家们喜欢开玩笑，说最可靠的明天天气预报总是说，天气将与今天完全一样。社会学和社会的情况可能并无两样。面对作为社会气候的特点的一直持续长久的高气压，这也许并不太坏。高气压已变低，也许会特别引人注目。人们再也不敢相信和平。多数派阶级丧失其自信，并且愈来愈倾向于保护主义。社会民主主义作为政治力量已经合乎逻辑地智尽能索，无计可施了。已经不再信任选民了，几乎所有的人都成了经常改变政治信仰的选民。空气中已经弥漫着变化的气味，却搞不清楚气味来自何方。

粗略看来，社会政治和社会经济的形势就是这样，1989年革命把另一个欧洲即属于经互会的欧洲国家扔进这样一种形势里。这次革命从波兰开始，经过匈牙利、当时的德意志民主共和国、捷克斯洛伐克、罗马尼亚和保加利亚，最后甚至到达阿尔巴尼亚、大俄罗斯和苏联的其他加盟共和国。它是一次双重的革命，荒谬的是，它十分接近马克思的理论，因为这次革命同时为了争取应得权利和供给。占据最重要领导职位的特权阶层的垄断服务于捍卫特权，这种垄断同时压制现代市场经济的机会。垄断必须被打破，以便为所有人确立公民权利，并且同时解放一种由首创精神和激励推动发展的经济的力量。至于如何安排才能达到这两个目标，当然无人知晓。革命的活动家也好，应邀观看的观众也好，都很少知道有什么药方。他们仅仅知道，该进程应该把他们引向何方：引向欧洲。同

---

① 罗纳德·英格尔哈德在讨论"后物质实利主义的态度"时，指出了查里斯·李奇（Charles Reich）的《绿化美国》，这纯系偶然，参见《静悄悄的革命》（Princeton University 出版社，普林斯顿，1977年），第64页。无论如何，英格尔哈德的著作作为这里所研究的题目提供了各种各样的材料。

时，欧洲这个概念成为一切值得追求的东西的代名词，也成为那个创造了自由欧洲的社会民主主义世界的代名词。

已经指出，那个更大的、1989年之后苏醒过来的欧洲正在经历着罕见的背道而驰的倾向。它的东部正在四分五裂、土崩瓦解，西部正在日趋一体化、逐渐统一。一方面是相对于经互会来说，另一方面是相对于欧洲共同体来说，这是肯定无疑的。然而存在着一些更为深刻的矛盾，而未来的挑战就在于此。在从前的共产主义的欧洲，很多东西正在瓦解；一种旧的政府制度及其结构正在让位于一种混乱不堪的、有时几乎是失范的公开性。在较为幸运的西方的欧洲，即使在80年代以后，一个巨大的难题仍然在于僵化的倾向，在于韦伯所说的依附顺从的外壳的威胁。在东部，整个政治突然都变成宪法政治，宪法政治十分确切具体地与争取实现自由的宪法、与新的公民社会的契约息息相关。在这背后，是渴望一种正常的政治，在正常的政治里，并非总是涉及一切，涉及整个自由，涉及整个财富。在西部，整个政治似乎是正常的政治，然而，重新提出社会契约的问题，即重新提出一种自由的秩序的最低条件问题，亦非偶然。

至于有组织的欧洲，反向发展问题比初看起来也要复杂一些。西部的欧洲，无论如何，欧洲共同体的欧洲，是一个供给的欧洲。欧洲共同体作为共同市场而开始，它几乎没有超出这个目标。它的法律框架首先还是与增加供给的前提息息相关，即与竞争和相同的起跑点而且往往也与对外保护息息相关。与此相反，东部的欧洲在寻求一个应得权利的欧洲。犹如西班牙和葡萄牙早在其民主化的时代那样，它也在期望其余的欧洲人提供宪法的保证。这一方面在欧洲理事会里虽然有些苗头，但是，并非在欧洲共同体之内。在民族之外，也缺乏一项能令公民权利和公民社会蓬勃发展的契约。

这并不使得通往自由的艰难道路变得容易行走一些。这条道路至少有三种要素，它们并不是由于演变的潜在影响而结合的。这些要素同时是生存机会的三个部分，因而也是自由的支柱。首先，要创造可靠的应得权利结构。这包括整个一揽子要求，即一部在其所有部分都保障公民身份地位的宪法。民主和法治国家，这就是流行的惯用语。其次，要创造供给增长的前提条件。这仅仅部分是法的前提条件，如财产的私人所有制，契约法，银行制度和交换的游戏规则。最后，更大的部分涉及那个激励和首创精神的世界，它要求人们有那些被共产主义系统压制过的美德。市场经济是一种非常复杂的形态。

民主和市场经济这两大支柱本身，各自都是对它们的建筑师们的想象力和创造力的明显挑战。而且，它们的相互关系犹如政治和经济的关系一样，是错综复杂的。一个显然的困难在于两种发展的不同的时间视野。至少在形式上，民主的结构可以在短期内创立，但一种运转正常的市场经济要求花费好多年的时间。此外，这些年是以一种痛苦的经济滑坡开始的，是以泪谷开始的。① 其中有很多希望会落空。难道民主和市场经济到头来几乎没有比某些存在高层特权阶层的社会主义国家好一些，或者甚至更糟糕吗？这就是自由的第三支柱即公民社会经受考验的时候。它在新的民主国家里特别困难。它的稳定化所需时间比经济的稳定化还要长。因此，人们抓住其他的、似乎更加方便的根系联结。一种新的民族主义四处蔓延。有时人们也呼唤一个强有力的领袖出来治理国家。

90年代初期，在属于新欧洲东部和东南部的国家里，都存在着所有这些难题。每一个国家都试图以它自己的方式解决这些问题。那里还没有站得住的政治结构。革命时代的联盟和论坛只能维持一段时间。欧洲其他地方的政党尚未具有现实的基础。它们很可能会以变化了的形式出现，然而只有当基本的结构也接近西方的结构时才会出现。难道东部的中欧、其他的新的民主国家必须仿佛以影片快进的方式重演在本书里所叙述的整个历史吗？难道它们的目标在痛苦结束之际也是多数派阶级的社会民主主义的意见一致？多数派阶级的成员大体上讲能够在现有状况下满足他们的生活愿望。

90年代初期，人们在欧洲再也不能谈论漫无头绪、扑朔迷离了。形势异常清楚，只不过它极端令人捉摸不定。除了人对事物的旧的无把握性外，又增加了一种特殊的、就此而言是新的无把握

---

① 披露真实情况意味着，首先价格上升，而收入下降；大多数人的个人经济状况恶化。参见拙著《欧洲革命之观察》（DVA出版社，斯图加特，1990年）。

性。在欧洲的一部分国家，情况总的来说很好，但是很多人又感到形势很可疑。在欧洲的另一部分国家，各种社会做着相当可观的努力，试图走出一条荆棘丛生的道路，困难几乎是无法克服的。没有一个总体框架可以帮助把绝大多数人的最大的生存机会处处都推向前进。无论如何，没有一个有组织的框架，即没有一个既承担保障公民权利的义务又承担保障供给的多样性的欧洲共同体。于是，是否至少有一个思想的框架，即一种这个工程能够赖以为取向的自由政治的理论？这个问题变得具有决定性的意义。

第二节 自由党人的议程

在这里，事关为对本书的分析性结论再补充规范性的结论。这里所指的是20世纪结束之际一种自由党人的政策的若干原则。为什么用"自由党人的"这个词？约翰·梅纳德·凯恩斯以英国人固有的审慎说道："如果人们是作为政治动物出生的，那么，不参加任何政治党派是极其不舒服的；这样做是冷冰冰的、孤独的和毫无意义的。"作为保守党人，他不能认清自己。"这样做既不会使我快乐，也不会使我感到刺激或者鼓舞。"在某些方面，工党更加令他满意，然而，如果谈到阶级问题，他就发现自己是"在受教育的资产阶级的一边"，无论如何，在"这样一个党"里没有他的位置，"这个党憎恨现存的机构，并且相信，只有消灭现存的机构，才能产生很多好事"。那么，还剩下什么呢？"我倾向于坚信，自由党还一直是为了实现未来进步的最好手段，如果它有一个坚强的领导和正确的纲领的话。"这是一个真正的政党，还是最终只不过是一个想象的政党呢？凯恩斯对此往往避而不答，无论如何，至少在1925年说上面这些话时，他未置可否，虽然1938年他在一封信中写道："自由党是引力中心，因此应该是进步力量的一种新的联盟的重点。"①

在某些地方，我也曾说过和写过这类话。凯恩斯认为，不参加任何组织又搞政治是毫无意义的和孤独的。他是对的，厌恶各种组织包括各种政党的寡头政治和官僚体制因素，直至厌恶毫无作用的原教旨主义，没有多大意义。然而，这里草拟的日程不得视为替某

---

① 前面的几句引文出自《我是一个自由党人吗？》，见《关于信念的论文》，《选集》第9卷（Macmillan出版社，伦敦，1972年），第296页和299页。那里也有自由党人日程的五大要点（第301页）。最后一句引文出自1938年4月4日一封致阿奇博尔德·辛克莱勋爵的信，见《选集》第28卷（Macmillan出版社，伦敦，1982年），第107页。

一个特定的政党制定的纲领。毋宁说，在这些日程的背后，蕴藏着一种希望，期待能产生一个激进自由党，不管是从现存的各种政治组织的影响范围内产生也好，还是作为欧洲的超脱旧的边界的首创也好。

怀抱这种希望的原因在于所牵涉的问题处于宪法的级别上。我们至少需要社会契约的一种新的等级。我们马上还将讨论这种措辞的准确意义。当凯恩斯1925年草拟他的自由党人的纲领时，他区分了五种日程要点："和平问题"（和平主义）、"施政方式的问题"（国家多参与，但是，通过"社团"实行分权）、"性别歧视问题"（妇女解放）、"毒品问题"（同嗜毒成瘾的危害作斗争）和"经济的问题"（"为了公正和稳定而自觉地……控制各种经济的力量，并且予以引导"）。这里与现实的题目有着显然的甚至令人惊愕的联系。"性别歧视问题"和"毒品问题"，至少既与20世纪80年代和90年代，也与20世纪20年代有关系。然而，目光所注视的方向也有所改变。凯恩斯的"新自由主义"今天对某些人来说毋宁说是社会民主主义的。国家更多的参与、社团主义、自觉控制和引导经济，并未放到90年代的自由党人政策的日程上。其核心是企图用一种最大限度的无计划现实来填充一种最小规模的宪制构成结构，即在一种简明而有效的国家宪法之内，建立一种富裕的和多姿多彩的公民社会。

自由党人日程上的各种问题就产生于这种意图。这是一些政治制度问题（面对官僚体制的威胁，如何才能解决马克斯·韦伯所提出的现代政治难题呢？）、应得权利问题（如何才能解决80年代这10年供给的遗留问题呢？）、机构建设问题（公民社会如何才能既反对失范的倾向又反对原教旨主义的倾向而使自己站稳阵脚呢？），以及世界秩序的种种问题。在这一节里，应该谈谈前三个问题，关于世界公民社会，则应该用专门的一节来谈。在分析这两部分自由党人日程之间，我将尝试着以讲话的形式，和年轻人谈谈关于行为举止和态度的问题。自由党人的纲领将以一节对方法问题的论述而结束，这一节将把我们带回到凯恩斯那里去，同时带出本书的中心思想：激进自由党人应该如何着手采取政治行动？激进自由党人不相信制度的改变和革命，然而，他也不想仅让国家这艘船在历史无边无际的大洋里，勉强浮在水面，他要求比这还多。于是，他应如何采取政治行动呢？现在必须做的，是战略性的改革。

因此，首先是政治制度的问题。在一般的情况下，宪法政治的原则性问题是不应该拿来讨论的。如果它们被拿来讨论，那么，（用莎士比亚的话讲）丹麦国家有些腐朽了。尽管欧洲新的和较老的民主国家面临的挑战可能极为不同，它们在严肃性和紧迫性上也可能十分不同，但是90年代初，在它们里面，统统都有些腐朽了。在欧洲东部和东南部从极权主义和上层特权阶层统治的漫漫长夜里觉醒起来的民主国家从一开始就必须制定它们的宪法。有些较老的民主国家，首先是德国和斯堪的纳维亚各国，还一直身陷于官僚体制的停滞和社团主义的泥淖之中，不能自拔。在诸如意大利或日本这样的国家里，自从40年代以来，还未曾实现过由于不同的政治局势而进行无暴力的政府更迭。英国和美国这样经典的民主国家正在寻找一些游戏规则，以从根本上遏制政治领导和政治阶级的过分行为。

面对这些问题，面对一个简明的、集中到必要限度上的国家宪法的已经解释过的基本意图，至关重要的是提醒人们记住自由的宪法的第一条原则，它是这样说的：在一个带有不确定性的世界里，最重要的是使错误的代价尽可能小。这听起来起初可能会令人感到陌生，但是，具有很多实际的后果。这里谈的是旧的不确定性，即人事的基本的不确定性。没有谁知道全部的答案；至少没有谁准确知道，哪些回答是正确的。因此，具有决定性意义的是防止让答案教条主义化。垄断的统治，专制的也好，极权的也好，往往会危险地把一种错误提高到国家利益至上原则之上。倘若占统治地位的观点及其代表们不会受到挑战，而且在必要时他们不可以被取而代之，那么，错误的代价就会加大。通过把演变的可能性植入国家、经济和社会制度里，错误的代价就会被压低在微乎其微的水平上。

正如人们将会注意的那样，这是在朴实地应用波普尔的观点。它也表示用我们的抽象概念想象，可以把称之为政治的民主、市场经济和公民社会的东西统一起来作为它们的公分母。所有这三件事都与错误的代价息息相关。民主的意义是创造由于不必流血或者引起不必要的苦难而罢免政府的可能性。市场经济的意义是把供给与需求和不断变化的偏好这两者联系在一起。公民社会的意义是让很多群体能呼吸到空气和发挥作用，因此任何一个集团都不可能扮演暴君。约翰·洛克、亚当·斯密和詹姆斯·麦迪逊分别是这三个命题的令人敬佩的理论家。其他人追随他们，并且继续发扬他们的思想，这些思想以最集中和最令人信服的形式表现在卡尔·波普尔身上。

诚然，错误代价最小化的原则，说起来容易，实现起来则很不容易。对教条的诉求是人的一种根深蒂固的恶习，这种恶习的产生是因为人要寻求保护和确定性。人不是天生就有自由主义素质的，而是恰恰相反。亚当·斯密描绘了商人有着联合为卡特尔的天然倾向。形形色色的政治社团主义也都导致教条主义。甚至在公民社会里，也总是一再有取消在各种联盟里的现存的多样性的倾向，曼·奥尔森在论述"特殊利益集团"时对那些联盟作了生动的描写。因此，只有经过文明化，人才会具有自由主义的素质，也就是说，我们需要一些机构。在这里所谈的是要解决那些从我们已经借助马克斯·韦伯描写过的现代政治问题中所产生的任务。

其中的两项任务尤为重要：它们是一部简明的国家宪法的核心组成部分。第一，必须有可能进行革新。这就要求机构的灵活机动性，不过，首先要有领导。对于采用所有群体的比例代表制的议会党派民主是否会促进革新，人们不得不怀疑。政治进程明显的法律化也可能导致停滞，因而导致危害自由的宪法。在这里如同在其他地方一样，恐怕不会有巧妙的解决办法，没有专利配方。然而，执政者们要有明确的职权范围（政策方针、权能、总统制），而且国家要有促进多数参与的选举法，这两者的优点是显而易见的。

第二，民主的后援（正如我们已有点儿拗口地称呼那样）必须能够运作，也就是说，必须具备能够监督执政者和吸纳公民及其各种组织冲力的作用。在这里，明确的权力分立，首先是立法和行政权力的分立，是很有意义的。政党是否还能令人满意地为民主的后援作出它们的贡献，这个问题常常被提出，因为政党的现状不仅令它们的选民失望，而且甚至也令它们的党员失望。一方面同利益集团的四分五裂相比，另一方面同全民公决的民主相比，代议制的党派政府的各种优点是很多的，但是，它要求尚不能看到的各种政党的转型，也要求实现舆论媒体的独立性和多样性。

　　这就足够了吗？肯定不够。对确定性之渴望的文明化，永远不能仅仅通过机构来实现。在90年代伊始，在某些国家里，似乎没有什么东西像重新活跃在概念的规范意义上的政治文化那样重要。私人的权力要求到处渗透到公共机构里去，而且往往同极端的逐利行为相结合。以交易姿态出现的政治（如在美国），或者自称为政治的交易（如在英国），距离黑社会的传播扩散（如意大利）并不十分遥远。必须发起一次道德的攻势，才能赋予简明的宪法以意义，甚至才能赋予它以合法性。道德攻势将不会来自政治进程的一般的代表们。毋宁说，它要求公民的一种躁动不安的要素，而且为了打破保护主义和卡特尔化，这种要素一般也是需要的。使得这种躁动不安出现是一切热爱自由宪法的激进分子的首要任务。它要求有独立思想的人结盟，与其说要求结合为一个政党，不如说要求组成一个自由党人的俱乐部。在这里，自由党人的日程不能是社会民主主义的日程，而且，也不能是多数派阶级的日程。

　　在自由党人议程的第二组问题涉及应得权利。正如我们已经看到过的那样，应得权利仅仅是社会选择的一半。这里也包括的提供广泛的供给选择可能性不仅仅作为另外的一半，而且提供广泛的供给可能性在任何时代都是自由党人行动的一个契机。自由党人从来不是供给的反对派，然而，90年代初期，应得权利处于中心位置。一个原因在于80年代供给政策占有异常优先的地位，至少在经济合作与发展组织的世界里如此，而与此相联系的就是对应得权利的忽视。另一个原因在于1989年的革命，革命虽然涉及经济的增长，但是其核心涉及公民权利。这两个原因在第三世界的穷困及其必然性中结合在一起，在论述与世界社会相关的段落时，还将再次谈到第三世界的贫困及其必然性。

　　1989年的革命首先给予贯彻公民的基本权利以一种新的迫切性。一个欧洲自由国家的共同体，必须是一种公民权利的共同体，在其中，至少《欧洲人权公约》的原则要成为直接适用的法。同时，必须对基本权利作精细的和狭义的理解，首先是作为个人不受侵犯的权利和自由活动与行动的权利来理解。

然而与此相关，有一项还要更艰难的任务，这就是要避免返回到部落的生存及其对内和对外的不宽容之中去。把这项任务作为捍卫少数人的权利来描写是不够的。重要的是保持、在许多场合则是要创立一个那些不同人种、文化、宗教属性的人在其中享有平等权利和参与机会的公团。也许，寻求同质性即寻求在其他同类人当中生活，与那种寻求确定性和保护一样，也属于人的天生的恶习。因此对于自由党人来说，更为重要的是要坚持让公民权利在异质性之条件下接受考验，并使之能经受住考验。不同文化的人在异质的民族国家里拥有平等的基本的应得权利，这是文明的一项重要成果。反对一种狭隘的、排他性的和往往是播种暴力的社会观念——根据这种观念，人在相同的人之中生活会幸福一些。实现这种异质的民族国家，可能是90年代初期自由党人最困难的任务。此外，它具有直接实践的意义：只有这类国家才应该被吸收到欧洲的——和在广义上自由的——国家的共同体里，这个共同体业已证明了它能够为不同文化特点的人保障一种平等的基本身份地位的意愿和能力。

在经济合作与发展组织各国里，新的应得权利问题首先表现在社会方面。它们与多数派阶级把一些人排斥出他们的社会的整体，或者至少把他们排挤到社会的边缘的倾向息息相关。倘若人们想要一个简明的宪法秩序，那么，这里就会提出一些困难的问题。关键并不在于拉平所有人的实际社会地位，即并不在于建立一种旨在平遏社会差异的收入转移支付制度。而是在于保障人人都有机会参与政治共同体、（劳动）市场和公民社会的生活，这类机会仿佛构成人人都赖以立足的共同基础，尽管某些人由于他们在社会竞逐中的成就或者运气，可能高出这个基础。

在这里，有一个例子比一切理论都更加有说服力。我们就拿由长期失业者和受到种种歧视的人组成的新的下层阶级为例吧。对于自由的宪法来说，他们的这种生活是不能容忍的。然而，怎么办呢？解释"劳动的权利"或者诸如此类的做法，于事并无多少补益。实际上，这样一种"权利"总是令人怀疑的，但是，它夹杂着一种怪味，如果不是说有强制劳动的怪味，也有逼人工作的怪味。

我们所需要的，毋宁说，是实际的政治、有运作效力的公民社会和公民权利的一种有效的混合体。

实际的政治的任务当然将会是有争议的，它在不同的文化中可能也有不同的表现。根据情况，也就是说，只要劳动社会还决定着人的生活状况和自尊，这项任务的目标就是为存在着沦落为下层阶级危险的人，开辟通往劳动市场的道路，同时又不把他们变为"有工作的穷人"。有工作的穷人虽然有劳动岗位，但却不能因此而改善他们的生活水准。这听起来似乎无法解决，然而并非如此，如果我们严肃对待工作再分配的想法的话。较为灵活机动的劳动条件，多种多样的劳动合同形式，还有缩减超时加班工作，这些都是必要的。[1] 这类措施对劳动社会拥有岗位的成员们而言有着切肤之痛，但是，它们对于维系社会来说是必不可少的。

同时，仅仅有它们是不够的。至少对于"贫民窟的下层阶级"来说，已经证明仅仅存在劳动或者培训场所的可支配性是不够的。在这里，应得权利的藩篱导致了一种更加顽固的封锁。想要松解这种封锁，国家的措施原则上讲可能是不够的。无论如何，美国在这方面，积极的个人和团体（我在上面谈到了一种魅力有限责任公司）的作用业已证明是有效的。同时，基金会、教会团体、各种情况下的志愿者也可以承担一些任务，而倘若由公众机关承担它们就不能获得类似效果。运转良好的公民社会，哪怕没有集中计划，也不会把任何人置之门外。

但是，这总还是不够的。还有那些跌倒或者被排挤出共同的立足基础的人如何维持生计的明明白白的问题。不能听任自流，让他们自生自灭，这在今天已得到广泛的承认；因此，在经济合作与发展组织的大多数国家里，他们是社会救济的接受者。然而，社会救济从其构想和方法来看往往不是在一个文明化了的社会里应有的东西，即不是一种赋予自由的公民的应得权利。有一种替代通常救济方法的办法，这就是有保障的基本收入。这种方法可能特别有效，

---

[1] 经济合作与发展组织《关于劳动市场的灵活性的报告》（经济合作与发展组织，巴黎，1986年）可提供详细的情况。

如果把它与税务制度挂钩的话，即作为负所得税提供。① 这当中，所有公民的有保障的基本收入，在其额度上同劳动收入可能会有竞争，而这并不十分重要。它是无条件的，也就是作为公民身份地位的一部分提供的，这才是更重要的。事实上，这样一种收入应该不受政治风气的强制，犹如选举权或者舆论自由权一样。它应该是简单的、透明的，而且是可以追索的，应该是个人不费很多官僚体制的麻烦就能获得的。

这还不是预先规定一项法律草案。但是，它却指出一种福利国家的概念，这种福利国家已经变成社会国家，因为后者是建立在人人享有共同的公民权利的原则之上的。早在1942年，威廉·贝弗里奇提出他的著名计划时，这就已经是他的激进的思想。一切公民都应该"［接受］福利金，直至能够维持生存为止，而且是作为权利，不必接受需求审查，以至于个人能够在此基础上自力更生地从事建设"②。贝弗里奇十分强调这种福利金的另一方面，即保险的方法（"福利金作为缴纳费用的回支，而不是由国家免费支付的，这就是人们在英国想要的东西"），但是，他清楚地看到普遍性原则（以及交费和福利金的非比例性原则）对于维系和团结社会的力量。今天，我们必须重新强调这条原则。唯有它能引导我们摆脱形形色色的令人沮丧的问题（"他们理应得到帮助吗？"），摆脱耗费财物的机制（"福利官僚体制"）和摆脱管束人的企图。社会国家是指一个文明化了的社会的一切公民应有必要的最低机会，不能再少了但是

---

① 自从丹尼尔·P·莫尼汉（Daniel P. Moynihan）发表他的著作《一种有保障的基本收入的政策》（Random House，纽约，1973年）以来，关于有保障的基本收入，被讨论过，被接受过，被抛弃过，又重新被讨论过。这个题目和有关文献的有益探讨可参见克劳斯-乌维·格哈特（Klaus-Uwe Gerhart）和阿恩特·韦伯（Arndt Weber）:《有保障的最低收入》，见托马斯·施密特（Thomas Schmid，出版人）:《从错误的劳动中解放》（第2版，Wagenbach出版社，柏林，1986年）。像在伦敦的基本收入调查小组（BIRG）这类团体曾经对一些比较重要的建议加以修正。

② 《社会保险和联合服务：威廉·贝弗里奇的报告》（皇家文书局，伦敦，1942年），第11页。参见乔斯·哈里斯（Jose Harris）:《威廉·贝弗里奇传》（Clarendon出版社，牛津，1977年），第16和第17章。

也不能更多些。它并不取代旨在以帮助促进自助的公民社会，它也不否定人们有权自为地走一些既不受国家监督也不受要求平等待遇者嫉妒的、自己的道路。有保障的基本收入至少为这种初步设想提供了一个有说服力的例子。

自由党人议程的第三组问题初听起来虚无缥缈、模糊不清。我曾经谈到过机构建设任务问题。事实上，这个任务深深地打动着自由党人的心灵，牵涉到他们对待法治国家和社会制度的态度。有一种诸如"温和的"或者"软弱的"自由主义，前面偶尔也谈到过它。这些形容词说明了一种政治态度，它愿意把各种原则相对化，直至它原则性特点完全模糊不清。"温和的"自由党人总是还能找到一种开脱罪责理由的，以说明为什么有些原则上不能接受的事情，但是人们却听任其发生。这部分的干脆是一种思想态度，或者哪怕仅仅是一种思维和讲话的方式，这种态度或方式在一些人当中很容易形成，他们维护一种文明化的讨论，因此并不期望其他人违背暗含的行为举止惯例。"温和的"人很好，"强硬的"人不好。不过这里，我部分考虑的是一种对待那些与失范的"没有法的空间"息息相关的准则的明确态度。刑法的改革为警察、法院和监狱的人道化作出了贡献。然而，它在有些地方超出了自己的目标，它把一切违背规范的行为都归咎于"社会"，社会成为无名的责任者，直至最后不再是由罪犯承担罪责，而是由受害者承担罪责。有些"没有法的空间"，如对青少年犯罪的处理或者有罪释放，是某些改革的后果，改革的意图是让法律人道化，但是，它们最终却导致了机构的瓦解。凡是在行为规则被大肆淡化、使得不可能强制遵守规范的地方，处处都发生类似的情况。对于某些人来说，"自由党人的"这个词，从根本上讲已经变成一种对待规则和规范采取懈怠态度的同义词。

在自由的名义下，不可能有比这更大的错误了。其中一个方面是机构的松懈，根本运转不了。谁要是认为，我们生活在或者应该生活在一个和睦的、田园牧歌式的世界里，犹如卢梭的爱弥尔①，在他的词汇里，"甚至连'听从'和'命令'这些词都被排除，

---

① 爱弥尔是卢梭写于 1762 年的教育小说《爱弥尔》的主人公，他体现了卢梭的自然教育的理想。——译者注

不如说，还只剩下'义务'和'责任'这类词"，那么，他也许很快就会发现，自己正处在霍布斯所描写的凶恶残忍的世界里，那里进行着一切人反对一切人的战争，人们生活在"经常不断的恐惧"之中，不言而喻，那里也"没有社会"。如果我们不是坚持要设置机构和制度，那么，我们将很难找到其他的稳定的渊源。进而言之，机构和制度的设置是扩大所有人生存机会的唯一工具。人们也许可能想象一个工业社会之前的安乐园，在那里，少数几个人可以悠然自得地享受着过于富足的供给，尽管甚至17世纪和18世纪伟大的政治理论家对于这种情况指出，倘若没有财产制度，因而没有资产阶级国家（平民政府）的制度，也许少数人的财富将不会持久。肯定无疑，应得权利的文明化力量，要求我们既要承认规范和制裁，也要承认创立和维护准则和制裁的行政机关。

这样一种主张建立机构的制度自由主义有着种种实际的后果。首先在于在这些考虑里所暗示的态度。与各种机构和制度打交道中的轻率态度是有代价的，即自由的代价。然而，"懈怠的"或者"温和的"态度并非是轻率的唯一形式。也有这样一种危险，即对每一件事情都以呼唤采取新的规范来反应，也就是过分规范化的危险。各种官僚体制遍布的现代社会，不仅在社会立法领域里过分规范化。法律太多。要复述这个陈腐的道理，无异于老生常谈，人们实在有些犹豫不决，因为太多的议员候选人赢得选举的胜利，仅仅是为了在两年之后能骄傲地向他们的选民报告，在他们的参与下通过了多少项新的法律。然而，警惕规范泛滥仍然是重要的。除了减少经济管制的政策外，提出一项减少法律规定的具体纲领，是值得自由党人洒下汗水的。

这背后蕴藏着采取最优规范的思想。人们肯定不能一劳永逸地确立最优规范，然而，人们可以找到一些具体个案赖以衡量的原则。今天人们乐于称之为"辩论"的东西的良好意义就在于此：必须说明制定必不可少的规则的各种理由。人们必须从它们的目标和意图来重建各种机构和制度。法律又必须与法律的精神相结合。① 近来，首先是那些政治经济学家对这种辩论作出了贡献，他们认识到，"实际上，关键在于机构和制度"，因此，他们试图"帮助作为最后监督自己的社会制度意义上的公民个人，持久地寻找那些能最好地服务于其目的的政治游戏规则，不管这些目的是什么"②。

如果供给派经济学家要处理应得权利问题，那么，他们最好是洗耳恭听。经济学家这样做并非总是轻而易举的。首先，他们——例如哈耶克，不过也包括布坎南——倾向于寻找仿佛永恒的游戏规则，而机构和制度的最佳状态本身却在发生变化。在第一次提及这个题目时，我已经强调过，根据我的理解，社会契约本身是一个历史的题目。在发达的社会里，20世纪行将结束之际，它的内容与1925年凯恩斯所理解的不是同一个内容，更不用说是1690年约翰·洛克发表他的《论文》时的那一个内容了。

然而，新的社会契约的核心是什么呢？今天，机构和制度建设意味着什么？回答是简单的，至少在理论上是简单的。它包括识别和确认规则和规范的基本组成部分，基本组成部分应该不受一般政治风云变幻的摆布。"游戏规则"这个词对于这个基本组成部分几乎太过于小巧玲珑了。为一切人实现了的公民身份地位就属于此。保证毫无暴力地更迭政治制度的规则也属于此。更为困难的是，市场经济和公民社会的基本规则也属于此，即诸如建立一家银行，它可以不受执政者们日常政治利益的影响，决定货币的数量和价格，或者保障各种组织拥有至少有限的自治。这些组织虽然需要国家的资金，但是并非真正的国家机构。有关中央银行独立性或者大学自治、公众辩论的重要意义就在这里。

---

① 只要哈贝马斯作品的规范性的核心论点可以这样描述，我就完全同意这种论点。无拘无束的辩论——而不是一致性——是合法的规范的必要的条件。

② 出自詹姆斯·布坎南所著《经济政策的构成》，文章载于《美国经济观察》第77卷第3期（1987年6月）。在有关上下文中，布坎南还提到他自己的著作《自由的极限》以及与杰弗里·布伦南（Geoffreg Brennan）合写的著作《规则的理由》和与戈登·塔洛克（Gordon Tullock）合写的著作《同意的计算》。

理解的：努力工作吧，为此你们将会得到报酬！当时重要的是关心个人的升迁发迹，以及享受拥有自己人生中第一个冰箱或者第一辆汽车、自己的住宅的乐趣。在20世纪60年代，注意力已经转移：物质的富裕很好，太好了，但是，还有另外一些更为重要的问题，你们必须关心这些问题！在我为一次震撼人心的演讲准备的记事小条上写着：越南战争，社会变革，民主参与（我承认，我在60年代的竞选演说给了我快乐，当时是要拿去一次中学生毕业典礼上宣讲，我几乎不用作修改）。在20世纪70年代，事情已经变得漫无头绪，扑朔迷离：系好汽车座位的安全带，要出大骚乱了！这样一种建议很难使中学和大学毕业生搭乘幻想的翅膀去翱翔。实际上，70年代是一个由一个又一个很精致的有关走下坡的预测方案组成的时代，不管它们是正在出现的环境灾难的预测方案也好，还是有关核战争的预测方案也好，抑或是有关经济增长极限的预测方案也好。就此而言，这是一个对年轻人发表讲话的大好时机。

自从20世纪80年代以来，情况就再也不是这样了。人们对那种令人压抑的悲观主义已经厌倦。因此，1989年重新给予人们慷慨激昂、精神振奋的契机。无论如何，这适用于新的民主国家，但在较老的民主国家里也得到反响。这仿佛几乎是对40年代和50年代的回归。然而，这一表象是骗人的。新的精神快感不能持久，或者也许可以说，对带来新的精神快感的东西快到来的许诺，简直持续太久了。年轻人变得不耐烦了。"推迟满足"的时代，即节约和等待的时代，一去不复返了。

引人注目的是，有两种生活方式似乎对年轻人有着特别的刺激，除了它们两者都是着迷即癖好的形式外，它们几乎在一切方面都不相同。一种生活方式是对金钱的癖好，嗜钱成瘾。我们已经遇到过苏珊·斯特兰奇所描写的"连续不断抽烟的年轻男人"，他们在"他们的高楼大厦的办公室里，统治着世界上所有的大城市"。引人注目的是，一位妇女把她所描写的"赌场资本主义"局限在年轻的男人身上，因为很多年轻的妇女在金融机构的新的亮堂堂的世界里，受苦劳累也不少一些（而且抽烟也并不逊色一些）。清晨很早，他们已经在城市快速列车上阅读每天的经济报纸，晚上，他们带着一个装满分析材料的文件箱回家。年轻的男人们和女人们期望在他们高等学校毕业一年之后就能拿到和教授一样高的薪金，在几乎不到两年之后，就能有高于教授一倍的薪金。有时候他们也搞一些其他的事情，不过，如果这样，他们对待网球或慢跑运动的严肃态度并不亚于对待工作。他们相信自己的所作所为，并且准备如同为他人投资那样来为自己投资。如果有更好的机会，他们就跳槽到其他公司，犹如他们经常一起合并企业和拆分企业、采用新的公司名称并且让旧的公司名称消失一样。他们的角色楷模是这 10 年里卓有成就的大人物，而且认为，这些大人物的名字不可能像特朗普（Trump）、米尔肯（Milken）和马克斯韦尔那样，既迅速光芒四射，又迅速化为灰烬。他们首先想赚数百万的钱，尤其因为他们不仅为购买他们所喜欢的东西需要钱，而且他们在寻求成就，而金钱是衡量成就的唯一尺度。他们是金融资本主义的新潮企业家，是金融资本主义的弄潮儿。

这类癖好者的数目相当可观，虽然他们当中并非所有人到 35 岁时每年都可挣 100 万。正如所有攀登陡峭上升的崎岖小道的人一样，对于这些癖好者来说，很多人同样也要在半道上停歇下来，如果不是说摔了下来的话。也许，这甚至也适用于所有那些走在这条崎岖小道上的人，他们在其生命的某一时刻，不得不预期在飞黄腾达道路上会减缓行进速度，并过渡到慢慢走下坡，而他们的父母在生命的这一时刻，还可能再作调整，在事业前途上再向前迈出很显然的一两大步。早在 1987 年 10 月，不过，最迟到 1991 年这个经济衰退的年头，在各种机会里甚至可能还有一条缝道，人们可以借此带着一份小小的资产离开资本主义的赌场。对于这些癖好者来说，走下坡路是难以忍受的。对于他们来说，生命就像是一辆没有制动器的车子，因此，一旦接近危险，就必须加快车速。新的赚钱者本身会遇上一些棘手的事情，即一些不可能持久的东西，更不用说这种癖瘾对身体和精神的副作用了。但是，这个演讲所针对的年轻人，将很难会被个人风险所吓坏。

另一种癖瘾与其说是有利可图的，不如说是代价昂贵的。它不是对飞黄腾达、青云直上的癖好，而是对脱离社会、自暴自弃的癖好。在某种方式上，二者是有联系的。这里讲一个关于在美国西海岸埋葬一个非常有成就的毒品贩子的故事。他的送葬队伍长达两公里，其中包括很多他的受害者，他们爱他，因为他任意专横的慷慨大方，这种任意专横的慷慨大方，甚至让他们忘记与他那任意专横程度并不逊色的残忍（母亲们也许不会忘却这些恶行）。比如，他有一次把城里所有摊位上和鸡蛋店里的鸡蛋，全部都购买下来，免费分发；蛋是用美元支付的，而美元是年轻人偷来购买二等毒品"克拉克"（Crack）和其他毒品的。吸毒贩毒的场面说明在对飞黄腾达的癖瘾和对自暴自弃的癖瘾之间的界线：一方面是出售原料并赚取数百万元的人，另一方面是使用它并为此需要付了数百元的人，而那些人自己又没有这数百元。双方都触犯了规范，而如果没有规范，一个自由社会是不可能存在的。

　　脱离社会、自暴自弃的癖瘾并非必然由毒品因素诱发。我已经指出下层阶级的文化和中层阶级的所谓对立文化的奇特趋同。二者都是对多数派阶级的官僚体制化的世界的抗议。实际上，我们可以看到，赌场资本主义还是同一种态度的一种变化形式。拒绝一种无聊的、似乎不可改变的现实及其各种令人窒息的价值和生活方式，是某些年轻人优先选择的共同因素。他们自己的价值问题在于，这些价值在其核心上是消极的。它们把粗野的服装样式和发型与对震耳欲聋的噪音之偏好结合起来（不管这些噪音是打击乐也好，摇滚乐也好，或者哪怕仅仅是迪斯科音乐也好），而且也与不断寻找各种手段和途径结合起来，以便明确地同已经确立了的世界保持距离。其中没有任何东西能够以具有某种意义的方式继续进行下去。当然，它也根本不应该继续进行下去，它是一条罕见的死胡同。

　　这也适用于对比较温和的形式的癖瘾，虽然有些身染这类嗜瘾的人在寻找替代性的生活方式，即寻找积极的道路。尽管这听起来十分荒谬，年轻人在官僚体制的依附顺从的外壳里，感到茫然若失。他们在寻找责任，寻找约束。80年代的社会运动往往同时追随两个目标。首先是直接的目标，人们是为此目的才发动社会运动的，比如为了阻止布置导弹，或者要求妇女们的平等权利；其次是创造一种团结互助气氛这一潜在目标。德国的绿党对于他们的成员来说，既是一个家庭，也是一个政党，他们也有着形形色色的属于家庭琐事的争吵。一个人通宵达旦地同其他数十个人一起坐在美军基地前，谈论生与死，谈论爱情的甜蜜生活和由于热核爆炸烧灼和癌症引起的可怖的死亡，这就给人以一种有所归属的温暖感觉。

我对年轻人的演说显然没有表现出真正的进步。为什么要取笑那些无论如何想尝试做些别的事情的人呢？在银行官员的可预计的生活中有什么东西会如此富有刺激性呢？他结了婚，又得到晋升，他离了婚，又得到晋升，他关心孩子们，又得到晋升，他再次结婚并被迫提前退休，因为他所在的银行聘任一位年方 28 岁的精明强悍的青年，被委托负责设法以更少的人员开支，取得翻倍的利润。这里有什么东西如此富有刺激性呢？人们可以预见，这位退休者将会如何纵情酗酒（更糟糕的事情他也不敢干），这样倒是可以少给他的孩子们以刺激，少让他们去步他的后尘。

至关重要的是找到一种生活，它既不叫做官僚体制，也不叫做癖瘾。不，不是"找到"，而是人们必须创造这样一种生活。年轻人必须做些有意义的事情。意义有两个方面的含义。人们所做的事情，必须令人开心，而且，它必须是重要的。

"开心"是一种个人体验的常用缩略语。人们可以用有些夸夸其谈的大话来表达同一个意思。有些人高谈"自我实现"等。我认为，如果人们在所做的事情中找到乐趣，同时偶尔也体验一番良好的满足感，这就足矣。在理想的情况下，职业工作能带来这种感觉，或者无论如何充实日常生活的活动。毫无疑问，年轻的金融天才们有时也有良好的感觉。成就会令人开心。但是，成就可以以多种方式来衡量。有点儿耐心不仅是有益的，而且也属于大多数成功故事中的内容。遇到有趣的人，会令人快乐。劳动本身可能给人以满足。办完某些事情的感觉，也是一种成就感。如果有人出色完成一件事情，几乎所有的人都知道应该赞赏这一点。

这一切要说明什么呢？它就是要说明开心比功名利禄、飞黄腾达更重要。无疑，二者可能结伴同行，双双到来。肩章上又增加一颗星会带给某些人以乐趣。然而，由功名利禄决定的生活计划，也会出现某些不尽如人意的事情。在他最初的生活中——谁还能回忆起——母亲为其早期的天才迹象而骄傲。下一步是他在学校里取得好成绩、很好的成绩，这个成绩保证他在高等学校里有一个位置。在那里，至关重要的又是考试成绩。如果考试成绩优良，那么，在一个有名望的组织里就会有一个职位在等待着他，在这个组织里，人们可以按部就班地升迁……人们可以理解，这种生活经历对于很多人来说已经失去了刺激性。而且，它也夺走了学校和高校教育的一切乐趣，因为在教育里面，重要的应该是获得技能和知识，培养创造能力和自由思维，而不是首先关注功名利禄、飞黄腾达。一般的功名利禄在人们开始其生活之前，总会使人万般百无聊赖（它会使大多数人在他们开始做事之时，就变成不应有的老气横秋）。因此，一个人应该更早得多就开始拥有对自己所作所为的乐趣。

这不是一篇为富有人家的孩子们写的辩护词。也许，我的建议适用于多数派阶级的孩子们，尽管下层阶级的孩子们也不仅仅需要一种他们自己并不严肃对待的工作，而且需要比之更多的东西。不过，这种辩护的核心是冲破功名利禄思维的禁锢，寻找其他的衡量成就的尺度。开心是这些尺度的一半，另一半是，人们所作所为必须是重要的。开心是一种个人满足感；而什么是重要的，则是由别人决定的。这就把自己的所作所为与别人的价值结合起来，这就界定了事物的意义，这就把癖瘾同作为区别开来。

在这里，并非指一些过分的要求。很多东西都可能是重要的，包括一件裁剪很好的、别人喜欢的衣裳，一项制订周密、让退休人员用有限资金周游世界的旅行计划，一部关于在巴基斯坦的阿富汗难民命运的电影。该电影有两个特别的方面。一方面，它是一种艺术表现形式。它可能要求特殊的和比较罕见的技巧，但是，我听过年轻人谈论做一系列事情的"创造性的"任务，而这些事情是大多数人能企及的。搞出一些新的东西来了，这并不一定是无与伦比的或者独特的，但是，用自己的双手或思想所创造的东西对于很多人来说，就是重要的东西。

该电影的另一方面在于它与难民有关系。我在这里不想呼吁建立乐善好施者们的世界，但是，很多重要的事情以这种或那种方式与世界上的公正联系着，或者毋宁说，与减少世界上的不公正联系着。一些人想要以可以说是抽象和普通的方式进行斗争，建立一些组织，参加示威游行，书写和散发传单，这往往是很好的和必要的。另一些人想做些具体的事情，俗话说，要点燃很多小蜡烛，而不是诅咒黑暗，必须点燃很多小蜡烛，然后大家才有机会处于光明之中。直接或间接地帮助改善其他人的命运的工作，不管是作为职业、志愿的服务、业余活动，还是作为其他什么，都特别重要。

这种工作也有意义。今天，有些小戏法是故弄玄虚的。有些精明的"思想企业家"，从人们有关在一个毫无关联的世界里寻找根系联结的要求中，发财致富。他们建立了一些准教会的组织，这些组织收取一定费用，通过电视，减轻成员的良心责备，或者也以不可预计的代价，把整个人往往是年轻人都收买了。"圣人的复归"同时是很深刻的，往往极为严肃，是一种虚假的神明对旅行商人的诱惑。在这方面要区分真假，并非总是十分简单。甚至一些具有悠久历史的机构的铜绿，也不能保证人们不受诱拐和蒙骗。也许，最重要的劝告是保持怀疑态度，又不让怀疑态度蜕变为玩世不恭。有很多问题，我们并不知道答案，没有人知道答案。因此，可能会有些答案超出我们的日常经验。"超验"（transzendieren）是一个对应"超越"这个词的外来词，有一些超验的答案。也许甚至会有一些人，他们对超验答案的了解比别人多。但是，人非圣贤，没有人不会犯错误的。因此，任何人都不能对我们的生活求全责备。

对付一切形式的假神圣的诱惑有一剂药方，那就是有所作为。因此，对于20世纪90年代，可以这样归纳我的劝告：天啊，你们做些事情吧！你们做些有意义的事情，因为它令自己开心，对别人重要。在这个不完善的世界里，可以做的事情是够多的。

做一些事情，就是说，可以自己去做一些事情，也可以自由地联合其他人去做一些事情。它将导致出现一个由志愿的社团和组织所组成的五光十色的世界，随后也导致一些自治机构的成立。也就是说，它将导致公民社会的建立。公民社会是有意义的和重要的生活媒介，是实现了自由的媒介。但是，公民社会需要有一个总框架。对年轻人演讲不必是政治演说，但需要有政治的前提。如果人们仍然被拘囿在社会方面受歧视者的圈子里，或者生活在由一个个人、一个政党或一个机关擅权专横，对其他人趾高气扬、东推西搡的环境中，那么，人们就很难做出一些令自己开心又对他人重要的事情。即使是今天提供给年轻人的选择可能性，也是以自由的社会为前提的。很多人宁愿去探讨这些可能性，而不想去研究它们的前提，而谁会为此去责备他们呢！我并没有在任何地方论证过，说政治参与本身就是一种价值，或者哪怕仅仅是一种与公民身份地位相结合的义务。本书赖以为基础的和我们借助马克斯·韦伯来解释的政治画面，并非是一种积极分子的社会画面和经常不断进行政治讨论的画面，而是一种觉醒的公民的画面，倘若有必要，这些觉醒的公民准备捍卫自由的机构和制度，他们对于违反自由机构和制度的原则是很敏感的，而且他们也过着他们自己的——"公民的"——生活。然而同时，保护这些机构和制度、使之能够运转和得到发展，必须有一些人对之抱有极高的兴趣。如果有更多的人来做这事，那也没有错儿。因为自由的政治永远不是一种奢侈品。

第四节 世界公民社会

在所有重要的事情当中，最为重要的事情是帮助世界上迄今为止被忽视的地方的人们，找到通往自由的公民社会的道路。在从前的第二世界里的后共产主义各国，这是够困难的。这些国家的居民不仅需要较大的经济供给，而且也需要公民身份地位的充分的应得权利，二者必须在各种各样的协会和自治机构里确定下来。政府可能帮助启动供给的进程，国际组织可能帮助稳定公民的应得权利。但是，其余的一切都是本国的和国际上的"非政府组织"（ngos）①的任务。

如果说在前第二世界这种进程已经困难重重，那么，在我们习惯称为第三世界的各国，初看起来，它似乎无法驾驭。同世界范围的贫困和不公正相比，美国和英国的城市里一种下层阶级的端倪，反映了一个有限的和一目了然的难题。然而，这两个国家的难题具有一些共同的特征。在全世界范围内，一部分国家的增长使另一部分国家落后了，虽然在这里，其相对重要性被颠倒了。在经济合作与发展组织各国的社会里，大多数人日子很好过，只有少数人被排挤在外，但是，经济合作与发展组织的世界本身仅仅是人类的少数。整个人类的绝大多数是贫穷的，是享受不到特权的。与较小范围的下层阶级相类似，对于他们来说，宏观政策的措施只能指望获得有限的效果。因此，正如各国的一般的经济和社会政策并未惠及大城市的下层阶级一样，国际组织持久改善非洲、亚洲和拉丁美洲状况的伟大计划，也都是失败的。我无意轻率普遍地一概否定这类

---

① ngos＝non-governmental organizations（现在更常用 NGO 大写，即非政府组织——译者注）。它们形形色色，多种多样，从红十字会和慈善机构、基金会和职业团体，直至地区性的公民自发倡议运动。非政府组织与国家机关的关系问题，反映着公民社会和国家的问题：一个总框架是必要的，但是，把"非政府组织"卡特尔化，则是破坏它们的核心。

政策和这类组织。显然，它们是必要的，而且也属于整个画面的一部分。但是，画面上的各种颜色和效果要用别的方式来确定。这些颜色是由成千上万人创造的，他们在人们生活的社区里做些事情，以推动进步。他们当中的很多人是各国的原有居民，这些国家往往以损伤性的方式开始进行变革。有些人来自发达国家。他们的所作所为是完全值得称颂的，如让一辆运水车经过坎坷不平的公路把水送到柬埔寨边境的一个难民营去，或者在苏丹南部的饥荒地区修理发电机，这恰恰不是在寻常的意义上令自己开心的事情，但是，这肯定是人们必须称之为重要的事情。

简单的人性可能就是一条要做这类事情的充分理由，然而，它具有一种更为深远的意义。在本书中的若干地方，我都已经论证过，除非我们把各国的公民社会理解为通往一个世界公民社会道路上的一些步骤，否则，它们将不会长久。这是康德的一个论点。在他的《**短论集**》里的某些文章中，这位伟大的哲学家虽然不像在《**批判**》里那么尖锐，但是，其说服力几乎并不逊色。我特别喜欢1784年才发表的他的《在世界公民意图中一般历史理念》①。为了引入冲突的思想，在本书前一章里已经利用了这篇文章的若干批判性的论据之一。这条关键性的语录容许我们对之重复引用。在他的第四定理（共九个定理）中，康德论证道，"大自然所利用来实现发展它的整个素质的手段，就［是］在社会里的这些素质的**对抗**，只要这种对抗最终变为社会的一种合法制度的原因"。随后，康德引入了人的"不合群的交际性"的概念，它作为推动力发挥作用，促使人们离开田园牧歌式的乐土，并赋予存在以更大的价值，即比田园牧歌式生活的存在所具有的价值更大。"因此，要感谢大自然的争胜好斗，妒忌赌气式的虚荣，无法满足的占有欲或者也包括统治欲！"冲突是迈向文明和最后迈向世界公民社会的进步源泉。

康德的论证是直线式的、可信的（虽然一般属于康德传统的卡

---

① 这里的引文根据《历史哲学论文集》，出版人为冯·M·里德尔（斯图加特，1980年）。

尔·波普尔也许不会赞同所有的论证步骤)①。既然人的意志是自由的，我们就不能说人的行为有着明确的、共同的目的。实际上，我们目睹的首先是矛盾，甚至是混乱。然而无论如何，可能在这种混乱中有一种"隐蔽的""自然意图"，从而也对整体的意义作出一些提示。因此，让我们试试去找到这些提示。生物的一切天然的能力都是为了充分发展自己。人的天然的能力是理智，但是，它只能在整个人类之中而不能在单一的个体中得到充分的发展。而且，这种发展的过程是人在社会里并且通过社会来完成的事业。（因此就产生了进步的悖论："较老的数代人似乎仅仅是为较后的数代人才从事他们的艰难的营生"，我们如何才能就此进行辩解呢？）发展的方法（正如我们已经看到过）是冲突，或者如康德所言，是"对抗"，对抗把他引向他的第五定理："人类最大的问题是实现一个普遍法治的**公民的社会**，大自然迫使人们要解决这个问题。"人的不合群性推动历史的发展，然而，它也要求通过各种宪法来约束，即要求一种社会契约。只有当各国都在彻底解决这个任务之时，人类才会最先完成这项任务。通往这个目标的道路是痛苦的。它要经历社会内部的各种革命和社会之间的各种战争。不过，最后需要一个世界机构，一个行政机关或政府，犹如过去和现在在各个社会里需要全国的机构一样。因为战争，甚至经常不断的战争准备，都妨碍着"在社会进步中天然素质的充分的发展"。如果人们从康德关于人的局限和可能性的假设出发，那么，人们就不得不把历史理解为是在实现大自然的一种隐蔽的计划，目的是"实现一种内在完善的以及**为此目的**也是外在完善的国家宪法，作为唯一的状态，在这种状态中，它能够在人类中充分发展它的素质"。

对于我们这些后生之辈来说，这种启蒙运动的开明乐观主义首先毋宁说是令人激动的，而不是很现实主义的。我们经历了两次世

---

① 在前文中的相同场合，已经对康德和波普尔作过一次对比。康德谈到"自然意图"有些本质主义，波普尔（几乎）总是害怕本质主义，对之退避三舍。无论如何，人们可能会想到波普尔后期的文章，例如（他与约翰·艾克勒合著的书）《自我及其脑力》（Springer International 出版社，柏林，1977年）。

请注意！实现这一切的时代尚未到来。"①

这类考虑听起来令人深思，可能会令某些人心悦诚服。供给如果没有应得权利，就是不完善的生存机会，而各种根系联结的那个更难以把握的要素也总是属于生存机会的。因此，即使在以后，各种根系联结也是机会。我们的生活就是我们用它们造就出来的东西。在生活中，至关重要的是活动和意义，对于这二者来说，公民身份地位也好，国民的富裕也好，都仅仅是条件。如果人们对这一切思考正确，那么，只要我们保持改善事物的热情，各种现代的公民社会就不是生存的坏地方。

---

① 卡尔·波普尔：《历史主义的贫困》（Routledge & Kegan Paul 出版社，伦敦，1957年），尤其参见关于"单一的或者乌托邦的技术"一节，第331页。

后　记

拙译拉尔夫·达伦多夫的《现代社会冲突》中文版，于十多年前即2000年出版。趁中国人民大学出版社想出版本书之际，译者仔细重校一遍。

正当译者准备对《译者的话》做些修改和补充，在网上查看有关资料时，无意间发现达伦多夫先生已于2009年6月17日在德国科隆逝世，深感悲痛。译者回忆起20世纪80年代在德国留学时，获得瑙曼基金会的博士奖学金，当时正好是他担任该基金会主席，但是，我个人从未见过他。直至90年代初，译者在汉堡大学做学术访问时，正好达伦多夫来汉堡，经我的博士论文第二导师、国际法和国家法教授英戈·冯·闵希（Ingo von Münch）博士先生介绍，译者才有机会拜访达伦多夫先生。在交谈中，达伦多夫先生的德国学者的严谨风格和英国勋爵的绅士风度，给译者留下了深刻的印象。这是一段美好的回忆。

这位当代著名的社会学家，尤其是社会冲突、社会角色理论家的逝世，对于当代西方社会学界、对于世界现代社会学无疑是重大的损失。为了便于感兴趣的读者了解和研究这位世界著名的社会学家、政论家、学者和政治家，译者从 Wiki 网站的一篇有关拉尔夫·达伦多夫的生平、职务、业绩、荣誉、著作等方面的文章①里，编译出核心部分，与读者共享。译者也想以此缅怀这位世界著名的社会学家。

身世和中小学时代

拉尔夫·达伦多夫 1929 年 5 月 1 日出生于德国汉堡工人家庭，父亲古斯塔夫·达伦多夫是德国工人运动的杰出领袖，也是德国社会民主党著名领导人之一。1933 年，他父亲因反对给予希特勒的授权法而遭受迫害，被迫短期入狱。

父亲出狱后失业，一家迁居柏林。1935 年拉尔夫·达伦多夫开始在柏林上小学，1938 年在那里上文理中学。

1941 年拉尔夫·达伦多夫又随家庭迁居布科夫，他在那里读寄宿学校。14 岁时，他参加撰写和散发反纳粹统治的传单。1944 年 7 月，他父亲因参加德国社会民主党的地下活动被捕入狱。同年 11 月，拉尔夫·达伦多夫因参加撰写和散发反纳粹传单的活动而被判在奥德河畔的法兰克福服刑，但是该监狱监管人员认为他年龄太小，拒绝接收，最后他被改送施威蒂希的集中营囚禁，直至苏联红军到达时才获释。

战后，父亲古斯塔夫·达伦多夫是苏占区德国社会民主党的领导人之一。1946 年，他反对在苏占区的德国社会民主党与德国共产党合并为德国统一社会党（die Sozialistische Einheitspartei Deutschlands，SED），反对当时的苏占区德国领导人奥托·格罗提沃（Otto Grotewohl），他的政治前途堪忧，甚至面临严重危险，在美国驻西柏林占领军的帮助下，他们举家迁往汉堡。

大学时代和教授生涯

1948 年，拉尔夫·达伦多夫在汉堡大学学习哲学和古典语文

---

① 参见 http://de.wikipedia.org/wiki/Ralf_Dahrendorf。——译者注

学。1952年,他的哲学博士论文通过,论文题目为《卡尔·马克思思想里的公正的概念》(Der Begriff des Gerechten im Denken von Karl Marx)。

1952—1954年,他去英国留学,在伦敦经济学院学习,他听过卡尔·波普尔的课。1956年他撰写英文博士论文《英国工业的粗犷的劳动》(Unskilled Labour in British Industry),博士论文获得通过。

除此之外,他开始着手写作他的论文《工业社会的阶级和阶级冲突》。1957年,他向设在萨尔布吕肯的萨尔大学提交这篇论文,作为申请教授资格的论文(Habilitioansschrift),论文通过,他获得教授资格。

1958—1960年,他在汉堡普通经济学院出任社会学教授,同时在汉堡大学开设讲授课。随后他到蒂宾根大学授课,之后又到康斯坦茨大学去任教,他是康斯坦茨大学的创建人之一。

作为自由党人的组织活动

拉尔夫·达伦多夫起初加入德国社会民主党,他曾经参加赫尔穆特·施密特(Helmut Schmidt)领导的德国社会主义大学生联合会(左派大学生联合会)。但是,在他的政治生涯中,他主要还是作为自由主义的前卫思想家而享有盛名的。

1967年他加入德国自由民主党,他参与了60年代末至70年代初该党新的纲领的制定。1968年,在欧洲,群众运动尤其是大学生的造反运动,风起云涌,锐不可当。他公开与该运动的先锋队进行辩论,因而闻名德国境内外。

1968年,拉尔夫·达伦多夫作为自由党的议员,进入巴登州议会;1969年,他被选为德国联邦众议院议员时,辞去巴登州议会议员职务;1970年,他又辞去联邦众议院议员职务,因为他短时间参加威利·勃兰特第一届政府(社会民主党与自由民主党的联合政府),在外交部出任议会国务秘书。

1970年,他作为外交和外贸专员前往布鲁塞尔,在由意大利人马尔华提(Franco Maria Malfatti)领导的欧洲共同体外交和外贸小组委员会任职，后又作为科教专员，在法国人奥尔托尼（Ortoni）领导下的欧洲共同体科教小组委员会任职，至1974年。

1967—1970年，他任德国社会学学会主席（因去布鲁塞尔任职而辞去主席一职）。

1982—1987年，拉尔夫·达伦多夫担任德国自由民主党属下的基金会——瑙曼基金会——主席。

他一直是德国《巴登报》顾问。

2005年起，他在柏林社会科学研究中心担任学术研究教授。

2006年直至他去世，他一直担任盖尔达·亨克尔奖（Gerda Henkel-Preis）评奖委员会主席。

2008年北莱茵—威斯特法伦州州长伊尔根·吕特格尔斯（Jürgen Rüttgers）任命拉尔夫·达伦多夫为州政府未来委员会主席。

他也是德国—大不列颠协会名誉会长。

重返教学学术工作和社会活动

1974年，拉尔夫·达伦多夫离开布鲁塞尔欧洲共同体的职位，重返学术科研工作，出任在国际上享有盛名的伦敦经济学院（London School of Economics，LSE）院长，直至1984年。

1984—1986年，他在康斯坦茨大学任教。

1986—1987年，他作为罗素·塞奇基金会（Russell Sage Foundation in New York）的特邀教授，在纽约任教。

1987—1997年，他是牛津大学圣安东尼学院（St Antony's College der Universityof Oxford）院长；1991—1997年，他兼任牛津大学副校长。

他也是成立于1902年的大不列颠科学院院士。

1988年，拉尔夫·达伦多夫接受英国公民身份。成为英国公民后，他加入了英国自由民主党。

1993年他晋升为英国上议院终身贵族议员（Life Peer），伦敦经济学院的克莱尔广场被命名为威斯敏斯特城达伦多夫男爵广场——用他的贵族称呼命名这个地方，是他自己挑选的，纪念他在这个学院长期任职服务。

1993 年成为英国参议院议员后，1995 年他出任财富创造和社会凝聚力小组委员会（Commision on Wealth Creation and Social Cohesion）委员，后又长年担任议会代表资格评议和管理改革小组委员会（Select Commision on Delegate Powers and Regulatory Reform）主席。

获得的重要嘉奖

1982 年，英国女王伊丽莎白二世授予拉尔夫·达伦多夫以大英帝国爵士级骑士司令勋章（Knight Commander of the Order of the British Empire，KBE）（始创于 1917 年），他作为英国公民，享有爵士称号（Sir）。

1989 年获得德意志联邦共和国大十字勋章（Großes Verdienstkreuz mit Stern und Schulterband der Bundesrepublik Deutschland）。

1989 年获得西格蒙德·弗罗伊德学术散文奖。

1993 年达伦多夫男爵被英国女王伊丽莎白二世晋升为大英帝国终身贵族（Life Peer als Baron Dahrendorf）。

1997 年获得（德国）台奥多·豪伊斯奖（Theodor-Heuss-Preis）。

1999 年获得（德国）巴登—符腾堡州勋章（Verdienstmedaille des Landes Baden Württenburg）。

1999 年被评为汉堡大学评议会荣誉评议员（Ehrensenator der Universität Hamburg）。

2002 年获得意大利共和国大十字勋章（Großkreuz des Verdienstordens der Italienischen Republik）。

2003 年获得（法国）功勋章（Orden Pour le Mérite）。

2004 年获得瓦尔特·哈尔施泰因奖（Walter Hallstein Preis）。

2007 年获得冯·阿斯图利亚王子奖（von-Asturien-Prinz-Preis）。

2007 年获得（德国）萨德尔奖（Schader-Preis）。

Der Moderne Soziale Konflikt by Ralf Dahrendorf
Copyright © Ralf Dahrendorf 1988
Simplified Chinese version © 2016 by China Renmin University Press.
All Rights Reserved.

图书在版编目（CIP）数据

现代社会冲突／（英）达伦多夫著．—北京：中国人民大学出版社，2016.3
（社会学译丛·学术经典系列）
ISBN 978-7-300-22654-5

Ⅰ.①现… Ⅱ.①达… Ⅲ.①社会冲突论-研究 Ⅳ.①C91

中国版本图书馆 CIP 数据核字（2016）第 054016 号

社会学译丛·学术经典系列
现代社会冲突
［英］拉尔夫·达伦多夫 著
林荣远 译
Xiandai Shehui Chongtu

出版发行	中国人民大学出版社
社　　址	北京中关村大街 31 号　　　邮政编码　100080
电　　话	010－62511242（总编室）　　010－62511770（质管部）
	010－82501766（邮购部）　　010－62514148（门市部）
	010－62515195（发行公司）　010－62515275（盗版举报）
网　　址	http://www.crup.com.cn
	http://www.ttrnet.com（人大教研网）
经　　销	新华书店
印　　刷	北京昌联印刷有限公司
规　　格	155mm×230mm　16 开本　　版　次　2016 年 4 月第 1 版
印　　张	17.75 插页 2　　　　　　　　印　次　2018 年 11 月第 2 次印刷
字　　数	255 000　　　　　　　　　　 定　价　48.00 元

版权所有　　侵权必究　　印装差错　　负责调换